刊行にあたって

　2002（平成14）年の司法書士法の改正によって、司法書士が簡易裁判所の管轄する民事事件について代理権等を取得することになって10余年が経過することになった。

　統計的にみれば、法律家が簡裁民事事件の代理人に選任される割合は明らかに増加している。まだ弁護士にのみ代理権が認められていた2002年の民事通常事件の双方本人訴訟率は、90.6％であり、法律家（弁護士）は、9.4％の事件でしか選任されていなかった（最高裁判所事務総局民事局「平成14年民事事件の概況」法曹時報55巻11号45頁）。その後、選任率は徐々に上がり、2012（平成24）年には、32.4％にまで上昇している。そのうち、司法書士が、原告・被告の双方か、どちらか一方の代理人に選任されている割合は、15.75％になっている。それだけでなく、波及効果かどうかはともかく、弁護士の選任率も、20.16％に上昇している（「平成24年民事事件の概況」法曹時報65巻11号70頁による）。その数字だけをみる限り、司法制度改革審議会のめざした法律家の援助を受けた司法アクセスの拡充は進んでいるようにもうかがえる。

　しかし、表だって目立っているのは、ともすると、司法書士の事件受任が、与えられている権限を越えているとする非難・攻撃である。たとえば、代理可能な訴額が140万円までに限定されていることに関連しての訴額の算定方式や、裁判外和解権限、相談権限の外延をめぐる問題等にかかわっての紛議である。その多くは、いずれも、いってみれば司法書士と弁護士の間の職域問題であり、利用者の便宜という観点からは、決して生産的な議論ではない。そのためか、司法書士の援助による司法アクセスの拡充が、新たにどのような事態を生み出しているのか、司法書士は新たな事態にどのように対応しているのか、期待されている役割は果たしているのか、これまで法律家としては弁護士が独占的に関与することになっていた訴訟手続等は、利用者にとって十分な配慮が行われるということになっていたのか、等々といった点については、必ずしも実証的に明らかにされないままになっているのではないか。

　本書は、そのような課題に可能な範囲で応えようとするものである。それは、司法制度改革の課題であった司法アクセスの拡充という観点から、職域問題を越え、法律家全体に求められた対応力の強化が、実態としてどこまで進んでいるのかということの検証作業の一端といってもよいであろう。

　具体的には、まず、司法書士である執筆者たちが、訴訟代理人として日頃どのような裁判実務にどのようにかかわっているのか、権限において限定のある司法書士の代理人として、その活動においてどのような苦労や工夫をしているのか。また、代理権取得以前の書類作成による本人訴訟支援ということで裁判事務に携わっていたときと司法書士側にどのような対応の相異があるのか、そのことが依頼者にとってどのような意味をもっているのか。

　さらには、訴訟代理にとどまらず、司法書士の司法への関与は、どこまで可能なのか、これまでアクセスが必ずしも十分に保障されていなかった司法には、市民のアクセスの拡充にとってどのような課題があるのか、司法書士はそれらの課題にどのように向き合うことが求められているのか、可能なのか。そして、アクセス可能性の拡充が生み出す新たな事態、利用者の裾野の広がりに対応してどのような資質と能力が求められているのか、その涵養のために何が必要なのか。課題は山積している。

　もちろん、本書がそのすべてに応えようというのではない。しかし、そのための一歩になればと考えている。

　平成26年2月

　　執筆者を代表して

　　　　東京経済大学教授　大出　良知

未来を拓く司法書士実務の新展開
――実践事例を通じて描く指針と展望――

別冊市民と法No.2　2014.3

目　次

刊行にあたって

　　　　　　　　　　　　　　　　　　　　　東京経済大学教授　大出　良知　1

Ⅰ　法律家制度の歴史と司法書士の簡裁代理権
　　　　　　　　　　　　　　　　　　　　　東京経済大学教授　大出　良知　4

Ⅱ　裁判実務の実践事例と司法制度の現代的課題

1　民事司法改革の第一歩は足元から
　　――長期化したある簡裁事件を通じて――　　　　司法書士　齋木　賢二　15

2　民事訴訟における当事者の主体性と満足度
　　――法律専門家は依頼者とどう向き合うのか――　司法書士　岡住　貞宏　22

3　用法違反に基づく貸室明渡訴訟における和解
　　　　　　　　　　　　　　　　　　　　　　　　司法書士　稲村　厚　30

4　民事調停のすすめ――法的根拠が明確ではない事件をめぐる
　　市民的感覚による解決――　　　　　　　　　　　司法書士　須賀　淳治　37

Ⅲ　座談会　司法書士の「法律相談」業務
――実践を通じて考える課題と展望――　　　　　　　　　　　　　　　42

1　はじめに／43　　2　制度から考える「法律相談」業務／50　　3　内容・質から考える「法律相談」業務／57　　4　市民の視点からみた「法律相談」業務の制度・内容／66　　5　将来への展望／72　　6　おわりに／77

目 次

出席者 大出良知（東京経済大学教授）／仁木恒夫（大阪大学教授）／稲村厚（司法書士）／小澤吉徳（司法書士）／岡住貞宏（司法書士）／野中英樹（司法書士）／荻原世志成（司法書士）／阿部健太郎（司法書士）／三門俊文（司法書士）／八木貴弘（司法書士）／関根奈津子（司法書士）

Ⅳ 司法アクセス拡充の実践事例と司法制度の現代的課題

1　代理援助と書類作成援助の予納金の扱いの現状
　──自己破産事件における少額管財事件と法テラス「法律扶助」の二つを素材として── 　司法書士　稲村　厚　85

2　司法書士の法人破産事件への関与のあり方と零細事業者の救済 　司法書士　小澤　吉徳　93

3　簡易裁判所における和解勧告の現状と課題 　司法書士　池亀由紀江　102

4　司法書士による家事調停事件関与の現状と課題 　司法書士　荻原世志成　110

5　滞納賃料請求と建物明渡請求からみた司法書士代理権の考え方と課題 　司法書士　八木　貴弘　120

6　司法書士業務へのメディエーション技法の応用 　司法書士　稲村　厚　130

Ⅴ 司法書士制度をめぐる現代的課題と展望

1　司法書士のADRの議論の整理と展望 　司法書士　稲村　厚　137

2　あるべき後継者養成の姿
　──研修制度からみた司法書士の展望── 　司法書士　池亀由紀江　141

3　他士業との対比にみる「依頼に応ずる義務」の問題点 　司法書士　野中　英樹　150

4　日本の民事法律扶助の課題・展望と社会資源としての法テラスの可能性
　──生活困窮者支援における生活保護申請同行支援を通して── 　司法書士　稲村　厚　158

Ⅵ 司法書士に求められる役割と展望
　──高齢消費者被害の救済を通じて── 　大阪大学教授　仁木　恒夫　165

〔参考資料〕　司法書士制度史対比年表　174

あとがき 　司法書士　稲村　厚　180

法律家制度の歴史と司法書士の簡裁代理権

東京経済大学教授　大　出　良　知

1　はじめに──本稿の目的──

　本稿では、法律家の援助を受けた司法アクセスの拡充という課題が、なぜ、法律家全体に課せられた課題であるのか、司法書士への簡裁代理権等の権限付与が、わが国における法律家制度のあり様との関係で、いかなる意味をもつものなのかを検討しておきたい。

　このような問題関心は、わが国における司法アクセスの拡充における法律家の果たすべき役割にかかわっては、法律家制度の歴史的展開の特異性を出発点としている。具体的には、表面的には弁護士を中心とする法律家制度を形成し、弁護士に法律事務を独占する地位を与えながらも、隣接法律専門職種、なかでも実質において司法書士の存在を容認してきたという歴史性についての考究を抜きには、司法書士の権限拡大の意味を明らかにすることはできないと考えるからである。

　その理由を、さらに司法書士制度の発展に引きつけて結論先取り的に指摘しておくならば、次の2点をあげることができるであろう。

　第1に、そもそも明治初期に西欧の制度にならって創設されたわが国の近代的司法制度は、形式を整えるのに急であって、国民にとってはその実質的な機能を欠くことになりかねない間隙を生んできた。その間隙によって生じる問題を権力的に糊塗しようとしてきた国家に対抗して実質的にその間隙を埋める役割の一部を担ってきたのが、司法書士制度であったと考えられることである。従前、国民の法生活を支えてきた法律家は、ほとんど唯一弁護士であるという認識が一般的であり、その歴史はさまざまな角度から論じられてきた。しかし、それはあくまでも弁護士に焦点をあてた国民との関係での歴史であって、国民の法生活の実情に焦点を合わせた法律家の歴史ではなかったといわざるをえない。そのことでみえていなかった国民の法生活の視点からの法律家の存在実態を明らかにすることが必要だからである。

　第2に、そのような視点からみたとき、司法書士制度は、大きな制度的発展をとげてきており、なお完成形態には到達していない生成途中の制度であることと、そのことがもつ意味を具体的に確認する必要がある。というのも、その発展の原動力は、国民の生活に根ざした法的需要であり、その発展の姿こそが、形式的に上からつくられた制度を超え、国民の法生活に支えられた法律家制度のあり様と、今後の展開の可能性を示していると考えるからである。

　ということで、以下、順次その意味を確認していこう。

　なお、筆者は、不十分ながら本稿と同様の問題関心から考察を加えたことがあり（注1）、それらと多分に重複するであろうことをあらかじめご容赦いただきたい。

（注1）　大出良知「司法制度改革と司法書士」月報司法書士348号10頁以下、大出良知「司法書士の将来像」月報司法書士431号31頁以下、大出良知「司法書士制度と弁護士制度」『会報

3 担い手はどうしたのか

THINK』108号別冊19頁以下、大出良知「司法書士史の編纂を通して——司法書士は司法制度上どのような位置を占めてきたのか」月報司法書士479号19頁以下等も参照いただきたい。

2 わが国における法律家制度の創設

制度の歴史、特に国家的な制度の歴史を振り返る際には、どのような立場から振り返るかによって、全く異なった歴史にみえることにもなる。それは、法律家制度の歴史においても同様である。それ以前の経緯はともかくとして、明治政府の誕生によって近代的な司法制度が国家によって創設され、展開される中で、どのような法律家制度を創設しようとするのかといった国家的意思と現実に社会的に必要とされた法律家のあり様との間に大きな溝があり、その懸隔・矛盾がその後の制度の展開に大きな影を落とし、また制度展開の契機にもなっていたと考えられる。すなわち、国家的立場で制度をみるのか、その利用者である国民の立場で制度をみるのかでは、およそ異なった意味を、その歴史的展開の中にみることになる。

とはいえ、明治初期における司法制度の整備は、国家的立場においても複雑な要素が錯綜していたと考えられる。基本的には、西欧先進諸国の諸制度にならい遂行されたものの、最終的には、不平等条約、とりわけ治外法権の撤廃を第一義的課題とする観点からの変容を受けることになったと考えざるを得ない。要は、国家的には、利用者の便宜ではなく、統治体制の形式的な整備が優先されたということである。

1872（明治5）年に制定された司法職務定制が、「証書人・代書人・代言人職制」を定めたのは、まさに形式的に西洋先進諸国にならった法律家制度を導入しようとしたからであろう。その42条が、代書人（司法書士の前身）について規定し、第一で、「人民ノ訴状ヲ調成シテ其詞訟ノ遺漏無カラシム」役割を担わせることにしたが、43条が代言人（弁護士の前身）を規定し、「自ラ訴フル能ハサル者ノ爲ニ之ニ代リ其訴ノ事情ヲ陳述シテ枉寃無カラシム」役割を担わせることにした。

そして、翌1873（明治6）年には、訴答文例（最初の民事訴訟法典）が制定され、代言人強制主義ではなく、代書人強制主義がとられた（注2）。国家的立場からは、代書人に、裁判所（国家）の下請機関として事件の第一次的振分けを行い、法的に訴訟という場面へ移行させるための形式を整える役割を想定していたと考えられる（注3）。それは他面、その期待された訴訟を準備する国民に最初に接触するという実質的な職務内容からすれば、いち早く司法書士制度に注目しその歴史研究に取り組んだ尾佐竹猛大審院判事が位置づけたように、当初、国民にとっては、「代書人の職務は極めて重大であり、極めて責任のある仕事」であり、「調停的であり、人事相談所であり、法律家であり、社会問題煩悶解決家」で、「民衆の最も信頼すべき相談相手であった」ということであった（注4）。

いずれにせよ、訴答文例による代書人強制主義は、歴史的に法律家が強制された唯一の例である。

（注2）　代書人強制主義の下での代書人の実態等については、日本司法書士史編纂委員会編『日本司法書士史——明治・大正・昭和戦前編』（以下、『戦前編』という）中の「第一編序説」1頁以下、同「第二編明治第一章明治前期の代書人」105頁以下を参照。

（注3）　その詳細は、前掲・『戦前編』「第二編第一章第四節明治前期の代書人の実態」156頁以下参照。

（注4）　「法學博士大審院判事尾佐竹猛閣下御講演」東京司法書士会司法書士法改正実施三周年記念号（昭和12年9月20日発行）（前掲・『戦前編』資料編371頁上段）。なお以下、歴史的文書の引用にあたっては、旧漢字を使用しないことがあることをご了承いただきたい。

3 担い手はどうしたのか

それでは、制度が創設された時点で、その新たな制度を担うべき人材が新たに養成されていたのかといえば、そうではない。1871（明治4）年に開設された司法省明法寮（注5）が、いち早く主として司法官（裁判官・検察官）の養成を始めたのに対抗し、代書・代言の専門家を養成する動きも始まってはいた。代書・代言社の設立であり、先駆は、いわゆる征韓論争に破れて下野したといわ

I 法律家制度の歴史と司法書士の簡裁代理権

れた島本仲道が、高知に政社である「立志社」とともに1874（明治7）年4月に設立した「法律研究所」であった。

その「緒言」（注6）は、「法律ハ人民ノ権利ヲ保全スル者ニシテ人民モ亦之ヲ通知セスンハアル可カラス」として、「人民ノ権利ヲ伸暢シ強弱平等ノ福祉ヲ保有スルヲ得シメンコトヲ欲ス」としており、そこからも推察できるように、その後全国に設立された代書・代言社の多くは、人民の自由と権利の伸張を希求し、自由民権運動との結びつきも強かった。

しかし、当時はまだ、代書人・代言人のいずれについても資格制度があったわけではなく、「如何なる者を代書人又は代言人に選定すとも法令の問ふ所にあらず」（注7）、事情に通じていた者がその役割を担っていた。それは、非難的論調によれば、「無学無識の徒続続この業に従事し」、「風儀体面の何たるを顧みず青銭三百文又は玄米一升の報酬にて代言を引き受くる者多く遂に三百代言といへる諺を生ずる」（注8）ということにもなった。代言人も「通常の訴訟人代理人と同様の取扱いを受け」（注9）るということでしかなかったのであり、前述の代書人強制主義といっても、代書人・代言人のいずれが従事したとしても「なんらの制限はなかったのであるから、同一人が右両者を兼ねることも可能であり、そのような事例もあった」といわれている（注10）。

そのような状況の中で、1874（明治7）年5月には、「裁判所取締規則」が制定され、法廷での代言人の言動のいちいちに制約が加えられることになった。また、代書人強制主義は一年で廃止され、それ以降今日に至るまで、民事訴訟にあたって法律家が強制されるという法制が採用されることにはなっていない。また、1876（明治9）年には、代言人のみを制度的に容認する「代言人規則」が制定されることになり、当初予定されていた「代書人規則」は制定されないままになった。

「代言人規則」は、「検査」、「試験」によって免許を与えることにしており、初めて資格制度を導入することになったが、その試験は極めて難しく、1876（明治9）年から1892（明治26）年の17年間で、免許を与えられたのは、2084人でしかなかった。試験合格者とは別に、政府から派遣されイギリスのバリスターの資格を取得して帰国した星亨のために用意された司法省付属代言人や東京帝国大学法科大学卒業を要件に1879（明治12）年から1893（明治26）年までの15年間に無試験で免許を与えられた代言人も、173人存在したが、裁判所構成法の施行された1890（明治23）年の弁護士数（注11）は、1345人であり、裁判官定員よりも約200人も少ない状況であった（注12）。

「これでは全国の訴訟事務の量をまかなうことはできなかったので、右の検査に合格せず、従って代言人として免許されないものも依然として訴訟において代理人として出廷していた」。そして、「その数は免許代言人の数の数十倍に達したといわれ、世人はこれを『潜り代言人』と称した」とされている（注13）。

その実情を、念のためにまず民事訴訟の新受件数という点から確認しておくと、表のとおりである（注14）。1880年代になって訴訟件数が急増しているのがわかる。「明治初年の民事訴訟事件の数の巨大さは驚くべきものであった」（注15）のであり、「多きは、昭和以後の数の實に三倍に達していた」（注16）。それは、自由民権の思潮と無縁ではなかったと考えられるが、その件数は、「人民大衆がその権利を法廷につらぬこうとした意欲の現われとせねばならない」（注17）と評価されるものだった。

これに対して、富国強兵、殖産興業を政治路線として明確化した政府は、権利伸張の反映といってもよい訴訟を抑制する方策を講じることになる。自由民権運動に対する抑圧が進み、各地で事件が発生しはじめた1884（明治17）年、民事訴訟印紙規則を制定・施行した。この規則制定の「意図の一つは、『濫訴健訟ヲ断ツ』にあり、元老院会議では『旧時ニ在テハ親戚ノ協議若クハ村長里正ノ論解ヲ以テ大抵事ヲ辯セシニ』、目下は『濫訴健訟ノ弊風漸ク盛ニシテ法廷ハ俗ニ三百代言人ト称スル無頼漢ノ教育所タル者』あり、『此輩巧ニ良民ヲ教唆シテ妄ニ訴訟ヲ構成セシム』と論じられた」という（注18）。すなわち、高額の手数料を要求することで、訴訟の提起を抑制しようということで

3 担い手はどうしたのか

あり、その後の訴訟件数の減少は、この施策に効果のあったことを示していると考えられる。この抑制策は、その後も一貫して遂行され、日本人の「権利意識の稀薄さ」、「訴訟嫌い」を演出してきたことを看過してはならない。

また、わが国で、法律家強制主義がとられることなく、現在にいたるまで法的には「本人訴訟」が原則になっている大きな理由の一つが、すでにこの時期にはじまった法律家の対応力の欠如にあったと考えられることを銘記しなければならない。

とはいえ、法律家の援助が全く必要ないなどということにはなっていない。代言人が少なければ、国民がそれに代わる対応力を求めたのは当然である。現在の弁護士法72条に該当する法律が制定されるのは、後述のように1933（昭和8）年になってのことであり、当時弁護士資格をもたない者が法律事務にかかわることが禁止されていたわけではない。弁護士以外は法的に資格要件が決められていたわけではないため、その態様はさまざまであったが、「三百代言」あるいは「潜り（モグリ）」、さらに「司法代書」もその一部であったと考えられる法律家群が、国民の法的需要に対応していた。それが前述の指摘になっていた。国家も、資格によって業務内容を限定できなかったし、実はする気もなかった。

このような事態は、国家的には、司法をあくまでも不平等条約撤廃の手段として形骸化した行政優位の体制づくりの結果であり（注19）、自由民権運動との関係にも表れていたような国民の権利伸張につながる訴訟を抑制し、法律家人口を極力抑制しようとする政策遂行の結果であった。

- （注5） その後、司法省法学校、東京法学校を経て、東京帝国大学法科大学に合併される。
- （注6） 奥平昌洪『日本辯護士史』82頁（巌南堂書店、1914年）。
- （注7） 奥平・前掲45頁。
- （注8） 奥平・前掲166頁。
- （注9） 奥平・前掲53頁。
- （注10） 石井成一「職業としての弁護士の使命」（石井成一編・講座現代の弁護士1——弁護士の使命・倫理）44頁。
- （注11） 弁護士の名称が法律上規定されることになったのは、1890（明治23）年に制定された民事訴訟法においてであったが、実際に使用されることになったのは、1893（明治26）年に弁護士法が制定・施行されてからである。
- （注12） 弁護士人口については、奥平・前掲362頁以下、および兼子一＝竹下守夫『裁判法〔第4版〕』359頁による。
- （注13） 石井・前掲45頁。
- （注14） この表は、前掲・『戦前編』233頁の表によっている。昭和になっての数字も付け加えてあるのは、比較を可能にするためである。なお、1881（明治14）年12月28日の太政官布告83号により、治安裁判所の民事訴訟は、勧解前置主義、すなわち強制和解前置主義をとることになっていた（染野義信『近代的転換における裁判制度』118頁）。
- （注15） 福島正夫「日本資本主義の發達と人の自由と権利」思想353号15頁（1953年）。

（表） 民事訴訟新受事件数

年　度	第一審	勧解（調停）	備　考
1876（明治9）年	328,063	181,561	代言人規則制定。
81（　14）	130,519	731,810	
82（　15）	188,517	875,659	第一審が、始審・治安裁判所となる。勧解前置主義採用。
83（　16）	239,675	1,094,659	
84（　17）	138,597	760,992	4月から民事訴訟印紙規則施行。勧解略則。
90（　23）	77,430	372,907	旧民事訴訟法制定。
1935（昭和10）	196,775	113,269	督促事件を除く。調停事件1945年以前で最多。
50（　25）	66,786	56,212	家事事件を含まず。

(注16) 福島・前掲15頁。
(注17) 福島・前掲15頁。
(注18) 福島・前掲16頁。
(注19) 石井・前掲49頁。

4 法律家の存在実態

そして、1890（明治23）年に制定された旧民事訴訟法は、「原告若クハ被告自ラ訴訟ヲ為」す（63条1項）とする本人訴訟の原則をあらためて宣言することになった。その直後には、代言人規則に代えて弁護士法も制定されることになり、弁護士を代理人として選任することも認められたが、本人訴訟ということになれば、代理とは異なる支援が必要であった。

そのような場合に対応していたのが、司法職務定制、訴答文例により職分を割りあてられながら、法制度上認知されることにならなかった「司法代書人」であった。特に、裁判所周辺で業務にあたっていた代書人は、明治20年代（1887～1896年）には、裁判所が登記所になったことに伴い、登記手続に関与することで、経済的基盤を確保することになり、「司法」代書人としての地位を確保することになっていたと考えられる。

しかし、それは職分としての自立であって、実際の担い手が理念どおりに自立していたかは定かでない。弁護士（代言人）は、法的制度としていち早く認知されていたものの業務においては弁護士に直ちに独占的な地位が与えられていたわけではなく、法的制度であるか否かにかかわりなく、すなわち弁護士と非弁護士が、全体として法的業務に対応していたということであった。

その法律家群の存在実態こそは、当事者（国民）を支える法律家数を抑制し、確固たる地位・権限を与えなかった国家と、法律家の援助を必要とした国民との妥協の結果といってもよかった。要は、法的業務全体を弁護士と非弁護士が、混然一体となって処理していたと考えられるのである。

明治末年から大正にかけてのその実態をよく示している記事を、当時の実情をよく伝えていたと思われる「法律新聞」からいくつか紹介すると以下のようなことであった。

区裁判所の裁判所書記の手になる記事によれば、「近時裁判所々在の地に潜りと称する徒輩あり訴訟人を瞞着して暴利を社会に害悪を流すは隠れなき事実」であるとし、「彼の徒の大部分は表面代書業者として便宜の場所に代書所又は調筆所或は何館と大書したる看板を掲出し」ているという。しかし、「予輩は代書業者なるものは必要なしと論議するものにあらず亦現今の代書業者は一般に非行ありと難ずる者にあらず」として、「辯護士其他の専門家に委任せずして為す事件の書面の如きは完全に作成することを得べく」資格要件を設けることを求めていた（注20）。

また、大正期になって「代書人が自ら訴訟事件を取扱」っていることには批判的でも、「法律手続に付き代書人に依ることの安心を得しむることは、現時の社会状態に於て、極めて必要なる事柄なりと云うべし蓋し明治維新以後、法令雨の如く下りて、法令の繁瑣なる、到底普通人を以て、容易に之を解すべからざる」として、「司法関係事務を取扱ふ、代書人に付きて観察するに是れまた驚くべき多数に上り、裁判所構内に於て執務するもの五六千人、構外執務者四五萬人に達すと称せらる」という実情を紹介するとともに、その業務の実情を「登記手続等は兎も角、督促手続、訴状、其他の関係書類の如き、一たび裁判所に受理せられたる以上、仮りに訴訟原因等に誤りある場合と雖も遂に之を回復すること能はざる場合多し、是れ司法代書人に一定の資格を必要とする理由也、司法當局者中代書人を以て當事者の口述を筆記する機関なりとし、之を自由放任に委するを可として、司法代書人取締規則の制定に反対するものあるも、採るに足らざる僻論のみ代書人は依頼の趣旨を書記するものにして単純なる口頭陳述の速記者にあらざれば也」とする論説もあった（注21）。

そして、その業務の実質を「司法代書人が業務上の委託を受け書類を作成せんとするや勢ひ委託者より受託事件の事實関係を巨細聽取り茲に聽取事項に付組織的觀念を形成し次て有効に委託の目的を達するの方法を考査し然る後徐に筆を執るの段取と爲るものなりさすれば其業務は法律的鑑定と筆記とを兼用するものに外ならず」（注22）との

実態を伝える記事も存在する。

さらに、司法代書人と思われる論者からは、「訴訟提起の代理権」や、主任判事に対する「作成書面の釈明を為すの権」を要求する主張も行われていた（注23）。

これらの主張の中に、当時の国民の法的需要の実態、それらの需要への対応態勢の実情を垣間見ることができるといってよいであろう。その内容からは、少なくても以下のようなことを指摘することが可能であろう。

第1に、法的資格を与えられていない「潜り」法律家が、弁護士と同様、訴訟にかかわり多くの問題を起こしている。

第2に、その「潜り」は、代書人という体裁の下に業務を行っていることが多く、法的に規制する必要がある。

しかし、第3に、専門的な能力をもち、弁護士とは異なり「事件の書面」を作成する職能として国民の需要に応えている代書人を、資格要件を定めて法的に認知する必要がある。

その際、第4に、代書人に「訴訟提起の代理権」等を与えることが、国民にとって便宜である。

要は、法的に認知された法律家である弁護士だけでは対応できない事態によって生み出されていた混乱を打開する必要があった。そのために、弁護士とは異なる職能としていったんは司法職務定制によって法制度上に姿を現し、その後法的には認知されず、それにもかかわらず実態として国民の法的需要に対応してきた法律家を、あらためて「司法代書人」として資格要件を定め、職務範囲を限定して法制度上認知しようとする社会的要請が高まっていた。それは、司法代書に携わっていた者達自身からの要求でもあった。

(注20) 打田傳吉「時弊の匡正に就て」法律新聞179号（明治36年12月25日）（前掲・『戦前編』資料編331頁、333頁）。

(注21) 「司法代書人規則必要」法律新聞1025号（大正4年7月20日）（前掲・『戦前編』資料編334頁、335頁）。

(注22) 黙雷子投「代書人取締法の制定を促す（原司法大臣に望む）」法律新聞1467号（大正7年10月28日）（前掲・『戦前編』資料編338頁）。

(注23) 藤場生君「司法代書人法制定の必要」法律新聞1458号（大正7年10月5日）（前掲・『戦前編』資料編335頁、336頁）。

5 司法代書人法制定をめぐる確執

社会的要請の存在を最も顕著な形で示していたのが、北は樺太から南は鹿児島まで各地から弁護士や新聞記者の著名人はじめさまざまな職業に従事する国民の請願署名が提出されていたことである（注24）。しかし、政府は、その請願に対応する姿勢をみせなかった。そのため、1915（大正4）年12月に開会された第37回帝國議会では、請願を受けた衆議院の請願委員会が初めて法案を用意し、審議が行われることになった。その請願と法案の要点を紹介すると以下のとおりである。

請願の趣旨は、「裁判所ノ代書人ノ作製スル書類ト云フモノハ、民事刑事訴訟事件及諸種ノ登記事件ニ亙ッテ居リマシテ、何レモ事柄ガ間接直接ニ当事者ノ身分名誉財産ニ重大ノ関係ヲ有シテ居ルノデアリマスカラ、相当ノ知識ヲ有シ相当ノ取締ヲ要スルト云フコトハ、自然ノ道理デアラウト思ッテ居リマス」として、「現在裁判所構内認可代書人タル者」を「司法代書人」として認知しようというものであった（注25）。

請願委員会が用意した法案は22条からなり、その業務をあくまでも「当事者ノ嘱託ニ依リ通常裁判所又ハ検事局ニ直接提出スル文書ノ作成」（1条）とし、原則として「試験ニ及第シ又ハ司法代書人試験委員ノ銓衡ヲ経タルコト」（2条2号）としていた。その他、「作成セシ文書ニ付釈明ノ義務ヲ負フ」こと（6条）、非司法代書人の排除（11条）、名簿への登録（12条）、司法代書人会の強制設立・加入（16条、19条）、司法代書人会の懲戒請求権（20条）等を規定していた（注26）。

しかし、この法案は、政府の強い反対にあうことになる。

まず、その業務内容について、司法代書人の「働キノ範囲ヲ余程拡メテ、辯護士ノ職務ノ範囲迄立入ルヤウナ希望ヲ持ッテ居ルヤウニ聞コエ」るとして、「唯代書人ト云フモノハ、本人ニ代ッテ文字ヲ書クダケノ働キサヘ十分ニ出来レバ宜シイ」と

いうのである（注27）。また、構内代書人に限定しようとする主張に対しても、構内代書人は「構内デ、代書人ノ仕事ヲサセルト云フコトダケノ認可」であり（注28）、「試験ヲシテ或範囲ノ者ニ限ッテ代書人ノ職務ヲサセルコトニナルト、自然代書料モ高クナッテ来テ、一般人民ノ不便ヲ来タシハシナイカト云フ虞モアリマス」と反対した（注29）。

構内代書人に限定することには、政府だけでなく構外代書人や議員からも強い反対があり、1919（大正8）年にようやくにして司法代書人法は成立したものの、結局政府当局の構内代書人に限らず構外代書人を含むすべての司法代書に携わる者を対象に大網をかけた、「取締」という発想からのわずか11条の法律になってしまった。「試験」もなければ、「登録」もなく、「強制設立・加入」もない。あげくは、「非司法代書人の排除」もなかった。

そこには、法律家としての質を前提とした制度設計の姿勢はみられず、あくまでも、「代書」を前提とした取締基準を設定することで終わってしまった。その背景には、構内代書人だけを認知した場合に生じる絶対的人員不足の問題もあって、政府当局の反対に対抗しきれなかったという事情があったことも看過しえない。

しかし、この政府当局の主張に沿って制定された司法代書人法は、司法代書人を「司法代書」という枠の中に形式的に押し込めることには成功したかもしれないが、「司法代書」を越えた需要に誰が応えるのかという問題に回答を与えたわけではなく、司法代書人がその「範囲ヲ超エテ他人間ノ訴訟其ノ他ノ事件ニ關與スルコトヲ得ス」とされた「業務ノ範囲」（司法代書人法9条）も決して明確ではなかった。結局国民との関係では、司法代書人は、実質的にできること、やらざるを得ないことをやり続けることになり、その主体のいかんはともかく非弁活動がなくなるということにもならなかった。

（注24）請願は、第30回帝國議会（大正元年12月開会、以下回数だけを示す）、第31回（大正2年12月開会）、第35回（大正3年12月開会）にも提出されていたが、本格的に請願について議論が始まったのは、第36回（大正4年5月開会）であり、引き続き第37回（大正4年12月開会）、第39回（大正6年5月開会）、第40回（大正6年12月開会）において請願が採択され、第41回（大正7年12月開会）で、司法代書人法が成立することになる。参考までに、議事録から確認できる限りでの各議会に提出された請願の件数、人員を紹介しておくと、第36回118件1382名、第39回144件560名、第40回190件1538名、第41回280件人員不明である。その詳細は、前掲・『戦前編』資料編49〜138頁参照。

（注25）資料「第36回帝国議会衆議院請願委員第4分科会議録（大正4年6月2日）前掲・『戦前編』資料編54頁。

（注26）前掲・『戦前編』308頁以下。

（注27）豊島直通政府委員の発言「第40回帝国議会衆議院請願委員第4分科会議録」（大正7年1月30日）前掲・『戦前編』資料編109頁。

（注28）豊島直通政府委員の発言「第41回帝国議会衆議院弁理士法案外一件委員会議録第3回」（大正8年2月24日）前掲・『戦前編』資料編151頁）。

（注29）豊島直通政府委員の発言「第40帝国議会衆議院請願委員第4分科会議録」（大正7年1月30日）前掲・『戦前編』資料編109頁。

6　弁護士をめぐる事情と非弁取締立法

司法代書人法で、司法代書人を取締対象にした政府は、他方で弁護士をも、同様の取締的発想で、代言人以来の官との差別的関係の下に置こうとする姿勢を変えようとはしなかった。資格にかかわる差別の一部は、1918（大正7）年の弁護士法の改正で解消されるが、法廷における言論の自由や司法大臣による監督の問題などの多くは、日本国憲法成立までの継続的課題であった。

しかし、職域・非弁護士問題については、昭和期に入って事態に変化があった。1933（昭和8）年になって、現行弁護士法72条にあたる「法律事務取扱ノ取締ニ関スル法律」が成立することになった。

この法律については、当初弁護士サイドから強い反対があった。単行法にすることに対する反発だけでなく、政府当局が、非弁護士の存在を肯定的に評価する姿勢を明確にしていたからである。

「司法大臣ハ其ノ業務ヲ禁止スルコトヲ得」として裁量の余地を残し、「報酬ヲ得ズシテ又ハ正当ノ業務ニ付随シテ其ノ業務ヲ為ス場合」を例外化する案（司法省1927年案）を用意していた。

というのも、その背景には司法代書人法成立後も続いていた非弁護活動の実情があった。たとえば、1922（大正11）年ころには、「非弁護士ないし三百代言は、弁護士の数三六七〇余名に対し、その三ないし五倍にも及び、東京市において約一万人もいた」（注30）といわれた。静岡でも、大正末年には、弁護士が約60名に対して、非弁護士が200名から300名おり、非弁護士は、全国では、2万名から3万名存在していたと推測されていた（注31）。

その実情は、弁護士サイドからも、「全国を通して十数萬人の非弁護士の存在することは社会需要によるものなることを証明して居る」（注32）と認めざるをえなかった。法律の成立した帝国議会でも政府当局は、次のように説明していた（注33）。

「弁護士ノ数ガ少ナカッタ時代ニ於キマシテハ、一般国民ハ弁護士ニ非ズシテ、法律上ノ知識ヲ有スル者ノ助言ヲ求メタノデアリマシタ、殊ニ此簡易ノ事項ニ付キマシテハ、種々ノ事情ヨリシテ、弁護士以外ノ者ニ依頼スルコトヲ、寧ロ便宜トシテ居ッタノデアリマス、而シテ現在此種ノ業務ニ従事スル者ガ、全国ヲ通ジテ可ナリ多数ニ上ッテ居ルノデアリマス」。

このような状況の下で、「法律事務取扱ノ取締ニ関スル法律」を制定することになったのは、「弊風ヲ生ジ」（注34）、利用者の利益を害する危険性が出てきたからということになっている。しかし、実質は弁護士の経済的基盤の弱化という利害と深く関連していたのであり（注35）、利用者の便宜という視点はなかったといわざるを得ない。結局、この非弁取締立法は、「弁護士の国民からの離隔、司法官僚体制へのその包摂」への道を意味し、「当時の『在朝在野の法曹は車の両輪・鳥の双翼』というスローガン、弁護士の水平化のスローガンに見事に応えるものであった」（注36）。それは、「上から一方的に与えられた」「（わが国の）司法制度の民衆的基礎は、……諸外国にくらべて比較を絶す

るほどに脆弱である」（注37）ことの一面でしかなかったともいえよう。

- （注30） 石井・前掲57頁。
- （注31） 橋本誠一『在野「法曹」と地域社会』278頁参照。
- （注32） 金子要人『改正弁護士法精義』85頁。
- （注33） 「第64回帝国議会衆議院議事速記録第23号」（昭和8年3月8日）前掲・『戦前編』資料編303頁。
- （注34） 「第64回帝国議会衆議院議事速記録第23号」前掲・『戦前編』資料編303頁。
- （注35） 大野正男「職業史としての弁護士及び弁護士団体の歴史」（大野正雄・講座現代の弁護士2──弁護士の団体）92頁以下参照。
- （注36） 江藤价泰「弁護士と裁判所の関係」（川島武宜編・法社会学講座8）314頁。
- （注37） 三ヶ月章「司法制度の現状とその改革」（三ヶ月章・現代の裁判（講座現代法5））39〜40頁。

7 法律家制度の新たな展開

1933年にできあがった法律家をめぐる前述のような構図は、その後も基本的には維持され続けてきたといってよいだろう。もちろんその間、日本国憲法の制定と、それに引き続く司法改革があった。弁護士法の改正は、議員立法によってその過去の遺産を払拭し、弁護士の要求をほぼ実現する画期的なものになった。完全自治権を基盤に弁護士の取得した地位は、社会的にも極めて大きな意味をもった。弁護士は、さまざまな分野で人権の護り手として大きな役割を果たすことが可能になった。

司法書士も、「司法代書人」が「司法書士」になった1935（昭和10）年だけでなく、法律家としての認知を求め、その要求の実現をめざし続けた。しかし、その要求は、時の政府あるいは弁護士層の強い反対によって頓挫し続けることになる。その反対は、直接的には、前述したように、あくまでも司法代書人を「代書」とする性格規定を前提としていた（注38）。

「代書」という性格規定を、司法代書人法制定時に支えていた論理の一つは、幅広い国民の需要に応えるためのミニマム・スタンダードとしての資格要件である「代書」であった。その背景には、

Ⅰ 法律家制度の歴史と司法書士の簡裁代理権

需要に応えるう司法代書人の人員の確保と、その必要数全体に対する質的コントロールが不可能であり、それを不必要にしたいという要請があったと考えられる。すなわち、既に司法代書人の担う中心的業務となっていた登記業務を担わせるためには、構内代書人のみで対応できるとは考えられず、また、登記業務が中心であるとすれば、政府は、基本的に「代書」とする性格規定で可能な業務のみを想定していたということであろう。法律家として性格を規定するならば、その質的コントロールは、体勢的に不可能であったが、「代書」とするならば、それは不必要であった。

また、前述したような、明治以来の訴訟抑制政策、法律家抑制政策が、国家的にはさらにその前提にあったであろうことも看過してはならない。

それゆえ、結果論とはいえ、司法代書人法制定時の枠組みから脱却するには、日本国憲法下になっても、相当の歳月を必要とした。

そのための現実的条件整備は、1956（昭和31）年の司法書士法改正によってもたらされたと考えられる（注39）。司法書士会の強制化による司法書士全員を対象とした質的コントロールの可能化であり、全国統一試験結果による認可の実現による新規参入者の質的均質化であった（注40）。この改正から11年を経て、法規定上、「代書」を想定させる規定が削られることになった。司法書士会の法人化を実現した1967（昭和42）年の改正において（注41）、それまでの司法書士法１条が、司法書士の業務を、裁判所等に「提出する書類を代わって作成する」としていた規定から、「代わって」を削り、「提出する書類を作成する」と改正した。

この改正で、法規定上は「代書」という性格規定から脱却することになった。それは、書類作成にあたって実態として行われていた自主的な判断を認知したものであり、法的判断権の認知、法律家としての認知への第一歩といってよいものであった。そのような動きに連なるドラスティックな提案が、1964（昭和39）年に行われることにもなっていた。日本司法書士会連合会法改正専門委員会の委員長真崎龍一の名前を冠した、「真崎答申」ともよばれる改正案は、簡裁代理権の実現、司法書士試験の導入、憲法の試験科目化、司法書士名簿への登録制度等を提案し、一気に法律家としての認知をめざしていた（注42）。

この提案は、「軽微の簡易裁判所の訴訟事件においても甚だしく遅延停滞していて国民が憲法において附与されている裁判請求権を行使することは容易でない」との状況認識に支えられていた。しかし、他面、「司法書士の地位の向上」、「司法書士制度発展のため」という強い主観的意図もうかがわれ、なお、弁護士法72条を越える制度発展を実現する力を期待することはできなかった。

そのような中で、司法書士の担っている客観的役割も明らかにされることになった。それは、日本弁護士連合会が、1967（昭和42）年から５年をかけ実施した調査の結果である。1968（昭和43）年における、地方裁判所の本人訴訟率は、全国平均で46％にのぼり、弁護士の少ない地方では、宮崎地方裁判所の79％をトップに、新潟、長崎、釧路、旭川、大分、松江などの地方裁判所が、70％を超えていた（注43）。地裁事件でも訴額が低額になるほど、その本人訴訟率が高くなる傾向があり、調査対象になっていなかった簡易裁判所事件の本人訴訟率がかなり高率になるであろうことは、容易に推測できた。また、宮崎と本人訴訟率が56％と中位に位置している富山における「本人訴訟面接調査」では、裁判前に相談したり、助言を受けた相手として、宮崎では、49％が、富山では、42％が、司法書士をあげていた（注44）。

そして、1975（昭和50）年前後にも、司法書士への簡裁代理権の付与が話題になったことがあった（注45）。客観的需要はあらためて明らかにされてきていた。また、1967（昭和42）年司法書士法改正に際して附帯決議となっていた「研修及び懲戒制度の自主的措置への育成指導」や「国家試験制度の検討」は、司法書士制度自体の新たな発展を用意するものではあった。

1978（昭和53）年の国家試験としての資格試験制度の導入を中心とする改正（注46）と、1985（昭和60）年の登録事務を日本司法書士会連合会へ委譲するなどした改正（注47）によって、ようやく、司法代書人法制定時の枠組みから脱却し、法律家

8　国民と法律家制度のあり方

としての主体的基盤整備は、最終段階を迎えることになった。その直前に、司法書士の法律判断権を、歴史的・実証的に確認したいわゆる宗判決（注48）が生まれていたこともその発展段階を象徴していたといってよいであろう。

（注38）　たとえば、第一東京辯護士會・帝國辯護士會「司法代書人法改正案に対する反対理由書」法律新聞3523号（昭和8年3月8日）前掲・『戦前編』資料編397頁も参照。

（注39）　もちろん、1950年、1951年と2年連続で議員立法により、政府の直接的監督権を排除し、報酬自主権を獲得した司法書士法改正が、その後の発展の基盤を用意したという意味で重要であったことはいうまでもない。その詳細については、日本司法書士会連合会司法書士史編纂委員会『日本司法書士史──昭和戦後編』（以下、『戦後編』という）7～129頁参照。

（注40）　前掲・『戦後編』185頁以下、特に同285頁以下参照。

（注41）　前掲・『戦後編』389頁以下参照。

（注42）　「真崎答申」については、前掲・『戦後編』372頁以下、東京司法書士会会史編纂室『東京司法書士会史（上巻）』581、665～672頁、および大出良知『「簡裁代理」実現考』月報司法書士393号88～89頁、「「真崎答申」を今一度」月報司法書士396号72～73頁参照。

（注43）　日本弁護士連合会調査室『本人訴訟を追って』19～20頁。

（注44）　日本弁護士連合会調査室・前掲144頁。

（注45）　桜田勝義「辺地少額紛争の法支配、司法書士に簡易弁護士の権限を」朝日新聞1975年1月7日付朝刊「論壇」。なお、同月29日と2月29日には、これを批判し、反論する弁護士、日本弁護士連合会関係者の意見が同じ「論壇」に掲載されている。

（注46）　前掲・『戦後編』449頁以下、1037頁以下参照。

（注47）　前掲・『戦後編』654頁以下、943頁以下参照。

（注48）　松山地西条支判昭和52・1・18判時865号110頁、判例タ351号210頁。同判決は、「弁護士と司法書士はともに国民の法律生活における利益を保護し、併せて司法秩序を適正に保護し、以て法律生活における分業関係に立つものといえる」と述べていた。

8　国民と法律家制度のあり方

このように司法代書人法制定以前をも含め「司法代書人＝司法書士」の歴史は、「代言人＝弁護士」との関係の中で展開してきた。しかも、重要なことは、その相対的な関係が、形式的な制度的枠組みの関係としてだけでなく、実質的な関係としても展開してきたことである。

たとえば、弁護士不足といった事態の中で、司法代書人が形式的に枠づけられた「代書」を越えて法律家としての役割を担ってきた。すなわち、明治維新後、形式的に枠組みをつくるところから始められたわが国の法律家制度の制度的間隙を「司法代書人＝司法書士」が、形式的、実質的に埋めることで国民の需要にトータルには応えてきた。

しかし、それは結果であって、国家による一貫した訴訟抑制政策・法律家抑制政策の中で、国民の需要が実質的な法律家の対応態勢をつくらせてきたというべきかもしれない。しかも、法律家自体は、国家がそれぞれに対して分断的・抑制的・取締的対応に終始しているにもかかわらず、それに対抗しながらも制度設定権者の強権の前に、利用者である国民の便宜という視点よりは、国家との関係で自らの地位を確保することに精力を使ってきたようにもみえる。

その結果生じた国民にとって不十分な法律家の、ひいては司法の対応態勢は、21世紀を迎えるにあたって国家的視点からも放置できない状況になっていたと考えられる。1999（平成11年）に司法制度改革審議会（以下、「審議会」という）が設置され、司法制度改革を現実的課題にすることになったのもそれゆえにであったであろう。その中で、日本司法書士会連合会が、あらためて主張することになった簡裁民事事件等での代理権はじめ法律相談権、家事事件代理権、民事執行事件代理権の要求は（注50）、そのような事態の中でこれまでの制度展開の延長線上に位置づけられる現実的な内容であった。

であれば、審議会「司法制度改革審議会意見書──21世紀の日本を支える司法制度──」（以下、「審議会『意見書』」という」が、「隣接法律専門職」に「国民の権利擁護に不十分な現状を直ちに解消する必要性にかんがみ、利用者の視点から、当面

の法的需要を充足させるための措置を講じる必要がある」としたのを受けて、いち早く、2002（平成14）年に、司法書士に、簡易裁判所における訴訟等の代理権、裁判外の和解交渉権、相談権を付与する等の改正が行われることになったのである。

審議会「意見書」は、さらに「弁護士と隣接法律専門職種との関係について」、より本質的には、「弁護士人口の大幅な増加と諸般の弁護士改革が現実化する将来において、各隣接法律専門職種の制度の趣旨や意義、及び利用者の利便とその権利保護の要請等を踏まえ、法的サービスの担い手の在り方を改めて総合的に検討する必要がある」としていた。

すなわち、審議会「意見書」が目指した法律家制度の改革の方向性は、最大の眼目の一つである「利用者の利便」という視点から検討されるべきであり、その視点から見直した場合、これまでの制度展開は、すでに触れてきたように、その責任の所在はともかくとして、法律家側の事情によって左右されてきた点も少なくない。もし「利用者の利便」という視点を貫くならば、市民の法的需要に法律家が、形式的にも実質的にも一元的に過不足なく対応する法律家制度が用意されるべきであるということになろう。

司法書士が今後さらに果たすべき役割（注51）も、すでに実現された改革が、「利用者の利便」という視点からいかなる機能を果たしているかを具体的に明らかにする中で展望することが可能になると考えられるのである。

（注50） 日本司法書士会連合会「『国民がより利用しやすい司法の実現』及び『国民の期待に応える民事司法の在り方』について」（平成12年7月7日）参照。
（注51） その方向性については、日本司法書士会連合会第73回臨時総会承認「司法書士法改正大綱」参照。

[II] 裁判実務の実践事例と司法制度の現代的課題

民事司法改革の第一歩は足元から
――長期化したある簡裁事件を通じて――

司法書士　齋木賢二

1　事例の概要

(1)　本稿の目的

本件は、受注業者のずさんな屋上防水工事に対する損害賠償請求とそれにより一定期間貸室の賃貸が不可能になったことによって生じた損害の賠償をも請求したいとの、居住用賃貸ビルのオーナーからの依頼により処理した案件である。

本件の開始から解決までの期間（相手方に対する内容証明郵便発送から控訴審における和解まで）は約2年半、簡易裁判所に係属していた期間は1年10ヵ月ほどであった。以下、異例の長期に及んだ本件の道程における問題点などを考察する。

(2)　事例の概要

まずは、本件の概要を示すために、代理人として当方が提出した訴状中の「請求の原因」の大要を、紹介しよう。

> 依頼者である原告Aは、不動産賃貸業を営む者である。
>
> 相手方である被告B社は、建設工事や水道工事等の設計・施工・請負および住宅の修繕等を業とする会社である。
>
> 原告Aと被告B社は、平成21年2月25日付け「御見積書1」の内容を双方が承諾し、同日付で原告A所有のビル最上階の401号室に関する漏水対応の屋上防水工事請負契約を締結した。なお、この請負契約においては、正式な「請負契約書」が取り交わされておらず、上記「御見積書1」等に「件名『防水工事』、物件名『Aビル』、内訳『屋上防水工事』、『ウレタン塗膜防水処理・下塗1・中塗1・上塗1』」などと記載されているのみであった。

本件工事は平成21年3月10日に着手され、原告Aは、被告B社の現場監督であるCから約1週間後に本件請負契約の防水工事が終了したとの報告を受け、原告Aは、平成21年3月25日、被告B社に対し、被告B社が発行した平成21年3月22日付け請求書記載の工事請負代金と消費税の合計金を、平成21年4月26日に支払った。

しかし、その後も上記401号室への漏水が続いていたために、原告Aは、被告B社に対し、その瑕疵を修補するよう請求した。現場監督Cは、目的物に瑕疵があることを認め、「直します」と発言、被告B社は、平成21年7月27日付けにて「御見積書2」を発行し、平成21年8月中旬に修補工事に着手した。その後、3日間ほどで同工事は終了し、被告B社は、2回目工事費用として、原告Aに対し、その代金および消費税の合計金を請求した。

しかし、その後も上記401号室への漏水は止まらずに、原告Aは、被告B社に対し、再三さらなる修補を請求した。平成22年2月9日、現場監督Cが原告Aに対し「完全に直しますから」と発言したため、原告Aは、被告B社に対し、上記2回目工事代金を支払った。

しかし、その後も被告B社は具体的な工事をしなかった。

原告Aは、平成22年6月21日、被告B社の現場監督Cに対し、「何度言っても直してくれないから、これ以上直せとの要求はやめ、支払った

代金の全額を返金するよう」請求した。

原告Aは、上記401号室につき平成22年1月1日から新たな賃貸借契約締結を予定していたが漏水が続いており、新たな賃貸借契約締結を不動産仲介業者に依頼することはできない状況であった。

原告Aは、被告B社に対し、民法634条2項による損害賠償請求権に基づき原告Aが被告B社に対し支払った請負代金全額と当該貸室を平成22年1月1日から平成22年6月21日まで貸室として利用することができなくなったために生じた履行利益の支払いを請求した。

上記当方の『請求の原因』を立証するための証拠方法として（甲）25号証までの書類等の添付をした。

被告B社には2名の訴訟代理人が選任され、原告側が主張する事実を全面的に否定して争うこととなったが、被告側の答弁書の「請求原因に対する認否・被告の主張」には「追って主張する」との記載のみで、第1回口頭弁論期日は擬制陳述となり、被告側の具体的主張が判明したのは約1ヵ月後の第2回口頭弁論期日の前日であった。

(3) 「争点」明確化への道程

原告の訴状に対する被告の答弁書に表れた当初の反論の概要は、「本件各防水工事には何らの瑕疵はない」とするものであり、原告側は具体的な「瑕疵」の中身につき証拠を追加してさらなる反論を試みることとなり、この点に関し、4回ほどの口頭弁論期日を要した。この期間が経過したとき、当方としては、「漏水が止まらない」事実と本件工事の瑕疵との因果関係について一定の立証をすることができたと考えていた。

しかし、その後、被告側は、「本件契約は、それに定められた特定の作業を行うことをその債務の内容とするものにすぎず、漏水が止まるという結果を実現させることを債務の内容とするものではない」旨、新たな主張を展開した。そこで、当方としては、本件契約の内容につき、そもそもどのような内容の契約であったのか反論を繰り返すこととなった。この点の論争に、さらに4回の口頭

弁論期日を要した。

上記の点に関する双方の主張が終わり、「弁論終結の機は熟しているな」と、当方が考え出したこのころに、訴状提出からすでに1年余が経過していた。

なお、ここに至るまで、裁判所からは再三にわたり「和解」勧試があったが、原告側は条件さえ整えば応ずる旨述べたにもかかわらず、被告側はこれに応じる気配はなかった。

本件において、明確になった争点は、以下のとおりである。

> ① 本件請負契約における工事の瑕疵の成否
> 〔原告側の主張〕
> 　本件請負契約工事は、万全の防水工事を目的とするものであるが、三層塗りの作業工程に手抜き工事があり、まだらなウレタン塗りの痕跡が残るなど万全を期すべき防水工事をしていないために漏水が止まっておらず、瑕疵がある。
> 〔被告側の主張〕
> 　原告に対し事前に、漏水につき一度の防水工事で完全に止まる性質のものではないことを説明し、原告もそれを理解したうえで契約をした。原告は、本件契約で定められた仕事をすべて履行している。原告主張の瑕疵と漏水との因果関係は認められない。
> ② 損害額
> 〔原告側の主張〕
> 　瑕疵修補に代わる損害賠償として、本件工事代金額および新たな賃貸借契約締結を予定していたので当該予定していた日から修補請求をやめて返金を請求した日までの履行利益としての貸室賃料額の合計額および遅延損害金を請求する。
> 〔被告側の主張〕
> 　不知ないし争う。

(4) 移送申立て

「次回口頭弁論期日において、弁論終結だな」と

1 　民事司法改革の第一歩は足元から

当方が考えていたとき、その期日直前に、被告から、「本件訴訟を〇〇地方裁判所に移送する」との決定を求める「移送申立書」が提出された。

申立ての理由は、上記争点①につき、その争点の立証のためには、被告の仕事に瑕疵があったかどうかという専門的な内容に関する法的評価を行う必要がある等の趣旨であり、そのために、地方裁判所へ移送し、その専門部において審理されるべきであるから、「民事訴訟法18条に基づき」申し立てる、とするものであった。

この申立てに対し、当方から意見書を提出した。当方の意見は、「このような時期の移送は、訴訟の遅滞をさらに招くだけであり、『訴訟の遅滞を避けるため』との本来あるべき、もしくは考慮されるべき裁量移送の目的に逆行するものである」をその要旨とするものであった。

この移送申立てを受けた簡易裁判所は、その申立てを却下したが、被告は、これを不服として即時抗告した。移送申立てから約3カ月後、地方裁判所にて、当該即時抗告は棄却された。

被告のこの移送申立てにより、約4カ月間本件訴訟の簡易裁判所における進行は完全に止まった。その後、第8回目の口頭弁論期日から約6カ月ぶりに第9回目の口頭弁論期日が入り、即時弁論終結、1カ月後に原告の一部勝訴判決があった。

(5)　簡易裁判所の判決

簡易裁判所における判決は、概要、以下のとおりである。

前記、一つ目の争点については、原告の主張が完全に認められた。

すなわち、本件請負工事契約は、被告が主張するような漏水が止まるか止まらないかわからないがとりあえず工事をするという契約ではなく、防水を目的とする工事契約であったと解するのが相当である、証拠および弁論の全趣旨によれば、被告の実施した本件請負工事には「見積書」どおりの行程が順次実施されたと認めることは困難である。したがって、本件請負工事は、当事者の予定した品質・性能を欠いていると認められ、瑕疵があると解するのが相当であると判示した。

二つ目の争点については、本件建物の賃貸借契約がなされることが具体的に予定されていたと認めるに足りる証拠がないため原告主張の貸室賃料と本件請負工事の瑕疵との間に相当因果関係を認めることはできないが、工事代金については、本件請負工事の瑕疵と相当因果関係にある損害であり認めることが相当である、とした。

(6)　被告の控訴

上記簡易裁判所での損害賠償請求事件の仮執行宣言付判決に対し、被告は控訴をした。控訴人は、控訴と同時に簡易裁判所判決に基づく強制執行の停止も申し立て、簡易裁判所は当該債務名義に基づく強制執行を停止した。

控訴審においては、当該争いの舞台となったAビル屋上の現場検証が行われ、その場で実際に当該工事を行った下請工事人がウレタン塗装を一回しかしていないことを証言した。そして、控訴提起から8カ月余りで裁判上の和解により、本件は最終的に決着した。

和解金額は、工事代金の約半額であり、原告本人としては、大きな不満が残る結果となった。

2 　執務にあたっての工夫

(1)　概　要

筆者が本件執務にあたって工夫した点は、大きく①常に原告本人に同行してもらったこと、②陳述書および写真を多用し、本人・証人尋問および現場検証の必要性を軽減したこと、③反論たる準備書面を早期に提出したこと、の3点がある。以下、それぞれ述べたい。

(2)　常に原告本人に同行してもらったこと

(A)　依頼者本人との密な情報交換と訴訟参加促進
──本人訴訟支援の延長という視点──

2002（平成14年）に司法書士法が改正され、2003（平成15年）から司法書士が簡易裁判所の法廷へ訴訟代理人として参加することができるようになってから約10年が経過した。それ以前は、本人訴訟の支援者として、書類作成業務により対処するのみであった。簡裁訴訟代理権を取得した当時、日本司法書士会連合会の実務研修で強調されていたことは、簡裁訴訟代理権は、本人訴訟における書類作成業務の延長線上にあるものであっ

II 裁判実務の実践事例と司法制度の現代的課題

て、単独で存在しているものではないとの考え方であった。

つまり、「依頼者の紛争解決に対する満足形成のために、依頼者と司法書士が一体となった訴訟遂行が従来どおり重視されるべきであり、極力依頼者を同道しての法廷活動がより良い結果をもたらすのではないかと考えられる。それは、本人訴訟を支援してきた司法書士による裁判事務の延長線上のものであり、かつ、国民主体の裁判手続利用の最善の方法であるとも認識されるのである」との表現がそれである（日本司法書士会連合会編『司法書士簡裁訴訟代理関係業務の手引〔平成15年度版〕』）。

これは、「本人訴訟支援のメニューの一つに簡裁訴訟代理業務が加わった」との表現に置き換えることもできる。したがって、これらの考え方を諒とするのであれば、簡易裁判所における訴訟代理権を行使する場面においても、常に依頼者本人の満足形成を念頭に置き、本人の実際の裁判手続への参加を当然のこととして、これを貫く必要がある。

(B) 本件における筆者の取組み

筆者は、本件においても、すべての簡易裁判所における口頭弁論期日に依頼者本人に同行してもらい、裁判の行方をつぶさに見てもらった。簡易裁判所の和解勧試もたびたびあったが、仮にその場で和解が行われるのであれば、直ちに対応することは可能であるし、何よりも詳細にわたる事実を実際に経験しているのは依頼者本人であり、法廷におけるさまざまな状況に具体的な対応ができる利点がある。

なお、民事訴訟法276条1項は、簡易裁判所においては、「口頭弁論は、書面で準備することを要しない」として、書面による準備が不要とされ、口頭弁論期日に出頭して口頭で主張すれば足りることとされている。簡易裁判所におけるこの特則は、「法的知識を十分に持たない一般市民に、自分の主張を法律的に整理した書面を事前に提出させることは相当困難な作業を強いることになるからで」あり、「簡易裁判所が取り扱う民事訴訟事件は複雑な争点を含まないものが多いので、当事者が口頭弁論期日において口頭で事実関係を主張したとしても、裁判所が適切な訴訟指揮をすれば、相手方が直ちに反論できないことはなく、不意打ちによる不利益を受けることはないと考えられるからである」との解説もされている（横田康祐＝中島寛＝岡田洋佑『簡裁民事手続Ⅰ〔新・書式全書〕』68頁）。したがって、本件のような争点を含む場合は別として、原告・被告ともに本人を同道すれば簡易裁判所の審理がよりスムーズにいく場合があることは司法書士として十分に認識しておく必要がある。

簡易裁判所の訴訟進行のうえでも、依頼者の満足形成のためにも、可能な限り、司法書士訴訟代理人においては、依頼者本人とともに法廷へ出向く工夫が必要である。

なお、相手方訴訟代理人においては、被告Ｂ社の関係者が法廷の傍聴席にいるのみで被告席に座ることはなかった。

(3) 陳述書および写真を多用し、本人・証人尋問および現場検証の必要性を軽減したこと

(A) 簡易裁判所の特性を活かした書証の提出

わが国における簡易裁判所は、民事事件につき、少額で軽微な事件を国民に親しみやすい簡易な手続により迅速に解決することを目的として設置されていることは周知のことである。司法書士は、総体的にこの簡易裁判所の特性を意識して執務を行っているものと考えられる。

陳述書や現場写真・図面などの書証の提出は、尋問や検証の時間を節約することができるメリットがあり、これを多用して訴訟追行をする資格者訴訟代理人が実務上多いことも周知のことである。

(B) 本件における筆者の取組み

本件においても、原告、第三者たる防水工事業者等の陳述書、屋上防水工事現場および貸室の漏水箇所等の詳細な写真を多数提出した。

なお、民事訴訟法278条は、簡易裁判所が相当と認めるときに、証人・当事者本人の尋問、鑑定人の意見陳述に代えて書面を提出させることできる、としている。いわゆる「尋問に代わる書面の

1 民事司法改革の第一歩は足元から

提出」であるが、この場合は、裁判所において「相当性の判断」をすることとなる。この相当性の判断は、当事者の同意の有無、証人の信憑性、尋問事項の重要度、証人らの距離的・身体的障害の有無等によるものとされ、必ず「尋問に代わる書面の提出」が認められるとは限らない。さらに、証人などに対する費用は当事者に支払義務があることも勘案する必要がある（民事訴訟費用等に関する法律11条ほか）。

したがって、本来であれば、上記「尋問に代わる書面提出」がされるべきところ、その必要性を軽減するために、さらに、証人尋問等の時間を節約するメリットがあるため、資格者代理人にとっては簡便な「陳述書」等が多用されていると考えられる。ただし、訴えの中心となる「争点」を直接裏付ける書証であるとはいえず、この点は注意をしなければならないであろう。

(4) 反論たる準備書面を早期に提出したこと
(A) 口頭弁論期日直前の準備書面提出の常態化と弊害

訴訟実務では、指定された次回口頭弁論期日直前に「準備書面」を提出することが常態化している。このような場合、相手方においては、当該口頭弁論期日に相手方から提出された「準備書面」に対する反論を口頭においても行うことができず、次回口頭弁論期日までにその反論を記載した準備書面を提出することとなる。当事者の一方の準備書面1通ごとに次回口頭弁論期日が必要となる状況は、特に、簡易裁判所の訴訟追行上ふさわしいものとはいえない。

(B) 本件における筆者の取組み

本件においても、被告側は当方の準備書面に対する反論を次回口頭弁論期日前日の夕方に提出することがほとんどであった。当方では時間のゆるす限り、それに対する反論を当該口頭弁論期日に提出するようにしたが、そうであっても、筆者の反論に対する被告側からの再反論がさらにその次回の口頭弁論期日直前であることが多々あった。

「口頭弁論期日直前の準備書面提出」が、簡易裁判所に託された「迅速に裁判手続を行う」との目標に協力していないことは明らかであろう。

さらに、そのような行為を行うことにより、本件事例の原告の裁判手続に対する不満を助長し、取下げの誘発を被告側が狙っているとしたら、法律家としての職業倫理にも悖（もと）るものであろう。

ちなみに、司法書士倫理70条は「司法書士は、職務上の怠慢により、又は不当な目的のために、裁判手続きを遅延させてはならない」としている。

また、弁護士に対しても、「民事弁護の技術は、決して相手方を不当に苦しめたり陥れたりする技術であってはならない」「そのようなことは、それが依頼者にとってプラスとなるものであったとしても、公明でかつ信義を重んずべき弁護士のなすべきことではない。弁護士は、すべからくフェアでなければならない」（司法研修所編『6訂　民事弁護の手引（補正第二版）』8頁）ことが求められている。

(5) 執務を経た後の反省点

本件の実務処理における反省点としては、最初に行った内容証明郵便による「請求書」の表現があまりにも「杓子定規」であったことがあげられるであろう。

依頼者が最初に来所した時の感情の高ぶりが、私が起案した「請求書」にそのまま表れてしまったように思える。その内容は、ほとんど「訴状」にしてもよい程度の表現であり、筆者の気持も当然に訴え提起を前提にしていたものと考えざるを得ない。相手方においても、話合いの余地のないものと受け取ったに違いないし、相手方会社が地元中小企業であり、地元における信用を失うまいとして徹底抗戦を訴訟代理人に依頼したのではあるまいか。

もう少し、話合いの余地を残す表現ができなかったか、反省すべき事柄であろう。

3　執務を通してみえた問題点

(1) 擬制陳述をめぐる問題点

簡易裁判所は、第一回目の口頭弁論期日に当事者の一方が欠席した場合や出席しても本案の弁論をしない場合でも、訴状、答弁書、その他の準備書面を陳述したものとみなして、その相手方に弁論をさせることができるとしている（民事訴訟法

158条。なお、控訴審につき同条298条）。これは、突然訴状が送られてきた被告に対する配慮が主な理由であるといわれている。さらに、簡易裁判所においては、第1回目の口頭弁論期日だけではなく、その後の続行期日においても擬制陳述ができることとなっている（同法277条）。この簡易裁判所における特則は、「本人訴訟の多い簡易裁判所では、本人が期日に頻繁に出頭することが困難なことがあるので、その手続きを厳格にしないで簡略化し、費用も少なく、かつ迅速化して、一般市民が利用しやすいように配慮したものである」とされている（横田ほか・前掲69頁）。

　簡易裁判所に係属される民事事件は、一般的に、少額で軽微な案件である。特に、資格者訴訟代理人が選任されている場合は、上記擬制陳述が適用される場面は極力避けられるべきであると考える。さらに、資格者訴訟代理人が選任された場合は、誰にもが首肯できる特別な場合でない限り、本件のごとく、被告側の答弁書「追って主張する」との記載のみの擬制陳述は避けるべきではあるまいか。特に、前述した「次回期日前日の準備書面の提出」の常態化が続けば、当事者の不利益はさらに増大する。

　資格者訴訟代理人においては、このような訴訟遅延の常態化を防ぐための実務上の改善に一人ひとりが乗り出すことが必要である。民事司法改革が叫ばれている。このような一つ一つの悪弊の払拭がその第一歩であると考えられる。

(2) 移送申立てをめぐる問題点

　本件において、被告側は、弁論終結の機が熟していると考えられる時期に「移送申立て」を行ったが、この申立てそれ自体が、資格者代理人が参加している訴訟手続のうえで合理性を有するものであったか、甚だ疑問である。以下、本件において民事訴訟規則8条1項による、原告の意見聴取が実施され、当然に筆者が移送に反対した当該意見書中の理由を以下に示すことにより、この点の分析を深めてみたい。

「意見の理由
　そもそも本件訴訟事件は、地方裁判所における審理を必要とするほどの複雑性や困難性を有していない。また、民事訴訟法18条の『相当性』の判断には（裁判官の自由裁量であるとの法意は十分に認識しているものの）、同法17条の要件である『訴訟の著しい遅滞を避けるため』や『当事者間の衡平を図るため』を含めて考慮すべきであると考えるが、本件訴訟事件を地方裁判所に移送することは、本件訴訟の著しい遅滞を避けることとはならず、さらに、当事者間の衡平に資することともならない。以下、具体的に述べる。

１　事件の複雑性・困難性について
　簡易裁判所は簡易な手続により、迅速に紛争を解決することを旨とする（民事訴訟法270条）。しかし、本件訴訟事件は、国家賠償事件、破産法上の否認事件、食品公害事件、医療過誤事件、薬害事件等の特殊な専門的知識を要するレベルの損害賠償事件ではなく、簡易裁判所の訴訟手続になじまない事件とはいえない。また、被告『移送申立書』に記載のごとく、すでに争点は明らかであり、かつ、被告が主張する必要な証拠調べも、原告既提出の証拠、さらには今後提出予定の原告本人の陳述書、今後提出されるべき被告会社の現場監督および下請会社の担当者の陳述書をもってすれば十分であると考える。

２　訴訟の著しい遅滞について
　本件訴訟は、訴え提起後約1年が経過し、すでに口頭弁論期日は8回である。原告の提出した準備書面は7通、甲号証は29を数えている。原告は、すでに弁論終結の機は熟していると考える。このような時期の移送は、訴訟の遅滞をさらに招くだけであり、『訴訟の遅滞を避けるため』との本来あるべき、もしくは考慮されるべき裁量移送の目的に逆行するものである。また、被告においても、必要と考えるのであれば速やかに上述のとおりの各陳述書たる証拠の提出をし、立証計画の完了をめざせばよいのであって、被告本人ないし証人尋問をするためなどを理由として移送申立てをすることは、いたずらに訴訟の遅滞を招くだけであると考える。

３　当事者間の衡平について

1　民事司法改革の第一歩は足元から

　原告は、現状の簡易裁判所における訴訟係属に、物理的にも、経済的にも、そして本件訴訟追行上も何らの不都合を認識しておらず、本件訴訟を地方裁判所に移送することが、当事者間の衡平に資するものであるとは全く考えない。逆に、何らの証拠も提出せず、今後の立証計画も示さない被告が、すでに1年間も当簡易裁判所に係属しているこの時期に申立てをした移送を認めることこそ、当事者間の衡平を害するものであると考える」。

　本件において行われた被告の「移送申立て」は、この手続の「濫用」に近いものではなかろうか。少なくとも、適切な時期の申立てとはいえないであろう。裁判手続の遅延を狙ったもの、もしくは、相手方に対し著しい不利益を与えるものであるといわざるを得ない。

　民事訴訟法18条の簡易裁判所の裁量移送は、いわば「白紙の裁量」による移送手続である。つまり、同法17条のような判断要素の例示が全くなく、すべてが裁判所の判断に委ねられている。特に、司法書士訴訟代理人の場合は、地方裁判所への移送により訴訟代理権を失うこととなり、その判断は依頼者本人にとって重大な影響を及ぼすこととなる。実務上、簡易裁判所における裁量移送の判断基準が具体的に示されるよう望みたい。

　一方で、司法書士訴訟代理人としては、一定の複雑さ・困難さを有する案件であったとしても、争点を明確にし、そのための立証活動を的確にするなどの研鑽を通じて、移送の必要性を軽減させる努力を行う必要がある。それによって、簡易裁判所に係属した後の裁量移送該当事案を減少させることができるものと考える。（なお、澤田章仁「民事訴訟法18条の裁量移送と『裁判を受ける権利』」月報司法書士447号26頁以下参照）

4　展望

　日本司法書士会連合会は、現在、平成23年2月23日に開かれた第73回臨時総会において承認された「司法書士法改正大綱」に基づいて、国民のための司法書士制度改善の活動をしている。当該「大綱」には、簡易裁判所の民事事件における訴訟代理権の充実が盛り込まれ、特に、民事調停事件における現在の140万円までを上限とする代理権の拡張が重要な論点と認識されている。

　一方、最高裁判所は、平成25年7月12日に「裁判の迅速化に係る検証結果（第5回）」を公表したが、その中で「Ⅵ　社会的要因の検証」の「5．まとめ」において、次のように述べている。

　「法的紛争一般の動向として潜在化していた紛争が顕在化していく方向にあるとすると、今後、生活紛争を中心とした比較的小規模な紛争が増加することが予想され、こうした紛争についてもADRが広く解決することが望まれるといえるが、一般的な民事紛争を対象とする民間・行政型ADRが、今後、飛躍的に発展するとは直ちに考えにくいのが現状であるから、裁判所としても、こうした紛争の増加への対応が必要となることが想定される。そして、このような比較的小規模な紛争解決ニーズを吸収する手続として、民事調停の役割が重要になるものと考えられるのであり、その一層の充実が求められよう」。

　司法書士が簡易裁判所の訴訟代理権を獲得してから10年余となり、マスコミからは「司法の敷居を低くした」との評価を聞くまでとなっているが、一般民事事件に対する取組みには改善の余地がある。実務上の研鑽とともに、倫理上の自覚の向上も必須である。さらに、本件においても、民事調停活用の方途はあったものと考えられ、民事調停手続を今以上に活用する意識が司法書士に必要となっている。直ちに、訴えを提起するのではなく、訴訟経済上からも民事調停を利用することが本人にとってメリットとなる場合は多いものと考えられる。司法書士のさらに充実した代理権を力として、民事調停分野の活性化に向け、その道を、司法書士として拓いていくことが必要であろう。

❷ 民事訴訟における当事者の主体性と満足度
―― 法律専門家は依頼者とどう向き合うのか ――

司法書士　岡住貞宏

第1　簡裁代理権獲得前後の訴訟活動と当事者との関係の変化

1　事例の概要

　平成14年司法書士法改正により、司法書士に簡易裁判所で訴訟代理を務めることができる権能（いわゆる簡裁代理権）が付与された。この簡裁代理権の獲得前後において、司法書士の裁判に関する職務活動はどう変わったのか、とりわけ当事者との関係にどのような変化が生じたのか、筆者自身が受託・受任した二つの事件（二つのうち、事例①は本人訴訟案件、事例②は代理案件である）を題材に考えてみたい。

事例①
　原告Xはある「町（地方自治体）」の住民、被告Yはその「町」であった。
　Yは、その管理する小河川（以下、「A沢」という）に改修工事を加えた。もと開渠だったA沢を暗渠とする工事である。
　この工事の後、A沢の河畔にあるX所有の家屋が、豪雨時にたびたび浸水被害を受けるようになった。X所有の家屋付近では、従来A沢が雨水の排水路の役割を果たしていたのだが、これを暗渠としたために、雨水が逃げ道を失ってしまったことが、浸水被害の原因であった。
　XはYの建設課職員に対し、いくたびも被害を申し出て、排水溝の設置その他の対応策の実施を求めたが、Y職員は言を左右し、まともに取り合おうとしなかった。そこで、Xはやむなく自費（20万円）をもって、雨水を逃すための素掘り排水溝の掘削工事等を行った。その後、浸水被害は以前よりも軽減されるに至った。
　Xは、上記排水溝掘削工事等の支出を余儀なくされたのは、「道路、河川その他の公の営造物の設置又は管理に瑕疵があつたために他人に損害を生じたとき」（国家賠償法2条1項）にあたるとして、その賠償を求め、Yを被告として訴訟を提起した。
　本事件においては、当初Xが自ら訴状を起案し、提訴したものであるが、受訴裁判所に「訴えの内容がわからない」と指摘され、やむなくXはいったん訴えを取り下げた。その後、Xは筆者に訴状の起案作成を委託し、筆者作成による訴状をもって再度訴えを提起した。本事件は平成14年司法書士法改正前の出来事であり、司法書士に簡裁代理権はなく、筆者は本事件を本人訴訟支援業務として受託した。
　本事件は訴額が20万円であり、簡易裁判所の事物管轄に属する。したがって、訴えは簡易裁判所に対し提起したが、簡易裁判所では直ちに職権をもって、事件を地方裁判所に移送した。移送を受けた地方裁判所では、本事件の審理を三人の裁判官による合議体で行うこととした。なお、Yは弁護士を訴訟代理人として訴訟活動を行った（控訴審も同一の弁護士が訴訟代理人となった）。
　YはXの主張を全面的に争い、地方裁判所における審理は約1年に及んだ。その間、Xと打

2 民事訴訟における当事者の主体性と満足度

ち合わせながら提出した準備書面等は、合計数十頁にも上った。また、X本人に対する尋問（裁判官が主尋問を行う形で実施）と、Yの建設課長に対する証人尋問（X本人が反対尋問を実施）も行われた。

地方裁判所の判決はXの請求をすべて棄却するものであった。Yの建設課長の証言に基づき、「Yは従来より排水溝の設置計画を有していたが、Xが協力しなかったために、その設置ができなかった」という事実が認定され、Yの計画による排水溝を設置した場合に比べ、Xの自費による工事は浸水被害対策として意味がないから、損害とはいえないという判断であった。

この判決理由にはXも筆者も納得できず、控訴した。控訴審では原判決の問題点を念入りに主張し、さらにXの自費工事を担当した土木工事業者を証人として証言（X本人が主尋問を実施）してもらう等したが、原判決を覆すには至らなかった。上告は断念、Xの敗訴が確定した。

原審および控訴審を通じ、本事件の判決は、とりわけ事実認定について極めて納得のいかないものであった。筆者としては十分に勝訴できる事件であると考えていただけに、このような判決になってしまったことを、本人訴訟支援業務の受任者としてXに詫びた。

しかしXは、「司法書士の支援がなければここまで主張を尽くせなかった。結果はともあれ、私は満足だ」と、かえって筆者を労ってくれた。

後日談であるが、この訴訟の終了後まもなく、YはA沢河畔の問題の箇所に、本当に排水溝を設置した。Xは訴訟では敗訴したが、本来の希望が叶えられる結果となった。

----- 事例② -----
原告Xは、ある地方公共団体（一部事務組合）の実施する事業に20年以上にわたり従事してきた者であり、当該地方公共団体から事業実施のための建物の貸与を受けていた。被告Yは、当該地方公共団体であった。

Yの権限ある決議機関によりYの実施事業は廃止されることが決定され、Xは貸与された建物を明け渡さなければならないこととなった。この事業廃止については強い反対運動が起こり、XやXの同業仲間もその反対運動に参加していたが、Xは結論として事業廃止を受け入れ、貸与された建物もYとの間で期日を定めて明け渡すことに合意した。

ところが、Yの職員は、Xと合意した明渡期日前に当該建物を封鎖し、Xが建物内に残置していた物品（Xは後日、明渡期日前に引き取る予定であった）を無断で廃棄してしまった。

Xは、Yの職員による上記行為は、「国又は公共団体の公権力の行使に当る公務員が、その職務を行うについて、故意又は過失によって違法に他人に損害を加えたとき」（国家賠償法1条1項）にあたるとして、その損害賠償を求めた。請求する損害賠償額には、Y職員によって無断廃棄されてしまった物品の価格補償のほか、事業廃止について反対運動も強い中、受け入れがたい合意をあえて受け入れたのに、YのXの神経を逆なでするような「締め出し行為」に対する慰謝料も含めて、X自身の希望としては合計100万円を請求したいとのことであった。

本事件は、平成14年司法書士法改正による司法書士への簡裁代理権付与後の出来事であり、筆者はこの損害賠償請求について代理人として受任した。受任時にXの意向を聴き取ったところ、Y職員の仕打ちを非常に悔しく思っており、そのことを訴訟等を通じて法的に糾弾してほしいのであり、損害賠償の金額にはあまりこだわっていないとのことであった。

受任後、まずはX本人と筆者、Yの管理職3名との間で話し合いの機会をもった。本事件では、非は明らかにYの側にあり、Yの管理職も基本的に謝罪の姿勢が強かった。しかし、損害賠償に応じるかどうかについては職員の一存では決められないとし、Yの内部機関でさらに検討し、後日結果を通知してくれることとなった。

その後、ある弁護士から筆者に対し、本事件につきYの代理人に就任した旨の通知と損害賠償額の提示があり、YはXに対し「お詫びの意を込めて40万円」を支払いたいとのことだった。

正直なところ、Y職員によって無断廃棄されてしまった物品の時価は、どのように高く見積もっても数万円程度でしかなく、Yが提示した40万円の大半は慰謝料の趣旨ということである。筆者はXに対し、この和解を受け入れるかどうかを尋ねたが、Xは「お金の問題ではない」という意味のことを言い、事件を世に問う趣旨で裁判所に提訴してほしいと希望した。

　早速、管轄裁判所（簡易裁判所）に提訴したが、訴訟ではY側も態度を硬化、無断廃棄した物品につき時価として1～2万円程度の損害賠償には応じるが、すでに十分に謝罪しており、慰謝料は支払う必要がないとの主張であった。

　第2回の口頭弁論期日で、裁判官は両当事者に強く和解をすすめ、YがXに解決金として15万円を支払うという和解案を示した。裁判官は自らの心証として、判決となれば認められる損害額は和解案よりもずいぶん低い金額となるだろうとの見通しを示したが、明らかに判決は避けたいとの意向がみえた。

　この期日において、筆者は和解の可能性があることを予想していたので、X本人を同行していた。そこで暫時休廷としてもらい、筆者とXとの間で和解案を受け入れるかどうかの協議をしたが、Xは金額的に不満のようであった。しかし、判決となると金額がさらに下がる可能性があることを説明すると、Xは渋々ながら裁判所の和解案を受け入れることに合意した。

　後日、この解決金は無事に支払われ、Xから感謝されもしたが、X本来の希望とは多少異なる結末となってしまったのではないかという懸念の残る事件であった。すなわち、Xはもっと高額な損害賠償金ないし解決金をほしいというのが本音だったとも思われるのである。そのように考えれば、Xに対し、特に提訴前に示された40万円の和解を受け入れる余地についてはもっと十分に説明し、熟考を促すべきであった。

（注）　事例①および事例②ともに、現実の事案を基に若干の改変を加えた。

2　両事例の対比・分析

(1)　両事例の共通点

　事例①および事例②は、国家賠償法に基づき地方公共団体を被告として損害賠償を求めた事案であること、訴額が比較的少額で、本来簡易裁判所の事物管轄に属する事案であることなどの共通点を有している。また両事件とも、全く「筋が悪い」事件というわけではなく、むしろ被告の法的責任（その金額的な多寡は差し置くとしても）は、判決のレベルでも認められてしかるべきであろうことがあらかじめ見込まれた事案という点でも、共通していたとみてよいであろう（ただし、上述のとおり事例①では敗訴した）。

(2)　両事例の結末と満足度の差異

　このように共通点の大きい両事件であるが、事例①は原告敗訴、事例②は原告の勝訴的な和解という結末を迎えた。しかるに、その対照的な結末とは裏腹に、事例①の原告X（以下、「X①」という）は結果に「満足」し、事例②の原告X（以下、「X②」という）は、結果に対しどうやら若干の「不満」を感じたようである。X①は1円も手にすることができず、X②はある程度の解決金を得ることができたにもかかわらず、である。

　そこで両事件の相違点に目を向けるならば、最大の違いは、事例①は「本人訴訟支援」で司法書士が関与し、事例②は「訴訟代理」で司法書士が関与したという点にある。事例①は司法書士に対する簡裁代理権付与前の出来事であり、嫌も応もなく「本人訴訟支援」しか選択できなかったが、それにしても共通点を多くもちながら「本人訴訟」か「代理訴訟」かという一点が異なる両事件は、簡裁代理権の獲得前後における司法書士の職務活動の変化を測るのに格好の材料であると思われる。以下、より詳細に問題点を探ってみたい。

3　両事例の対比を通してみえた問題点

(1)　依頼者との面談協議の頻度・密度

　事例①、②の両事件を比較すると、司法書士である筆者と依頼者であるX①およびX②との面談、協議の回数や時間は、実は圧倒的に異なった。

2　民事訴訟における当事者の主体性と満足度

　記録をみると、筆者とX①との面談協議は、事件が控訴審を含め約1年半と長期にわたったこともあり、30回以上、時間にして数十時間に及んでいた。また、単に回数および時間の問題だけでなく、筆者とX①との間では、訴訟の内容や対応方針などにつき実に濃密な意見交換が行なわれていた。これはX①が事件に対し強い熱意をもっていたこと、土木工事の技術的・専門的知識についてはむしろX①本人のほうが詳しく（X①は大手ゼネコンの定年退職者だった）、準備書面等の起案にあたり、その方面では筆者が教えを請う必要があったことなどが背景としてある。筆者とX①とは、時に激論にも及ぶような意見の交換を重ねたが、それでも関係が決裂するようなことはなく、問題を共有する一種の「仲間意識」を基盤に、しっかりとした信頼関係を構築できたように思われる。

　一方で、筆者とX②との面談協議は、「受任時」、「提訴前に事例②のY（以下、「Y②」という）と話し合いをした時」、「提訴前に示されたY②の和解案について受け入れるかどうか確認した時（ただし、これは電話での協議）」および「和解が成立した口頭弁論に同行した時」のわずか4回だった。のべ時間にしても数時間を越えないであろう。とはいっても、X②の希望する事件処理の方針を見誤らぬよう、筆者としては、慎重に、念入りに聴き取りをしたつもりであったが、結果として、若干の意識のズレを生じていたことは否めない。筆者は、「お金の問題ではない」との発言もあり、X②は、認容される損害賠償額はさておき「Y②に責任あり」という判決が下され、それが公になることこそを望んでいるのだと思っていた。ところが、実際にはX②は、訴訟によって悔しさを晴らしたいという希望を抱いていたのと同時に、Y②によって廃棄されてしまった物品を再調達する必要があり、それを新品で再調達するにはある程度の費用を要することから、Y②が支払う金額にも大いに関心と希望をもっていたのだった。筆者はX②との間で信頼関係を築けなかったという訳ではないが、X①とのそれに比べればやはり密度が薄く、X②としても筆者に対し、多少の遠慮があったのではないかと思われてならない。

(2)　受任形態の差異と当事者本人の主体性

　このような筆者と依頼者（X①およびX②）との関係性の差異は人柄の違いに起因する部分もあろうかと思われるが、より根本的には、「本人訴訟支援」であるか「訴訟代理」であるかの違いによるものと考えられる。

　本人訴訟においては、いうまでもなくすべての訴訟行為は当事者本人が行う必要があり、支援する司法書士にできるのは書面の作成とそれに伴う助言だけである。もっとも、実務的な成り行きとしては、法的な専門知識をもたない依頼者からすれば、請求の法的構成や訴訟の遂行方針などについては専門家である司法書士にそれらを立案してほしいと希望し、その希望を受けて司法書士が立案した方針を依頼者が承認する（時には複数の立案の中から選択する）という形で手続は進行するのであり、その意味で司法書士の役割は必ずしも当事者に従属的なものではないが、それにしても承認・選択された方針を現実の訴訟行為として遂行するのは、当事者本人以外にない。したがって当事者は、すべての訴訟行為についてその意味をわかっていなければならず、自らの主張内容も法的専門知識を含め理解していなければならない。すべて専門家にお任せという訳にはいかないのである。そうすると、本人訴訟支援をする司法書士の側でも、訴訟行為や主張内容などについて、依頼者に対し十分な説明をし、かつ、依頼者がそれらを理解できているのかどうかをも確認しなければならない。

　本人訴訟支援において必須であるこのような説明・確認の作業は、結果的に依頼者と司法書士との相互理解を促進することになろう。和田仁孝氏（早稲田大学法科大学院教授）は著書『民事紛争処理論』において、本人訴訟支援をする司法書士と当事者との上記のような関係性を観察・分析し、本人訴訟支援業務における司法書士の書面作成への職務限定は、必然的に司法書士の説明助言と当事者の主体的な問題理解を促進し、また司法書士が作成した書面を当事者が吟味することで双方向的なフィードバックが生じ、もって当事者の主体的な問題処理を可能にすることになるという。

事例①は、和田教授のいう「本人訴訟による当事者の主体的問題解決」が実現した典型例であると思われる。結果的には敗訴したが、X①はその敗訴を十分な「満足」をもって受容し、その意味で、X①は問題を解決したのだといえる。さらに我田引水であるかもしれないが、事例①のY（以下、「Y①」という）の建設課長も、証人として本事件に主体的に関わることで、積極的な問題解決への志向をもつに至ったのではなかろうか。Y①とすれば勝訴し、自らの正当性につきいわば裁判所の「お墨付き」をもらったわけであるのにもかかわらず、かえって何年間も放置した問題の解決に着手するに至ったのである。そう考えると、事案に対する向き合い方の差異がもたらす「問題解決力」の違いというものを、実感せずにいられない。

(3) 訴訟形態の「差異」の認識の必要性

そして筆者としては、事例②につき、反省をこめて振り返られなければならない。筆者は、X②に対し、決して説明助言を疎かにしたつもりはないし、その希望および意向は十分に尊重したいと考えていたのであるが、それらが「本人訴訟支援と同等のレベル」で行なわれたのか否かということになると、やはり若干の差があったことを自白しなければならない。とりわけ訴訟提訴前、Y②の代理人弁護士から40万円の和解案提示があったときの対応を悔やむものである。この和解案は、Y②代理人→筆者→X②と伝えられたのであるが、これが本人訴訟であれば、Y①代理人→X①→筆者と伝えられるべき情報なのである。この差異は代理人による手続ということの性質上、生じても仕方のないことであるが、問題は、筆者がそれを「差異」として認識していたか否かである。誠に遺憾ながら、その認識が十分であったとは言いがたい。もし筆者が、本件においては本人訴訟に比して、和解案の伝わり方にワンクッションをおいている（しかもその「クッション」は筆者自身である）ことに敏感であったならば、X②に対しより細かい説明を尽くしたり、場合によってはX②の同席の下、Y②代理人の弁護士と面談して和解案を交渉するなど、事件に対するX②の主体性を確保する手段はもっと考えられたように思う。

4 展望

以上、筆者が実際に受託・受任した事件を題材に簡裁代理権の獲得前後における裁判業務の変化を論じた。紙幅の都合もあり、はなから結論先取り的に「本人訴訟支援業務の優位点と訴訟代理業務の問題点」という図式で著述してしまったが、無論、本人訴訟業務がオールマイティーという訳ではなく、当事者の能力の問題、当事者にかかる負担の問題などがあり、また、そもそも主体的に問題に向き合いたくない当事者もいるなど、一筋縄ではいかないのが実情である。本人訴訟の問題点の指摘については、他日に譲ることとする。

しかし、そうではあっても、やはり本稿で述べたような本人訴訟の優位点はたしかに存在するものである。そしてそのことを知っているのは、本人訴訟支援業務を実際に行い、また訴訟代理業務との差異を具体的に比較できる司法書士以外にはいない。

本人訴訟支援業務は、司法書士のすばらしい伝統であり、また今後も有力な業務分野である。訴訟代理権の獲得以降、時として影が薄くなりがちであったり、弁護士界からはいわれなき敵視を受けたりする業務分野でもあるが、今後もその発展充実に向けて、研究・実践に努めるべきと考える。

第2 見失われた目的・積み残された争点——敗訴した依頼人からの受託事件を通じて——

1 事例の概要

甲地と乙地はもと一筆の土地であったが、所有者であったAがこれを分筆し、乙地のみをYに売り渡した。ところが分筆登記に難があり、売渡し後の甲地は「他の土地に囲まれて公道に通じない土地」（民法210条1項、いわゆる袋地）となってしまった。Aは死亡し、Xが甲地を相

続した。Xは、Yに対し、乙地の一部で甲地から公道に出る通路にあたる部分の土地（丙地）につき、その通行権確保のため、AとYとの間には持分各2分の1で共有とする合意が成立していたとして、持分の移転を求め訴えを提起した。

この訴訟について筆者は関与しておらず、XおよびYはともに弁護士を訴訟代理人として訴訟手続を行い、最高裁判所まで争ったが、結局Xの請求は認められず、Xの敗訴が確定した（注2）。

しかし、Xはどうしてもあきらめられず、筆者に相談した。

丙地の持分移転を求める訴えを再度提起することはできない。筆者は、Xが持参した事件記録を読み込んだところ、審理過程で、Yが甲地・乙地の境界を越え、X所有の甲地の一部を長期にわたり無断使用していた事実が判明していた（その事実の判明後、Yは直ちに無断使用をやめたようであった）。そこで、この事実を基に、XがYに対し土地の使用損害金の支払を求める訴えを提起することとした。もっともXの真の希望は、依然として丙地の持分の取得にあったのであり、使用損害金に関する和解の過程で、再度その請求を持ち出してみたいと考えていた。なお、本件について筆者は本人訴訟支援業務として受託し、地方裁判所に提訴した。Yは、以前の訴訟を受任したのと同じ弁護士を訴訟代理人として選任し、応訴した。

第2回の口頭弁論期日で和解に関する話し合いとなり、Xが上記「真の希望」を伝えたところ、裁判官の発案によるものかY代理人弁護士の発案によるものか不明であるが、Xが請求する使用損害金の放棄と引換えに、Yは丙地に通行地役権を設定する（登記も可）との和解案が出された。そもそもXが丙地の持分の移転を求めた目的は、持分そのものにあるのではなく、丙地の「通行権の確保」にあったのであるから、Xに異論があるはずもない。直ちに和解が成立した。

元の訴訟は最高裁判所まで7年間をかけて争ったとのことであったが、その問題が今回の訴訟により3ヵ月で解決してしまった。

（注）　現実の事案を基に若干の改変を加えた。

2　執務にあたっての工夫

本件の最大の障害は、いうまでもなくXが「元の訴訟」に敗訴していたことにあった。既判力により同じ請求を蒸し返すことはできない。そこで、Xに有利な他の争点で訴訟を提起し、Yを交渉の席に引き出せば、一定の譲歩が得られるのではないかと考えた。少々あざとい方法であり、ためらいがないわけではなかったが、Yによる甲地への越境が未解決の問題であることには間違いなかったので、請求をすることは法的にも倫理的にも何ら問題はないであろうと判断した。

もっとも、X、Y間に境界問題が存在したのは偶然であり、その意味ではあえて「工夫」といえるものでもないであろう。もし、多少なりとも工夫といえることがあるとするならば、元の訴訟の事件記録をしっかりと読み込み、「積み残した課題」を見逃さなかったことにあるかもしれない。

また、本件では裁判所での和解にあたり、裁判官より和解室への入室、Xとの同席を認められ、発言も自由にさせてもらえたのは、工夫というよ

(図)　本件土地関係図

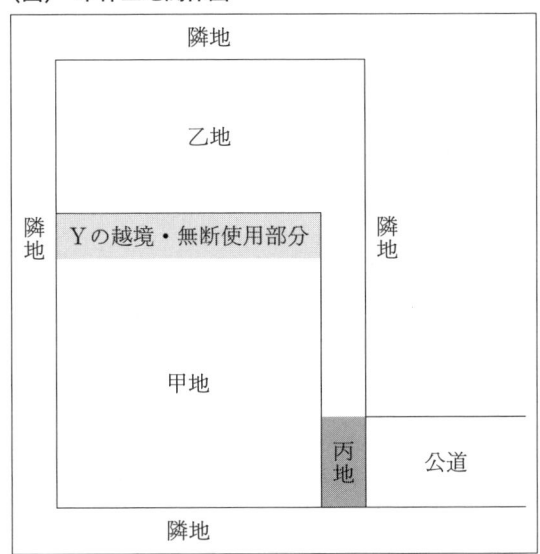

り僥倖であった。本件訴訟の目的が、表向きの目的である使用損害金の請求ではなく、実は丙地の利用にあるということを、X本人がうまく裁判官に説明できるかどうか不安だったからである。また、丙地に通行地役権を設定するという和解案を提示された際に、X本人だけがそれを聞いたときにきちんと理解できたかどうかも、後から考えれば不安材料であった。

もっとも、筆者のこの職務活動（訴訟代理権のない事件について、裁判上の和解の交渉に同席し、発言すること）は、弁護士法72条違反の可能性があるので、くれぐれも注意してほしいと考えるものである。若干の言い訳をするならば、本件は平成8年頃の事案であり、当時は司法書士の裁判業務に関する研究が今ほど十分になされておらず、また、司法書士が取り扱う裁判業務の件数も現在に比べ圧倒的に少なく、そのために事実上、司法書士の裁判業務があまり問題視もされていなかったのである。この時のYの訴訟代理人の弁護士も、筆者の行為を全く咎め立てせず、かえって「存分に主張してください」と筆者に声をかけてきたくらいであった。現在では、本人訴訟支援業務においては、筆者も和解室に入室し、当事者本人と同席することはしない。裁判官の中にはいまだに入室・同席を求める人もいるが、司法書士の職務範囲を説明し、お断りするようにしている。一言でいえば現在と「時代が違う」のであり、くどいようであるが、くれぐれもこの点の注意を希うところである。

3 事例を通してみえた問題点

(1) 依頼者の究極目的を見失ってしまったこと

元の訴訟は7年をかけ最高裁判所まで争ったものであるが、その間、どうして上記通行地役権設定のような和解に至ることができなかったのか、不思議でならない。

事件記録およびXの供述によれば、Xの父AはYに乙地を売り渡す際、Yとの間で丙地の持分2分の1を戻す「口約束」をしていたのだという。この口約束は反故にされたまま何年も放置され、

Xが甲地に建物を建てようとした時に、甲地が建築基準法に定める接道義務を果たしていないことで表面化した。この建築基準法上の接道義務は、たとえばYが丙地の通行につき承諾した旨の承諾書を提出することでも建築確認申請において差し支えないのであるが、XはYに対し、かなり強硬に「持分の移転」を要求した（若干の暴力沙汰にもなった）ために、Yの態度は頑なとなり、いっさい協力しないということになったらしい。

それにしても、元の訴訟でXの代理人弁護士（以下、「X代理人」という）が、持分の移転にはこだわらず、丙地の「通行権の確保」に主眼をおいて交渉していたならば、通行地役権設定の合意は元の訴訟の段階（それも第1審の段階）で可能だったのではないかと思われる。当該第1審の判決においては、「乙地の売却の際、AとYとの間で何らかの通行権を設定する合意がなされたと見るのが自然ではあるが、その合意が、丙地の持分2分の1の移転の合意であったということを裏付ける証拠はないので、Xの請求は認められない」という理由をもって、Yの請求を却下しているのである。この判決理由をみる限り、解決まであと一歩のところまで迫っていたはずなのである。

たしかに、Xは「丙地の持分の移転」を強硬に主張しており、筆者のところに相談にきた際も、いまだに「YがAとの持分移転の約束を反故にした」と強い怒りを表していたほどで、X代理人に対しても、「丙地の持分の移転」を繰返し求めていたことは容易に想像できる。

しかし、そうではあっても、問題の発端は「Xが甲地に建物を建てようとしたら、接道に難があり、支障を生じた」ということだったのであり、「丙地の持分の移転」は、「甲地に建物を建てる」という究極目的を達成するための一つの手段にすぎない。Xは建築および法律について全くの素人であり、丙地の持分がなければ通行権は確保できないと信じ込んでしまったのかもしれないが、X代理人がそれに引きずられて、訴訟の本当の目的を見失ってしまったのはどうにもいただけない。

通行地役権設定の和解案が出たとき、筆者がXに対し、地役権設定により丙地の通行権は確保さ

れ、仮に丙地の所有者が変わっても通行権に影響なく、登記上もそのことが公示されること等を説明すると、Xは二つ返事で和解案に同意したのであるが、元の訴訟の過程でX代理人はXに対し、いったいどのような説明・助言をしてきたのかと訝しむばかりである。

(2) 争点を積み残したこと

もう一つ本件の問題点をあげるとするならば、やはり元の訴訟において、Yの越境による甲地の一部の無断使用が不問に付され、XのYに対する使用損害金の請求等がなされていなかったことである。

事件記録を読むと、Yの越境による甲地の一部の無断使用はYもそれを認めており、その指摘を受けた後、直ちに越境をやめたようである。そうであるならば、無断使用期間（数年にわたっていた）における甲地の使用損害については十分に請求の根拠があり、その請求をすることはXの有力な「攻撃材料」になったと思われる。実際、筆者が受託した事件ではそれを攻撃材料として、Xの真の目的の実現を図ったのである。元の訴訟の係属中に、X代理人はなぜこの有力な攻撃材料を用いなかったのか、はなはだ疑問である。

もちろん、Xの委任の趣旨は「持分の移転」に限られ「使用損害金の請求」はそこに含まれていなかったとみる向きもあるかもしれないが、そうだとしても、X代理人は、Xに対し、使用損害金の請求が訴訟の展開に有利な材料となりうることを説明し、希望するならばそれをも委任事項に含めることができることを提案できたであろう。弁護士職務基本規程において「最善義務」が課されているのは刑事弁護についてだけ（弁護士職務基本規程46条）であるが、だからといって民事事件では「最善を尽くさなくてもよい」ということにはならない。より一般的に、受任者の善管注意義務（民法644条）の観点からしても、このような説明助言をなすべきことが善管注意義務の範囲に含まれると解することも可能である。

元の訴訟の段階でXが使用損害金の請求をしていたならば、その支払いを避けたいと考えるYが、丙地の通行権に関して一定の譲歩をしていたかもしれない。もっとも、それは可能性の話であって、逆にYがより「頑な」になってしまった可能性もまた存在するのであるが、筆者が受託した以降の事件の経過から結果的に推測するに、前者の可能性の方が高かったといえるであろう。

まことに遺憾ながら、X代理人は、少なくとも手続の選択に関し必要な説明助言を怠ったという点において、最善義務ないし善管注意義務を怠ったというべきである。そのためにXが失った時間や労力、費用などを考えると、何ともXが気の毒に思えて仕方がない。

4　展　望

本稿において筆者は、X代理人の職務を強く批判してきたが、それは本件の問題点を浮き彫りにするために必要だからそうしたのであって、実在のX代理人を個人攻撃するつもりはないし、ましてや弁護士職一般を批判する趣旨でもない。むしろ、このようなことは筆者または他の司法書士の受託事件でも大いに起こりうることであり、自らは気付いていないだけで、過去の受託事件において同様の弊に陥ってしまったことがあるやもしれないことを恐れる。

紛争の本質や訴訟（または交渉）の目的を見失ってしまえば、紛争解決そのものができない。先に「1 簡裁代理権獲得前後の訴訟活動と当事者との関係の変化」で紹介した「事例②」は、ほかならぬ筆者自身が、訴訟の目的を見失ってしまった例であるかもしれない。争点を取りこぼし、有利な交渉材料をみすみす逃してしまえば、不利な結果を招き、依頼者である当事者に大きな負担をかけかねない。

裁判業務にあたる司法書士としては、この点、十分心しておく必要があると思われる。

Ⅱ 裁判実務の実践事例と司法制度の現代的課題

❸ 用法違反に基づく貸室明渡訴訟における和解

司法書士　稲村　厚

1　事例の概要

　本稿では、2件の用法違反に基づく貸室の明渡訴訟を通じて、地域における法律家である司法書士の実態を紹介するとともに、訴訟上の和解における代理人としての党派性と法律家としての協働性の問題について論述する。また、現代社会において社会不適応の市民を支援する法律家とっての福祉的な視点の重要性について考えてみたい。

事例①　貸室がゴミ屋敷に！

　本事例の当事者は、賃貸人A（個人）、賃借人B（独身）である。
　AはBにアパートの2階の一室（本件貸室。1DK）を賃貸し、8年（2年契約で3回更新）になる。不動産仲介業者が、更新手続のためB宅を何度も訪れたがいつも留守であった。たまたまドアノブを回すと、ドア自体が外れてしまった。ドアの留め金が壊れていたのと鍵がかかっていなかったためであった。不動産仲介業者は、本件貸室がゴミの山であり、人が生活する空間ですらないような状態であることを知ることとなった。そして、その様子は写真に収められた。その後、不動産仲介業者は、Bに連絡をとろうとしたが、連絡がとれないままになっていた。
　その後、不動産仲介業者は、この事態をAに報告し、その業者の紹介でAから筆者に相談があった。Aは女性であり、部屋の写真をみてショックを受け、Bに対し、本件貸室の明渡しを求めることを筆者に依頼してきた。Bは、上場企業のシステムエンジニアで、これまで家賃の滞納はなかったため、用法違反として期間を定めて部屋使用の改善とその報告を求め、期間内に連絡がない場合には、契約解除のうえ貸室を明け渡す旨を内容証明で求めた。Bからは、期限内に連絡はなく、内容証明到達後は、本件貸室の賃料の支払いがなくなった。
　筆者は、簡易裁判所に用法違反に基づく契約解除による貸室明渡訴訟を申し立てた。被告Bからは、答弁書の提出もなく口頭弁論当日を迎えたが、意外にもB本人が出頭してきた。勝手に写真をとられたことに怒るBに対して、裁判官は、添付された証拠の写真を見て「いくら何でもこれはひどい」とBの反論を許さず、筆者の意向を確認して、司法委員の調整による和解を指示した。この日は、①滞納家賃をすぐに支払うこと、②一定の猶予期間を定めてBが貸室のゴミの整理を行うこと、③その様子を筆者が確認することが決まり、次回期日に再度話し合うことになった。
　その後、本件貸室は、筆者の事務所の近所であったため次回期日までの間、裁判外でBと何度も話し合い、本件貸室内の様子もBの了解を得て確認した。その結果、新たに明らかになったのは、流し台に穴が開いていたこと、風呂場のドアが外れてしまっていたことであった。Aとも相談し、貸室の片づけができた段階で、貸室ドア、流し、風呂場のドアをとりあえずAの負担で修繕し、その費用分担に関しては、裁判所で話し合うことにした。だが、本件貸室はなかなか片づかず、私から「このまま次の期日を迎えるようなら、業者を入れてゴミを片づける

3　用法違反に基づく貸室明渡訴訟における和解

ことを提案せざるを得ない」と話し、Bは休みの日に片づけをして、大方片づいた状態になった。そこで、筆者は、Aに「Bは悪意がある人間ではない。もしかするとADHD（注意欠陥・多動性障害）と自閉傾向があり、片づけや対人コミュニケーションが苦手なのではないか。今後、定期的に部屋の様子を確かめる約束ができれば、明渡しまでは必要ないのではないか」と、これまでのBの対応についての私の感想も添えて報告し、おおむね了承をしてもらった。

第2回和解期日において、「Bは、①修繕費用のうち10万円を支払う（全体の3分の1）こと、②更新時に本件貸室の使用方法について、Aあるいはその代理人のチェックを受ける。ことの2点を前提に、本件貸室賃貸借契約は継続していることを確認する」との和解になった。司法委員からは、「こんなに相手方のことを考えてくれる代理人はいない」とお褒め（？）の言葉をいただいた。

その後は、特に問題は起こっていない。

事例②　貸室を私書箱に？

本事例の当事者は、賃貸人C（不動産業者）、賃借人D（独身）である。

CはDに鉄筋マンションの3階の一室（本件貸室。ワンルームタイプ）を賃貸し、2年契約の1年が経過している。

Dは、Cに無断で立入禁止の当該マンションの屋上にビニールハウスを設置し、プランターで何らかの植物を栽培し始めた。さらに、ベランダにもプランターなどを置き、その一部は手すりを越えて落下の危険が生じていた。また、本件貸室ドアと集合ポスト中のD使用個所に「1～500」という表示を出していた。同ポストに届く郵便物が多く、たまたま集合ポストからはみ出ていた封筒のあて名をCがみたところ、枝番に「－325」等と表示され全く他人の名前の郵便物が届いており、同ポストを民間の私書箱のように使用している疑いが生じた。

Dは、連絡がとりにくく、筆者は、Cからこれらの事情とあわせて置き手紙を書いても改善しないと相談を受けたので、Dに本件貸室等の用法違反として、期間を定めて部屋の改善を求め、期間内に改善がない場合には契約解除のうえ、本件貸室を明け渡すよう内容証明で求めた。すると、Dから「誰にも迷惑をかけていないから改善する必要はない」と電話があり、期間も経過したため、簡易裁判所に本件貸室の用法違反に基づく契約解除による貸室明渡訴訟を申し立てた。

Dは、まず、訴状を故意に受け取らず、不在通知が入るたびに再配達日指定欄に日時を記載しその日時にまた不在を繰り返すという手法をとった。これに対し、筆者は、裁判所書記官とも相談し、いったん郵便局から裁判所に訴状を差し戻し、所在調査を経て付郵便送達手続をとり、ようやく裁判が始まった。答弁書も出なかったため弁論期日に出頭しないと思われたが、意外にも本人が出頭してきた。訴状では、屋上使用、ベランダの危険使用、居宅を私書箱としての営業使用の3点を用法違反として契約解除、貸室の明渡しを求めた。裁判官はこの3点についてDに確認したところ、Dは「違法であればやめる」と言い張り、裁判官も「法律違反の問題ではなく、契約違反の問題だ」と声を荒げた。そのうえで、裁判官が筆者に和解を示唆したため、「Dが改善するのであれば明渡しについても考えてもよい」と回答したが、Dがあくまでも態度を改めるつもりはないと言い続けたため、ついにあきらめ、次回期日にて証人尋問を行うことになった。

次回期日では、被告のDは出頭せず、原告側の証人尋問のみ行った。現状は、原告が指摘した3点の用法違反はDがすべて解消していることから、裁判官から、「Dも少しずつ理解してきた。次回Dが出頭した場合に和解ができないか」と話があり、こちらもDの話を聞くために話合いには応じる、と答えた。そして、その次の期日にて、Dは出頭し話合いをしたが、驚くほど素直に、今後、用法違反をしない旨約束したため、本件貸室契約を継続することにした。なお、Dは本件貸室の賃料の不払いは全くなかった。

2　執務にあたっての工夫

(1)　証拠の確保

　賃料未払いによる契約解除に基づく建物明渡訴訟の場合には、要件事実を証明することが容易であるケースが多いが、用法違反による契約解除の場合には、用法違反の実態を明確に証明するのは、なかなか難しい。

　事例①のケースでは、部屋の中の状態の写真を証拠として提出したが、どうして撮影できたのかを説明する必要が生じる。このケースは、たまたまドアが壊れていた状態であったため、部屋の中が見えてしまい、携帯電話での写真撮影に至った。通常であれば、本人が在宅中は部屋を見せないであろうし、留守中勝手に鍵を開けることは違法行為でもあり、通常なかなか難しい。

　事例②のケースでは、屋上やベランダのプランターについては写真撮影が容易であったが、これらは簡単に片づけられてしまい、契約解除を認められる程度の証明は苦しくなる。本件では、ドアや集合ポストにされた「1～500」の表示が何を意味するかを、いかに証明するかがポイントになった。たまたま集合ポストからはみ出ていた封書があり、そのあて先が「－325」で他人名義のものであったため、写真撮影に成功し、証拠として提出することができた。内容証明送付以後は、Dも警戒しはじめて、集合ポストに郵便物がたまることがなくなっていた。用法違反の状況の写真撮影は、相手への接触前に行うことが必要である。

(2)　依頼人との打合せ

　依頼人と綿密な打合せを行うことは基本中の基本である。用法違反による契約解除のケースでは、さらに相手方の動向を予測し、かつ裁判所の意向を斟酌して、場合分けしたきめの細かい打ち合わせが必要になる。特に今回の二つの事例は、いずれの賃借人も、これまで賃料を遅れずに支払い続けているため、裁判所としては用法違反の実態さえ改善されれば、判決で契約解除を認めにくいのではないかと思われた。

　事例①の賃借人は、上場企業勤務で契約年数も長く、これまで賃料等の支払いの遅れはいっさいない。たまたま部屋の中の状態が判明したため、契約解除の争いになったが、表面上は真面目な契約者である。依頼人である賃貸人は、常軌を逸するようなゴミの山の写真をみているため賃借人に対して必要以上に「おそれ」を抱いており、「どんなに賃借人が改善しようとも出ていってもらいたい」との意向であった。筆者としては、基本的には依頼人の意向に沿って訴訟を進めていくが、相手方の出方によっては、裁判所から和解の話が出るかもしれないので、そのときの状況に応じて協議することにした。

　事例②の賃借人Dは、20歳代後半の男性で、仕事は何をしているか不明であったが、賃料は遅れることなく支払っていた。依頼人は、Dは契約の時から話をするときに人の顔を見ることがなく、何となく陰気な感じで良い印象はもっていないという。屋上のプランターの件では、最初はこちらの話を聞いていたが、何も改善せず、その後は話合いにも応じないという。「薄気味悪いから、この機会に出ていってもらいたい」との意向であった。筆者からの内容証明に対するDからの電話も一方的なものであり、裁判でも争ってくると考えられたため、裁判所に契約解除を認めてもらうための証拠収集のための打合せを繰り返した。証人尋問も必要になる可能性があるため、不動産業者であるCの担当職員の方とも何度も面談し、信頼関係を深めていった。

(3)　現場調査

　最近、別の相談者から「何でこんな場所で事務所をやっているか」と尋ねられたことがある。市民の生活空間の中に事務所を構えているのは、司法書士の特徴の一つではないかと思う。両事例とも物件は、筆者の事務所の近くであったため、何度も現場に出向くことができた。

　事例①は、部屋の内部の問題なので訴訟提起前よりも、和解交渉の後、片づけの様子を賃借人Bの都合に合わせて何度も訪ねることになったが、全く苦ではなかった。また、事例②では、屋上・ベランダ・ドア・集合ポストの様子を頻繁に調査に行き、証拠を収集することができた。Dが、故意に訴状を受け取らないため、付郵便送達のため

3 用法違反に基づく貸室明渡訴訟における和解

の調査などでも機動的に動くことができた。地元密着型だと、結果的に依頼人の訴訟コストも低く抑えることができるし、依頼された側も効率的な法律事務が可能になる。

3 事例を通してみえた問題点

(1) 簡易裁判所の和解

岩田和壽（注1）は、「平成17年から平成21年までの全簡易裁判所の民事訴訟事件の既済事件総数に対する訴訟上の和解と和解に代わる決定を合わせた数での既済率をみた場合、通常訴訟では約30％前後で推移しており、少額訴訟では約40％前後で推移している」と紹介している。一方で簡裁代理や裁判傍聴をした私の実体験の感覚からすると、半数以上、いやほとんどが和解で終了しているように感じている。それは、おそらく次の事情にあろう。簡易裁判所に係属する事件の多くは、被告欠席のまま判決が出ている。被告が出廷した場合には、ほぼ全件、裁判官は司法委員と別室で和解のための話合いを進めているからである。また、被告側から法律解釈などの反論が出た場合には、地方裁判所への移送を決定することも多く感じている。つまり、簡易裁判所は、判決を出すより和解で終わらすことを主として考えているようにもみえる。

筆者は、1990年代に「裁判ウォッチング」という裁判傍聴運動に身を投じていた（注2）。この運動のきっかけは、当時の簡易裁判所の民事法廷の状況であった。当時の法廷は、30分の間に10件以上もの事件が予定され、流れ作業のように処理されていた。事件のほとんどは消費者金融やクレジット会社（以下、「金融業者」という）が訴訟提起した貸金・立替金等の返還訴訟であった。簡易裁判所では「許可代理」といわれる制度があり、裁判所が許可をした場合に、弁護士でなくても、当事者の親族や当事者会社の社員が裁判所の許可をとって代理人として出廷できる。この制度は、もともとは市民に身近な裁判所としての簡易裁判所の特則として位置づけられていたのであろうが、この時期に裁判傍聴した市民にとっては、むしろ金融業者のための制度のように感じたようだ。原告席の金融業者の社員が、次々に被告市民相手の事件を裁判所主導でさばいていった。被告欠席で答弁書提出もない場合は、原告主張どおりの判決を2週間後に出すことになり、分割払いを希望する答弁書を出して、欠席の被告の場合には、原告会社の意向で裁判所はその答弁書のとおりの和解に代わる決定を出し、原告会社が認めない場合には原告の主張どおりの判決が出されていた。そして、被告が出頭した場合には、司法委員とともに原告・被告は別室に行き、分割払いの和解をしていた。このような状況に、「簡易裁判所は金融会社の取立機関となっている」と市民から批判がされていた。だが、この批判に対しては、もとより裁判所は受け身の存在であるから、利用者の利用方法によってその存在の位置づけが変化するのは仕方がないところであり、むしろ市民側が、簡易裁判所を自分たちのために活用するための工夫が足りなかったともいえるであろう。この後、金融業者に対して、債務者側は、簡易裁判所の民事調停を利用した「債務弁済協定調停」を活用、その動きは、2000（平成12）年、多重債務者のための「特定債務等の調整の促進のための特定調停に関する法律」（特定調停法）施行へと発展していった。また、簡易裁判所としても金融業者の取立訴訟以外の市民間の紛争解決を促進するために、1998（平成10）年、少額訴訟制度をスタートさせ、そのねらいどおりの成果を収めている（注3）。

さて、現在の簡易裁判所の通常訴訟の状況であるが、貸金業法の数度にわたる改正による金融業者への規制の強化により、金融業者の取立訴訟は減少し、市民間訴訟が増加している。ただ、簡易裁判所が取り扱う件数としては金融業者の取立訴訟は相変わらず多数を占めており、その対処方法は、以前と変わらない。

最近筆者が扱った事件では、金融業者が契約書上の合意管轄条項により、関西の簡易裁判所に取立訴訟が提起され、関東に住む被告へ呼出状が届いた。被告の依頼を受けた筆者は、被告住所地管轄の簡易裁判所への移送を申し立てたが、「出頭できなくても書面による反論もできるし、それに基づいて和解に代わる決定も出せるから、被告が著

しく不利ではない」として、同裁判所は移送の申立てを却下した。現在においても、取立訴訟に対する簡易裁判所の基本的なスタンスは、事件を処理することに重点をおく、1990年代と変わらないものだった。また、未払賃金請求の労働事件の原告代理人として簡易裁判所に訴訟提起した事件では、被告に弁護士代理人が付き、法的争いになったとたんに、同裁判所は、地方裁判所への移送を決定してしまった。

このような簡易裁判所の現在の傾向を体験するにつき、用法違反を原因にとした契約解除による貸室明渡訴訟の場合、裁判所の意向による和解に応じなかった場合に、簡易裁判所が、地方裁判所への移送など、判決を回避する可能性も念頭に入れた対処を考えざるを得なかった。

(2) 和解と依頼人との関係

事例①および事例②のいずれも、原告賃貸人は被告賃借人がどのような人物かわからないことで「おそれ」を抱いており、信頼関係も破壊されていたため、明渡しが絶対的な要求であった。裁判所も、和解の席において被告に対しては強い態度で臨んでおり、用法違反の改善を求めていた。しかし、被告が生活改善をすることにより、用法違反の実態がなくなることで、和解の席における裁判所の態度も徐々に変化し、契約継続の可能性を原告側に求める対応になってきた。確かに、社会全体として、俯瞰した場合に、用法違反の状況を改めさせることにより、再び信頼関係を回復し、当初の契約を継続させることは、望ましいとも思える。ことに被告側からすれば、人間の生活の基盤となる「住」環境の問題であり、ここで住居を失うことは生活の基盤を失うに等しい。一方、原告側にしてみても、賃貸住宅が供給過剰の現代社会において、そう簡単に賃借人が見つかるかどうかわからないような世の中である（注4）。二つの事例の被告賃借人は、いずれも賃料の支払いに関しては全く問題を起こしておらず、用法違反さえ改まればむしろ都合のよい賃借人だともいえるのである。最終的には、いずれの事例においても時間をかけ、原告賃貸人も「代理人である私の判断に任せる」との判断をしてもらえるに至った。

この二つの事例で、訴訟代理人である筆者の心理において、複雑な思いが交錯していた。原告代理人の権利を存分に行使し、依頼趣旨に沿った決着を求めて活動していくことが求められる一方で依頼を受けて以来、被告の人物像も明らかになるにしたがい、その事情も理解できるようになっていく。さらには、裁判所から和解の意向が示されたときに、原告代理人としてどのように身をおけばよいか迷いが生じるのである。被告の事情を理解し原告に対して和解を勧めている自分は、法律家として倫理上問題はないのだろうか。

石川明は、訴訟上の和解にあたって、この問題を「弁護士の代理人性（党派性）と法律家的性格（協働性）の問題」として、弁護士という職業人の性質をどうみるかという本質的な問題として、次のように論じている（注5）。弁護士には、依頼人本人の利益を守るという当事者の代理人的性格と法への奉仕者という公益的な性格を併有している。ドイツ連邦弁護士法1条では、弁護士の地位を司法の一機関として位置づけて、その主たる役割は法秩序の維持に重点をおいているが、わが国の場合は、法律家としての性質と当事者の利益代表的立場としての性格を奈辺において調整すべきかという点について必ずしも明言されていない。和解は互譲を本質とするものの、その互譲が基本的に則法的でなければならないということになるのか、換言すれば、弁護士の法奉仕的な範囲での互譲でなければならないのか、あるいは必ずしも法に強くこだわる必要がないのかという問題についてどう結論づけるのか。石川の見解では、裁判所も弁護士も大きな法乖離性をもつ互譲は許すべきではないと考えてこそ、弁護士の司法の一機関的性質が維持されることになるとしている。

本事例のように用法違反の場合、借主が用法を改善しても貸主との信頼関係は破壊されている。訴訟を進める中で、この信頼関係を復活させるまで被告に行動の変化があったかどうかを原告本人と話し合い、合意に至っている。大きな法乖離があったとはいえないであろう。ただ、合意の内容によっては、今後の原告と被告の継続的な関係性にかかわることになるが、和解により新たに生じ

3 用法違反に基づく貸室明渡訴訟における和解

た法律家としての役割と考えるべきであろう。

(3) 貸室明渡訴訟と相手方の生活支援

(A) 生活習慣の差異の認識と理解

貸室の用法違反の事例では、他者にとって不可解な賃借人の生活習慣がしばしば問題となる。賃貸人、あるいは他の賃借人は、自らが体験のないような行為に関して、心理的な「おそれ」を抱き、その行為そのものではなく、行為者が悪意で異常な行動をしていると考えてしまう。こうなってしまうと、当該賃借人の行動のすべてが悪意に思えてしまい、実際の問題行為以上に心理的な問題は大きくなってしまっているのが一般的であろう。

たとえば、横浜市にあるNPO法人外国人すまいサポートセンター(注6)で次のような事例を聞いた。その事例は、上の階に住む中国人の部屋から毎晩、「バーン！　バーン！」という大きな音が聞こえて階下の住人ともめごとになった。賃貸人は、部屋を改造しているのではと不安になった。しかし、中国人は、単に彼らの日常生活上欠かせない「麺打ち」をしていたにすぎなかった。そこには悪意も何もない。単なる生活習慣の違いがあるだけである。このような事例は、相手が外国人の場合のみに存在するものではなく、日本人同士でも全く同様の状況が生まれているのである。

近年は、近隣の住人同士の交流はなくなり、隣の人がどういう人なのか、顔も姿も見たことがないという状況が珍しくなくなっている。すなわち、近隣の住人の予想外の行為はすべて不気味に感じて「おそれ」を感じることが増加しているといってよいのである。同時に、自分の行いに他者がどのように感じるかまで気を回すことが苦手な人も増加している。このような状況の中で、賃貸住宅におけるさまざまな紛争が起こっていることは無視できない事実である。そこで、筆者は、このような紛争を取り扱うには、問題を起こしている人がどういう人かを理解しようとしている。

(B) 精神的な障害の認識と理解

(a) 注意欠陥・多動性障害とは

事例①の賃借人Bは、ADHD（注意欠陥・多動性障害）と自閉の傾向がうかがわれた。筆者のクライアントで、ADHDと診断を受けた人同士で生活している夫婦がいる。この夫婦は、朝、家を出るときにその日に支払いをする請求書をもって出かけると、2、3日して、その請求書が、かばんの中からそのまま出てくることが日常で、請求書に追われてどれから支払ったらよいかわからない状況であった。また、部屋も片づけられず、一つ片づけを始めても別のことに気をとられるとそのことを忘れてしまい、片づけどころか部屋がどんどん散らかっていってしまう。これは、脳の障害であり、その人がだらしないとか性格がいい加減だからというわけではなく、いわばその人の自らの努力だけでは克服できない特質である。この夫婦の場合は、地域の障害者生活支援センターと契約してもらい、ケースワーカーをつけてもらった。そのうえでヘルパーを雇い、部屋の掃除を頼んでいる。請求関係は、自分で支払おうとせず、すべて筆者に送ってもらい、筆者が支払いについて管理することにした。このように地域でさまざまな人が支援チームを結成することにより、安定した生活を手に入れることができるのである。

(b) 事例①のケース

事例①の賃貸人Aから、賃借人Bの相談を受けたときに、すぐにこの夫婦のことが頭をよぎったので、訴訟提起前に本人と話ができれば、解決の糸口が見つかるのではとの期待があった。しかし、Bからは何の連絡もなく、答弁書の提出もなく裁判所に何の連絡もないまま、裁判期日に法廷に現れた。ドアが壊れていて鍵もかからない状態なのに、不動産業者に相談をするでもない。しかし、仕事はきちんとしていて賃料の遅れもない。仕事もシステムエンジニアという不特定多数の人間関係が不要な職種でもあり、自閉的な傾向が強いという特徴をもつのでは、と理解していった。

和解の席では、最初、筆者に対して非常に強い警戒心をもっていたが、司法委員の説得もあり、まずは部屋の状態を筆者に見せてもらい、片づけが自分だけでできるかどうか、誰かの支援が必要であればこちらでも紹介できることを納得してもらった。ドアや流し、風呂などで修理が必要なところは、Aに協力してもらい直しながら、部屋の中は自力で片づけてもらった。何度も何度もBの

部屋へ出かけていって状態を確認した。裁判所には、2カ月の間をおいて、2回ほど和解期日を入れてもらった。したがって、4カ月後、これまでの部屋の様子を写真にとり、裁判所に報告するとともに、契約継続するが次の契約更新の前に部屋の内部の確認をさせてもらうことで和解をした。

　　(c)　事例②のケース

　事例②の賃借人Dは、知的には問題ないが相手の立場に立つのが苦手で、やはり自閉的な特性がある人として理解して接することにした。こちらの心情を想像してもらうとか、他人がどう思うかを考えてもらうのではなく、理由を告げて具体的に要求をしていくことが、Dは理解しやすいだろうと考えたのである。屋上やベランダのプランターについては、Dはすぐ理解して撤去したが、ドアと集合ポストの「1〜500」の表示に関しては、納得しないため、一時は判決やむなしとして、裁判所は証人尋問まで行った。しかし、Dの本人尋問の直前、この表示は外され、今後はいっさいこのような表示をしたり、他人の郵便物を取り扱ったりしないという約束を和解条項に入れ込むことも合意した。Dは、最後まで打ち解けた話をすることはなかったが、裁判官にさえ反抗的な態度をとっていたにもかかわらず、それ以降は全く反論もせず、和解をし、その後も問題を起こさず生活をしている。

　以上のように、その傾向を理解して必要に応じて支援を行い、あるいは説明を行うことができれば、生活困難にみられがちな人でも社会適応していけるはずである。原告代理人として、どのタイミングでどこまでそのようなことへ介入できるのかは、個別的に悩んでいくしかないのであろう。

- (注1)　岩田和壽「ある日の簡易裁判所──和解手続編──」月報司法書士463号36頁。
- (注2)　稲村厚「裁判ウォッチング市民の会と司法改革運動」（大出良知ほか編著・裁判を変えよう）130〜134頁。
- (注3)　稲村厚「広がる少額訴訟制度の現状と課題──司法書士会の法律相談体制を含めて──」月刊国民生活33巻4号30〜34頁。
- (注4)　米山秀隆『空き家急増の真実──放置・倒壊・限界マンション化を防げ──』。
- (注5)　石川明『訴訟上の和解』。
- (注6)　NPO法人外国人すまいサポートセンターホームページ。

4　展望

　現代の日本社会においては、地域の中でのコミュニケーションが不足しており、生活困難に陥っている人に支援の手を差し伸べるのが遅れがちである。多重債務の相談は、そのような生活困難の人が総合的な支援を受けることができるきっかけになるが、貸室明渡事件においても、同じことがいえる。今回のような、用法違反による契約解除を原因とする貸室明渡事件であれば、裁判所は法的な判断がつきにくいこともあり、和解に力を入れる傾向があり、それは生活困難な人にとっては今後の生活改善に大きなきっかけを与えることになる。しかし、賃料の未払いを原因とする契約解除による貸室明渡事件の場合、生活困難な人にあっては未払賃料を支払うこともできず、また法的な評価を与えるのも容易であるため、裁判所も判決を出しやすく、和解になったとしても、契約継続ではなく、契約を解除し、明渡期日を猶予するにとどまる内容となる。これでは、生活困難な人が路上に投げ出される手助けをすることになりはしないだろうか。

　私たち司法書士は、地域社会に生きる法律家として、貸室賃貸借契約のような生活にかかわる継続的な契約関係へのかかわり方によっては、大変大きな役割を担うことができるのではないだろうか。住まいは生活の基盤であり、たとえば、賃貸借契約上に司法書士への相談を無料でできる、司法書士会ADRを無料で利用できるなど関係機関と提携することによって、生活困難に陥った人を早期に支援につなげることができないだろうか。

　簡裁代理権を獲得する以前、司法書士会では「予防司法」に力を入れようとの声がかなりあったように思える。しかし、最近はめったに聞かれなくなってしまった。司法書士は、市民の身近な存在であるといわれるが、それをより具体化、あるいは具現化するためには、市民の「住」を中心に、福祉にかかわることが、最も可能性が高いのではないだろうか。

Ⅱ 裁判実務の実践事例と司法制度の現代的課題

④ 民事調停のすすめ
――法的根拠が明確ではない事件をめぐる市民的感覚による解決――

司法書士 須 賀 淳 治

1 事例の概要

司法統計によれば、地方裁判所、簡易裁判所における民事調停事件は、2012（平成24）年に民事訴訟事件が約62万件であったのに比べ、5万7000件にとどまっている。司法書士同職間でも、その裁判実務において簡易裁判所の民事調停を積極的に利用している、という話はあまり聞いたことがない。

当職もそのような司法書士の一人であったが、ある事件を経験し考えさせられる事柄があったため、以下、その事例を紹介しつつ、実務上の工夫や実務を通してみえた問題点、その展望等につき述べたい。

依頼人は、3年前の8月に、ある職業技能を習得するための専門学校に受講申込みをし、専門学校と提携しているクレジット会社と受講料のクレジット契約を締結、その年の10月から受講を開始した。

依頼人は、自らの仕事が多忙であったため、受講日・受講時間が自由なフリータイム制で2年間の受講コースを選択したが、受講開始後、その多忙から、当初のオリエンテーリングと第1日目の授業しか受講できず、時間だけが経過した。

その後、依頼人は仕事の多忙さから体調を崩し、通院生活を送った。そして体調が回復、仕事についても通常時間の勤務への復帰を果たしたものの、いよいよ通学再開と考えていた時に、同居をしている母が病気になり入院し、家事・入院介助等が必要になったため、通学の機会をもつことができなかった。

筆者が本件の相談を受けたのは、前記受講申込みから3年間が経過し、依頼人と別件で会った時であった。その時には、すでに受講期間2年間が経過しており、受講料の返還請求や再受講の申込み請求等といった対処法は、現実には無理だと思った。依頼人は相変わらず仕事が多忙であったため、筆者が専門学校に連絡をすることにした。

専門学校に連絡をし、依頼人につき現在の状況を聞くと、「内部にて検討のうえ連絡をする」とのことであった。その後、筆者の元に責任者と称する人から連絡があり、「受講期間が過ぎているが、本人にやる気があるのであれば、今から受講開始をしてもよい。ただし、支払済みの受講料の返金はできない」とのことであった。後になって、この連絡してきた者が、専門学校を経営する法人の取締役であることが判明した。

上記連絡を受けて、筆者が依頼人に連絡をすると、「専門学校から借りているロッカーに同校から購入した教材・道具等一式が保管されているので、その保管状況が心配である」とのことであった。これを受け、筆者は依頼人からロッカーの鍵を預かり、ロッカーの状況につき確認にいくこととなった。そこで、念のため、専門学校に「ロッカーが現在も同じ場所にあり、適正に保管がなされているか」につき確認のため連絡をしてみた。そうすると、専門学校の受付担当者から連絡があり、「依頼人に貸し出してい

たロッカーは、すでに別の受講者が使っており、専門学校に来てもそのロッカーの確認はできない。ロッカーの内容物は宅配便にて依頼人に送付済みである」とのことであった。

しかし、ロッカーの内容物は、依頼人宅には届けられておらず、その点につき再度連絡すると、「そんなはずはない」、との返事だけで、宅配便の送付状等の提示を求めても返答がなかった。

また、そのロッカーには、依頼人の着替え等の私物も保管されていたので、それらの返還請求をしたが、「専門学校にはいっさいの責任がないので、どうしようもない。そもそもロッカーを約3年間も放置した本人の責任である」との返事であった。なお、専門学校から筆者への連絡につき、ロッカー問題が浮上してからは、すべて専門学校の受付担当者で、責任者からはいっさいなかった。

本事例につき、依頼者は、専門学校の責任者から今から受講開始をしてもよいといわれても、教材・道具がなく、それらを再度購入し受講する意欲は、ここに至るまでの専門学校の誠意のない対応で嫌気がさしており、筆者に対して何とか法的解決方法がないか相談があったため、簡裁訴訟代理事件として受任した。

2　執務にあたっての工夫

(1)　事実の確認と手続の検討

受任時、依頼人の手元には、専門学校の学則・受講申込みに関する書類等が何もなく、これら点につき検討ができなかった。そこで、筆者が一申込者になり、学校案内、受講申込みに関する書類一式、学則等の送付を受け、検討してみた。学則には、納入した入学金、授業料はいかなる理由にかかわらず返金できない旨の記載があった。また、依頼者が申し込んだフリータイム制で2年間のコースは、受講開始から2年間の経過で受講資格を失う旨の記載があった。

これらを受けて、筆者はいろいろと思案をめぐらし、法的解決方法を模索したが、訴訟提起では、ロッカーに保管されていた私物等の返還を求められても、依頼者が支払った受講料の返還請求ができない。また、保管されていた私物等には大した価値がなかったため、お見舞い金程度の支払いで終わってしまう、と考えた。

また、民事訴訟においては、請求原因とその法的根拠が明確でないと申立て自体ができない。そこで、筆者は消費者契約法等の考察に基づいて本件請求の法的根拠を明確にし、訴状における請求原因と理由について文章化を試みたが、本事例においては困難であった。

そこで、法的根拠が明確ではなくとも、調停委員とのやりとりで、解決への糸口を提示してくれることがあるのではないかと考え、民事調停を利用した解決につき検討を行い、利用することにした。

具体的には、受講料の返還とロッカーに保管されていた私物等の返還を求めて、民事調停を申し立てた。受講料等の返還に関する法的根拠が明確にできなかったが、後は調停委員による調停の場で法的解決に導いてくれるだろうと考えた。

筆者は、祈るような気持で、調停申立書を作成提出し、クレジット会社に対しては、内容証明郵便で毎月の金額返済の支払猶予の申入れをした。そして、本件調停は第1回期日を迎えた。

(2)　調停委員の心証形成

本件調停において、第1回期日の時、裁判官・書記官・調停委員同席の場で、裁判官より、「本件受講料の返還請求の法的根拠が不明であるから、文書にて根拠明示をするように」と言われた。裁判官がその調停室を出た後、筆者は、調停委員（一人は弁護士、もう一人は消費生活専門相談員）に対して、この点につき相談すると、「次回期日に再度裁判官から言われるまでは、文書提出をする必要はない。そもそも法的根拠が明確にできないので、調停申立てをしたのでしょう」と言われた。まさにそのとおりで、返答ができなかったが、調停委員からそう言われたことで、ある意味、気持が楽になった。

その後、調停室で代理人が交互に呼び出されて、双方の主張を述べた。申立代理人としては、受講

4　民事調停のすすめ

申込みをして、受講料等はクレジット会社からの一括支払いをしているが、実質的に2年間講義を受けていないこと、受講については何度か専門学校に連絡をしていたこと、不可抗力で受講ができなかったこと、そして、現在まだクレジット会社に対し、約60万円の支払いが残っていること等を説明した。

調停委員によると、相手方代理人（弁護士）は本件請求の法的根拠が不明であり、専門学校としては受講料の返還はできないとの主張をしている、とのことであった。

双方の主張が終わった後、裁判官から次回期日までに、再度それぞれの主張を整理して、相手方の主張に歩み寄れる部分があるかどうかを検討するようにとの指示があった。

第2回期日では、調停委員から申立代理人としての当職への話はほとんどなく、相手方代理人に対する説得に終始していたようであった。別席調停ゆえ詳細は不明だが、どうやら調停委員から相手方代理人に対して、法的根拠よりも、受講していない分の受講料は、ある程度返還しなければならないし、ロッカーに保管されていた物の返還は絶対にする必要があるとして、何度も説得してくれたようであった。最後に、双方代理人が調停室に呼ばれ、裁判官から、お互いの代理人同士で返還金額の折合いをつけて、まとまった段階で第3回期日としたい、との話があり双方納得した。

返還金額についての申立代理人の主張は、現在依頼人が負っているクレジット会社に対する債務に相当する金員の返還とロッカーの私物が返還されていないことに対する損害賠償金の支払いであった。

相手方代理人は、返還金額等については専門学校側を説得するが、その金額については確約ができないこと、本件調停の返還金額は受講料の返還ではないことを明記すること、受講カードとロッカーの鍵を返還することを支払いの条件とすることを主張した。

(3) 依頼者への説明

本事例における請求債権としては、クレジット会社に対する現時点での約53万円の支払債務全額の請求と私物等の返還ができないことに対する損害賠償金があった。調停申立書では、受講料全額と損害賠償金を付加して約133万円の請求をしていた。

第3回期日に向け、返還金額につき折合いをつけるべく検討を行ったが、依頼人は元々いくらかの金額が返還されればよいと言っていた。また、本件申立ての際も「返還金は先生の費用が支払える金額でよいし、それ以上の金額提示の場合は、相手方との交渉過程で主張できる範囲でけっこうです」と言われていた。

そこで、解決金は依頼者のクレジット会社への支払債務の半額相当の金額でよいと考え、その金額で最終的に依頼者を説得すると、案の定、簡単にその金額でよい、とのことであった。そこで金26万5000円の解決金を相手方代理人に提示して、その結果を待った。約1週間後、相手方代理人からその金額で専門学校側を説得ができたとの回答を得た。

相手方にとっても、筆者らが、申立て時当初の請求金額から大幅に減額した金額を提示したことから相手方を納得できたと考えられること、また、相手方代理人からの説得材料としても、ここまで請求額を減額させた、という金額であったことが解決金合意に至ったと思料する。

そうこうして、代理人同士の数回のやりとりの結果、解決金とその他の調停条項がすべて決定し、第3回期日で、調停が成立した。

3　事例を通してみえた問題点

(1) 調停制度の趣旨と紛争解決性

調停とは、私人間での紛争を解決するために、裁判所（調停委員会）が仲介して当事者間の合意を成立させるための手続であり、当事者の言い分や気持を調停委員に十分に聞いてもらい、紛争の実状にあった解決策を考える紛争解決制度とされている。

調停に一般市民の良識を反映させるという制度趣旨を実現させるため、調停委員には、社会生活上の豊富な知識経験や専門的な知識をもつ人物（具体的には、弁護士、医師、大学教授、公認会計

士、不動産鑑定士、建築士などの専門家のほか、地域社会に密着して幅広く活動してきた方々など）の中から選ばれる。その意味で、社会のさまざまな分野で幅広い経験を有する調停委員の専門的知識・経験を活かした解決が図られる。

そのため、民事訴訟の提起では、請求原因とその法的根拠が明確でなく申立て自体ができない事件であっても、本事例のように民事調停においては、その法的根拠が明確でなくても、調停委員とのやりとりの中で法的根拠を明確にしなくても、解決への糸口を提示してくれることが期待できる。

本事例の調停委員は、弁護士と消費生活専門相談員であった。本事例において調停が成立した要因には、申立人が120万円以上の受講料の支払いをしたが、申立人の個人的な理由とはいえ、2年間実質的に授業を受けていなかったこと、そのことを調停委員が市民的な視点から、おかしいと感じてくれたこと、そして、その受講料の返還が必要だと思ってくれたことがあげられる。これらの点が、調停委員らの中における「法的根拠があいまいであったとしても、専門学校も少しは受講料を返還しなさい」という考えの根底にあり、相手方代理人を説得してくれたと思料する。

だが、調停委員が誰しも上記のように考えてくれるとは限らないし、本事例のように調停を行ってくれるとは考えがたい。市民派の弁護士と消費生活専門相談員の市民的な感覚が、本事例では重要な要素となったことは事実である。しかし、このような調停委員の市民的な考え方を信じて、本事例のように調停申立てをすることは、考え方としてはよいのではないかと考える。

(2) 調停成立と代理

本件においては、返還金額を交渉するにあたって、相手方の代理人として弁護士が選任されたことが、よい方向にまとまった要因であるともいえる。

職務上法的思考をすることが当然の弁護士は、裁判所の意向を尊重し、調停委員の話を真摯に受け止め、相手方を説得してくれたであろうことは、想像にかたくない。相手方本人が出廷していれば、そのような裁判所の考えはおかしいといって、感情的になり調停委員の説得に応じることはなかったかもしれない。

調停の成立率は、司法統計によれば全申立件数の約3分の1、不成立が約3分の1、調停に代わる決定が約4分の1、といわれている。

そして、調停においては申立てに代理人が付かない双方本人の事件が約半数を占め、双方に代理人が付く事件が約4分の1、一方のみに代理人が付く事件が約4分の1といわれている。これら代理人が関与する事件のうち、代理人のほとんどは弁護士で、司法書士はごく少数であるといわれている。調停事件における司法書士の関与率が弁護士に比べて著しく低いのは、単に司法書士の調停に関する経験の少なさであり、調停に対する考え方のハードルの高さであると思料する。

調停事件において、代理人が選任されることにより、調停の成立率に変化があるかについては、明確な統計資料がないので不明ではあるが、本事例においてもそうであったように、明らかに代理人が関与したほうが成立率は上がるものと思料する。なぜならば、双方において代理人が介在することによって、互譲の精神で調停したほうが経済的利益に資すると考えられ、また、本人を説得するであろうことが容易に考えられる。感情的になり無用な争いによって裁判をするよりも、当事者の利益にも資するからである。それには、その解決の仕方において、お互いの納得が得られ、収束させうる着地点の見極めが重要である。この点についても、代理人による冷静な判断がなせるとともに本人を説得する材料をみつけることができるため、代理人による調停申立てが有用であると考える。

4 展 望

さて、われわれが対応すべき調停事件には、どのようなものがあるのだろうか。

紛争事件の中で、円満性、妥当性があるもので、簡易、迅速、低廉な解決を望むもの、そう考えると、次のような事件をあげることができる。

① 履行義務の存在自体に争いがないが、履行

方法の調整に関する紛争事案である、債務弁済事件
② 親族間の財産関係の紛争事案である、共有物分割事件
③ 近隣の紛争事案である、隣家間の騒音、通風、樹木伐採、工作物や塀に関する紛争事件
④ 継続的な取引関係に関する紛争事案である、売掛代金請求事件
⑤ 土地建物の賃貸借契約に関する紛争事案である、未払賃料請求事件、賃料改定事件、土地建物明渡請求事件
⑥ 交通事故による損害賠償に関する紛争事案である、損害賠償請求事件
⑦ 労働関係に関する紛争事案である、未払賃料請求事件、時間外手当請求事件、解雇予告手当請求事件
⑧ 不法行為に関する紛争事案である、暴行による損害賠償請求事件

以上のほかにも、さまざまな事件が想定できる。それらに関する事案の相談があったときに、訴えの提起の前提としての調停申立て、あるいは調停で解決を図るといった積極的な活用方法として検討してみることが肝要である。そして、調停申立ての際には、どのような調停を進めるのか、互譲精神として、どの程度までの譲歩ができるのかについて、申立人と十分な打合せをしておくことが重要である。

筆者はこれまで、民事調停事件に適する事件はあまりないと考えていたが、本事例の事件を受任してからは、他の事件にも民事調停を積極的に活用しよう、と考えるようになった。そして、今まで気がつかなかった事案においても、民事調停を活用できる事案があることに思いをめぐらせてみるようになった。

読者諸氏も、本事例を一事例として参照いただき、積極的に民事調停事件に取り組んでみてはいかがだろうか。特に司法書士にとっては、より有用であると考える。

III 座談会

司法書士の「法律相談」業務
――実践を通じて考える課題と展望――

▶出席者◀

東京経済大学教授	大出　良知	司法書士　荻原世志成
大阪大学教授	仁木　恒夫	司法書士　阿部健太郎
司法書士	稲村　　厚（司会）	司法書士　三門　俊文
司法書士	小澤　吉徳	司法書士　八木　貴弘
司法書士	岡住　貞宏	司法書士　関根奈津子
司法書士	野中　英樹	

開催日：平成25年10月14日

目　次

1　はじめに――自己紹介・問題意識――／43
2　制度から考える「法律相談」業務／50
　(1) 沿　革／50
　　(A) 高松高裁判決／50
　　(B) 民事法律扶助法／51
　　(C) 平成14年司法書士法改正／52
　(2) 弁護士法との関係／53
　　(A) 書類作成の相談・法律相談の差異／53
　　(B) 徳島事件・山口事件／56
3　内容・質から考える「法律相談」業務／57
　(1) 法律相談の現場／57
　(2) 実務における法律相談の特徴／58
　　(A) 弁護士相談との性質の差異から考える法律相談／58
　　(B) 書類作成業務における特徴／59
　　(C) 相談における法律整序の特徴／61
　　(D) 登記相談から始まる法律相談の特徴／63
　(3) 平成14年司法書士法改正に伴う法律相談現場への影響／64
4　市民の視点からみた「法律相談」業務の制度・内容／66
　(1) 上田調査をきっかけに／66
　(2) コストに対する市民の意識／67
　(3) 個々の司法書士の取組みと実績／69
　　(A) クレサラ問題への取組み／69
　　(B) 貧困者救済支援実務への取組み／70
　(4) 司法書士界全体の取組みと実績／71
5　将来への展望／72
　(1) 司法書士法・同法改正大綱と法律相談／72
　(2) 弁護士法と司法書士の法律相談／74
　(3) 市民のニーズに応える法律相談のあり方／76
6　おわりに／77

1 はじめに――自己紹介・問題意識――

【稲村】 本日は、「司法書士の『法律相談』業務」というテーマで、座談会を行いたいと思います。司会を担当させていただきます神奈川県司法書士会の稲村です。よろしくお願いいたします。

さて、司法書士の法律相談は、司法書士がそれぞれの執務現場において、実際に職務の前提として法律相談を行ったり、所属会でさまざまなところで法律相談を行ったり、また別組織で、社会資源として法律相談を行ったりしているわけですが、その中でさまざまに不都合なことが報告されたり、また現実に自分たちの法律相談というのはどこまで、何ができるのかということが、あまり確定しないままできているような気がいたします。このような点が実務の中でも報告されて、なかなか解消されていないと思われることもありますので、本日はできる限りそれらを解明して、今後の展開を考え、さらに提案していただきたいと考えています。

まずは参加者の方の、自己紹介と、「司法書士の法律相談」に関しての、それぞれの問題意識を自由に語っていただきたいと思います。

【野中】 茨城司法書士会の野中と申します。私は、1993（平成5）年に試験に合格いたしまして、1997（平成9）年に司法書士の登録をいたしました。当初、東京司法書士会で登録をしまして、法律事務所に所属して、司法書士として業務をやりながら、身近には弁護士もいるという形で、7年半ほど司法書士として仕事をしてきた後に、郷里の茨城県に事務所を移転しまして、それよりも少し長い期間、業務を続けているという状況です。

司法書士の法律相談につきましては、2002（平成14）年の司法書士法の改正で、簡裁訴訟代理等関係業務が認められることになった時に、「相談」という文言が司法書士法上、明文化されましたが、その後10年近く経過するうちに、法律相談のできる範囲というのがいろいろと問題になってきています。そして今、司法書士法の改正にあたって、

Ⅲ 司法書士の「法律相談」業務

座談会 司法書士の「法律相談」業務

野中英樹氏

司法書士側として、司法書士業務全般に関して法律相談を行うことが認められるように法整備をしたい、制約なき法律相談権を認めてもらいたいというような議論が出ております。

ですが、そもそも法律相談自体について、その概念が不明確なところがありますので、そのあたりについて整理をしたいといいますか、問題意識を自分なりにもっていますので、今後の改正にあたって、このような点を特に注意していきたいということを中心に述べたいと思っております。よろしくお願いいたします。

【岡住】 群馬司法書士会の岡住です。司法書士をめぐるいろいろな議論、職域論に絡んで、とりわけ代理権の範囲や法律判断についてはいろいろ論点があると思うのですが、その中でこの法律相談の論点について、私は今まで比較的、あまり重視してこなかったといいますか、関心をもってきませんでした。それが良いか悪いかは別としてですが。

なぜかというと、第1には、先ほど野中さんのお話にもありましたが、基本的には立法で解決されていたのだと思っているのです。司法書士は要するに、司法書士法3条1項3号と同7号（以下、それぞれ「3号」、「7号」ともいう）につきその違いはありますけれども、基本的に職務に関することについてはすべて相談を受けることができるのだということがすでに明文化されていますので、基本的には解決はされているというのが、私の認識です。

あとは弁護士法との兼ね合いで、「法律相談という話を避ければよいのではないか」という考え方もあります。「法律相談」というから問題視されるので、「司法書士相談」といえば別にそれでいい、法律相談という言葉にこだわらなければ、結構自由に相談活動ができることになると考えています。それが理由の一つです。

それからもう一つは、事務所に依頼に来た顧客に対して行う相談に関しては、かなり自由にできるという点があって、そうすると職域うんぬんを議論する意味がどれだけあるのか、あまり意味もないのではないかということです。司法書士の法律相談については、このようなことを考えています。

ただ、日本司法支援センター（以下、「法テラス」という）などでは、弁護士に認められるものがわれわれ司法書士には認められないとか、そういった不都合が出ているのはたしかにそのとおりですので、そのあたりはもう少し詰めて考えるべきかなと反省はしているところです。ただ基本的には、私は今まであまり意識してこの問題にかかわってきませんでした。ですから、逆に今日はいろいろと皆さんの意見を聞きながら、認識を深めていきたいと思っているところです。どうぞよろしくお願いします。

【小澤】 静岡県司法書士会の小澤と申します。私は1991（平成3）年の司法書士登録ですので、司法書士業務歴は、20年以上経っています。ですから、1991年当時、簡裁訴訟代理権が付与されるな

岡住貞宏氏

1 はじめに——自己紹介・問題意識——

小澤吉徳氏

どと考えてもいなかった時から、特に多重債務問題につき、自己破産の申立書や、調停の申立書などを作成することをベースに、本人訴訟支援、多重債務被害救済活動にかかわってきました。

私は、司法書士の法律相談につき2002年の司法書士法改正以前には、特にどこまで司法書士ができるかということを意識せずにやってきた部分もあったのですが、どういうわけか、法改正の時からは同法3条1項3号と同7号の分類が明確化されたことによって、書類作成の相談はここまで、一方、140万円までは弁護士と同様にできるというような、解釈が幅をきかせてきたというのでしょうか、司法書士の法律相談が、逆に範囲が狭められているような、委縮効果のようなものを起こされているような感を受けてきまして、それはどうしてなのか、そんなことはないはずだというように問題意識はもっていました。

一方で、業際問題に発展している訴訟につき、日本司法書士会連合会(以下、「日司連」という)の執務問題検討委員会の委員長として担当してまいりました。そもそも司法制度改革の趣旨と簡裁代理権が付与された司法書士の役割を考えれば、代理権の範囲などは限定的に考える必要はないと思うのですが、日本弁護士連合会(以下、「日弁連」という)はやはり極めて限定的に解釈し、徹底的に訴訟で主張してくるという、こういった状況にも疑問を感じています。

そしてもう一方では、日司連にてデータは集計されていますが、日本各地の司法書士総合相談センターには、ものすごい数の相談が寄せられており、今はむしろ多重債務の問題よりも、一般民事や家事の事件に関する相談が非常に多く、その中には訴額が140万円を超えているものも多くあります。そういった相談センターに寄せられる市民からのニーズに司法書士が応えていくためには、どのような法律相談権のあり方がよいのかということが、私の問題意識です。

【荻原】 長野県司法書士会の荻原と申します。私は1999(平成11)年司法書士試験合格で、2000(平成12)年から司法書士業務を行っています。現在は、13年目で、開業当初から弁護士と一緒に業務を行い、今は弁護士が3名、司法書士が私を含めて2名、計5名の事務所で業務を行っております。

弁護士と一緒に業務を行っている関係で、やはり開業当初の2000年から裁判事務関係の業務が非常に多かったというのが現状で、司法書士の法律相談についても、弁護士の行う法律相談、そういったものを身近で見させていただく中で、非常にいろいろと、法律相談における具体的にテクニカルなものなどをどうすればよいのか等といった点に非常に興味がありました。ですが、やはりそれだけではなく、本日議論が交わされる法律相談自体の制度的な問題、そういったものにも同時に強く関心をもつようにもなりました。

また、本日お話ししたい点の一つに、2012(平成24)年に長野県上田市で行った市民を対象とした司法書士実態調査「『くらしの法律家』の検証と地域法専門家の在り方創造」(以下、「上田調査」

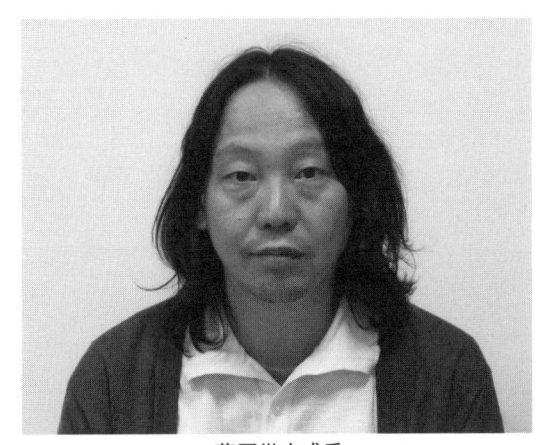

荻原世志成氏

[Ⅲ] 座談会 司法書士の「法律相談」業務

座談会 司法書士の「法律相談」業務

阿部健太郎氏

という）に関するものがあります。同調査には私もかかわったのですが、同調査では、190名の市民のさまざまな考えを調査したのですが、その中では、法律相談についての項目をたくさん入れていまして、市民の方々がどのように法律相談を考えているのかというようなことについても結果が出ています。また、同調査では、市民に対して行うのと同時に長野県司法書士会の会員向けに調査を行いました。これは103名の回答があったのですが、市民と同様の質問項目で、司法書士の法律相談に対する認知についても調査しました。

まだ、上田調査について正式な分析はこれからですが、やはり法律相談に対する認知が、市民と司法書士の間で差が出てきていますので、そのような話も、今日の座談会の中でできればと思っております。よろしくお願いします。

【阿部】 神奈川県司法書士会の阿部と申します。よろしくお願いいたします。私は2007（平成19）年司法書士試験合格になります。試験合格後は3年ほど司法書士事務所に勤務し、その後横浜市内にて開業いたしました。開業して3年目を迎えた状況です。われわれ司法書士が現場で相談を受ける際は、やはり話を聞いてみないとわかりません。話を聞く最初の段階で、これが5号の相談なのか7号の相談なのかということを判断するというのは、かなり難しいのではないかと考えています。あらかじめ電話などで相談予約があれば、ある程度の予想をすることはできるかもしれませんが、明確にこれは5号相談である、これは7号相談で

あるという、意識をもって相談を受けるというのは、現場レベルでは事実上できないのではないかと考えていますので、そのあたりは法律のつくり込みと実際の相談現場で乖離が起きているということに問題意識をもっております。

また私は神奈川県司法書士会で法テラス対策委員会の委員長をしております関係で、法テラスとの関係、特に相談援助に関し大変関心をもっています。相談援助は代理権の範囲である相談が対象ですので、代理援助の前提として法律相談援助の利用はできますが、書類作成支援の前提として相談援助は利用することができません。そうすると、同じ話を聞いていて、訴額が140円万円以下であれば相談援助も代理援助も利用可能なのに、140万円を超えた時点で、話を聴いている事実は何も変わらないのに、それはあくまで相談ではなく事件聴取であって、事実を聴いているだけで、それは相談ではないという話になっています。同じことをやっているのに、なぜ、どこかのタイミングで評価が変わってしまうのかということにすごく疑問をもっていますから、法テラスとの関係においても相談について問題意識をもっています。どうぞ、よろしくお願いいたします。

【三門】 神奈川県司法書士会の三門と申します。もともと千葉県出身で、平成18年度司法書士試験合格、最初の司法書士登録は2007（平成19）年です。初めの2年間は司法書士法人の社員でした。事実上は勤務司法書士ですが。その後横浜に移って個人事務所を開業し、3年間業務を行い、昨年、

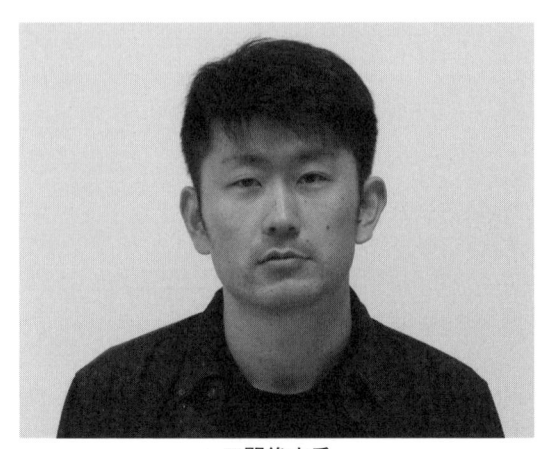

三門俊文氏

1 はじめに――自己紹介・問題意識――

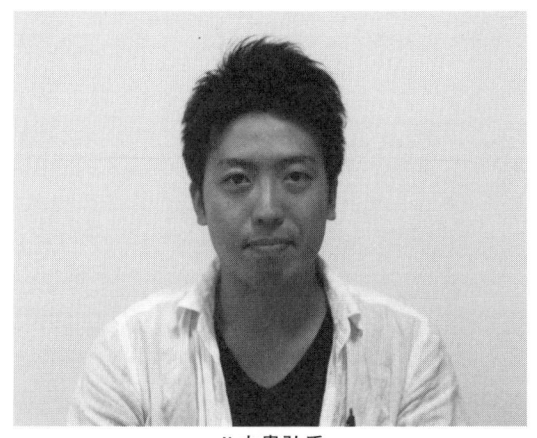

八木貴弘氏

合同事務所を立ち上げました。先ほどお話しされた阿部さんやこの後、発言される八木さんには神奈川青年司法書士協議会でお世話になり、本会では稲村さんにお世話になっています。

やはり独立してから、相談自体は大変件数が増えたのですけれども、個人的には生活保護の関係の相談が多いです。生活保護の申請手続をお手伝いする、支援するということは司法書士の本来業務ではないわけですよね。ですが、ほかに受け皿がないため、私のところに相談案件として多くの案件が流れてくるわけです。ですから、この実務に関しては需要があるわけですから、法整備なりして、司法書士も法的根拠をもって取り組めるようにしていただいたほうが仕事はしやすいですし、法テラスを使うなり、何かしらの方法で報酬も得やすいというのがあって、やはり法整備は大事だなと思うところです。

あとは、少々リスキーな言い方ですけれども、業務範囲につき枠を多少越えるくらいのところで活動しないと、枠が広がっていかないのかなという、何か漠然とした、感覚的なものをもって仕事をしています。本日は、よろしくお願いいたします。

【八木】 神奈川県司法書士会の八木と申します。よろしくお願いします。私は平成20年度に司法書士に合格したため、司法書士に簡裁代理権が付与された後、司法書士になったわけですが、少ない実務経験の中で、司法書士の相談に関して感じることは、よろず相談であるように感じていまして。

その理由は、相談者が当初から、たとえば登記相談をしたいと決めて来ている方は少ないと感じますし、仮に本人が登記相談をしようと思って相談に来ても、相談者の悩みを聞いて、その中からどのような法的な問題があるのかを抜き出すと、単なる愚痴で終わってしまう内容もあれば、本来業務にあてはまらない内容もあり、また相談に来た方の事前知識の程度で回答するレベルも変わってくることがあると思うからです。

そういった広範囲にわたる内容を扱う相談実務の中で、法律相談の定義というものはどのようなものであるのか、弁護士と司法書士との業務範囲に基づいたすみ分けをすることが本当に有益なことかどうかという点につき、あらためてこの座談会で考えていきたいと思います。

あと、神奈川県司法書士会で、私は相談事業運営委員会にて委員をやっていまして、現在市区町村役場の相談担当者と接触して、相談ブースの新たな設置や、司法書士の相談範囲の周知・適正化を図ろうと活動しているのですが、これら市区町村役場で行われている司法書士相談は、横浜市を除いて登記相談に限定されているところが多くありまして、大きな要因としては、広報不足があると思う一方で、自治体の担当者によっては弁護士法72条の問題を意識して、適正に振り分けがされていないところも現実にあります。司法書士が行う法律相談をどのように考えて実践していくべきか、本日は皆さまのお考えをお聞きしたいと思います。よろしくお願いいたします。

【関根】 群馬司法書士会の関根です。私は平成23年度に司法書士試験に合格しまして、2012（平成24）年の3月に新人研修が終わった後、すぐに開業しました。

2012（平成24）年の4月に開業したのですが、簡裁代理業務の考査合格は今年2013（平成25）年になってしまい、1年間簡裁代理権がなく登記業務中心の業務を行っていました。その業務の中で、相談に来られても受けられない案件があり、とても困ってしまったこともありました。依頼者にとっては、司法書士という資格があればみな同じ力があると思って相談に来ます。「私もプロだ」とい

III 司法書士の「法律相談」業務

関根奈津子氏

う自負はありますが、現実問題として相談を受ける側の資質に疑問を覚えることもあります。

私は父が弁護士をしていまして、その隣で事務所を始めたという事情ですぐに開業できたのですが、そのため、隣の父の法律事務所に行く依頼者の「前提の相談」といった相談をよく受けます。その場合に、これは私の仕事として相談を受けているのか、父の仕事の前提としての相談を受けているのかと悩むこともあって、このあたりは他の方にはない特有の問題かもしれません。本日は、よろしくお願いいたします。

【稲村】 ありがとうございました。

そもそも、司法書士業務において、「法律相談」が定義されたのは、平成14年司法書士法改正による簡裁代理権付与の際で、その時に初めて司法書士法上に「相談」という言葉が入りました。平成14年法改正以前には、相談という言葉が職務規定上ありませんでした。そのため当時には、職務の前段階でその相談を受けてもよいのかどうかということ自体がそもそも問題になっていました。この問題に対し、依頼者から仕事を受けるにもかかわらず、相談なしに業務はできないではないかという声がありました。一方でそのようにとらえると、相談を受けても職務にならなかった場合、つまり相談だけで終わってしまった場合に、単独の業務として成り立つかが問題となりました。「法律相談」をめぐってはこうしたことでさえ明らかではなかった時代があったのです。

平成14年司法書士法改正は、事前相談が職務として認められたという極めて画期的な内容であったという評価があると同時に、「簡裁代理業務としての相談」と「書類作成業務としての相談」は、質が違うものではないのかという問題提起が弁護士業界から出されました。この問題は特に法テラスにおいて、司法書士による法律相談援助は簡裁代理の範囲のみに限定して認められるという法律扶助対象業務の差異という形となって表面化しており、司法書士からみれば矛盾に満ちた取扱いがなされているという現状があります。

これら、法律相談をめぐる問題に対して考える際には、「われわれ司法書士が困るという視点」ではなく、司法書士による法律相談が制約されることによって「市民が困る」という視点で考える必要があります。現実に法テラス現場からも、「司法書士に対してどのような相談を回せばよいのか」と迷っている現状がある旨報告がきています。それでも、弁護士はあまり受けないヤミ金融問題や生活保護申請同行支援等にかかわる相談については、現実に法テラスより司法書士会に回ってきており対応しています。司法書士が自らの業務範囲内で対応し依頼者にも満足いただいたにもかかわらず法テラスの相談援助の対象にならない、こうした状況は、社会として不可思議な話であり、矛盾であろうと思います。

前述した法テラスをめぐる民事法律扶助の差異は一例ですが、本座談会では第1に、「法律相談」業務をめぐる制度的な問題点、すなわち、このような弁護士会等との間でなされている職能団体間

稲村　厚氏

1 はじめに──自己紹介・問題意識──

仁木恒夫氏

の職域問題により、市民の司法アクセスが阻害されている点について、議論していきたい思います。

また、第2に、「法律相談の質」という問題についてもふれていきたいと思います。つまり、「質」ということを考えるにあたって、そもそも法律相談の中身が、一体どのようなものであるかという点については、実はブラックボックスであり、あまり明らかになっていない感を受けます。この問題については、せいぜいここ20、30年の間にようやく議論がされ始めたところです。ですから現在、弁護士・司法書士は法律相談の方法論すら明らかにされないまま、専門職として、市民からお金をいただいているのです。

以上のように、本日は法律相談をめぐる議論の歴史を振り返りながら、さらに議論を深めていきたいと思っています。

それでは、引き続いて、本日ご参加いただいております研究者の方々からもご発言をお願いいたします。

【仁木】 大阪大学の仁木と申します。今日はどうぞよろしくお願いいたします。本日の座談会のキーワードである「司法書士」と「法律相談」ですが、この二つのどちらにも関心をもって研究に取り組ませていただいております。

まず「司法書士」については、特定領域研究「法化社会における紛争処理と民事司法」という共同研究において司法書士の調査研究を担当させていただいたことをきっかけとして、司法書士について少し勉強させていただく機会が増えました。現在は、「高齢被害者救済のための公私協働型リーガル・ネットワークの研究」という共同研究でやはり司法書士の調査研究を主に担当させていただいております。その成果の一部を本誌にも掲載させていただいております（Ⅵ（165頁）参照）。

「法律相談」については、もともと弁護士の依頼者への接し方に関心をもっており、弁護士と依頼者との相互作用について少しばかり研究をしてまいりましたが、2007（平成19）年に日弁連の法律相談センター全国調査にかかわらせていただく機会を得て、俯瞰した司法政策的視点からの関心を高めております。司法書士による法的サービス提供のあり方は弁護士のそれと密接に関係しているので、弁護士について考えてきたことは、司法書士の問題を考えるうえでの座標軸の一つになるのではないかと思っております。

私は、これまで主に法社会学的な方法で司法書士の問題にアプローチしてまいりましたが、今日は歴史的なお話も先生方からお教えいただけるということですので、楽しみにしております。どうぞよろしくお願いいたします。

【大出】 東京経済大学の大出です。私の専門はそもそも刑事で、司法書士の方々との関係は、「司法書士制度の歴史」というところでいろいろと勉強させていただくということからお付合いをいただいています。その中で考えてきたこととの関係でいえば、司法書士も含めての日本の法律家が、本当のところ市民の法的ニーズにどう応えてきたのか、現に応えているのかということに関心があり

大出良知氏

III 司法書士の「法律相談」業務

ます。平成14年に司法書士に簡裁代理権等が付与されることになった司法制度改革も、そういった点にどこまでどう応えようとしたのか、応えられているのかということが一番の問題だと思います。そのような観点で、法律家へのアクセスの拡充という問題を考えたとき、まずは、法律相談というところから始まるということになると思います。

つまり、市民にしてみれば、それが法律問題なのかどうかということも含めて、ともかくどこかで相談することによって、はじめて問題について認識を深めることもできるし、それを訴訟として依頼するのか、自分で本人訴訟をやるのかというようなことも含めて発展していくということになるわけですから、そういう意味で、私としては実際に司法書士の方々が、法律相談という場面でどのように対応をされているのか、その中でどういう問題が発生してきているのかということを、具体的にぜひお教えをいただきたいと思います。

そのことが明らかにされることによって、今もお話がありましたけれども、歴史的にいえば、まさに「後追い」で整えられてきた法律的枠組みというものがもっている問題性というのも明らかになるでしょう。まさに実態から、法律相談というものの必要性なり、あり方とかということとの関係で、法的枠組みのあり方ということも考えてみる必要があるだろうと考えているところですので、ぜひいろいろと実情についてお教えをいただければと思っております。

【稲村】 ありがとうございました。皆さんの問題関心を確認することができました。いよいよ、座談会の本題に入っていきたいと思います。

2 制度から考える「法律相談」業務

(1) 沿革

【稲村】 まず、これから議論していく「法律相談」とは一体何であるかにつき、明らかにしておきたいと思います。

司法書士法上、司法書士の職務としての法律相談と、法律事務の前提としての法律相談につき、そもそもこのすみ分けが必要なのか、そうではないのかということも含めて、議論したいと思います。

まずはこの点につき、先ほど小澤さんから歴史的な流れも含めて少々お話しいただきましたけども、より詳しく、どのような変化があったのか、あるいは今、何が問題となっているかにつきお話しください。

【小澤】 2002(平成14)年の司法書士法改正前は、先ほど稲村さんからお話がありましたが、法文上に相談という業務が明定されていなかったのですが、裁判所に提出する書類作成業務の前提として、というのも、相談なしに書類作成を行うというのはあり得ないので、当然どの司法書士も、事実上やってきたという経緯があります。

実際、日司連の定時総会などでは、当然、書類作成業務の前提としての法律相談はできるというように確認はされていたはずで、当時の総会資料・議事録などを確認すればわかると思います。ところが、平成14年司法書士法改正の時の解説である、小林昭彦＝河合芳光『注釈司法書士法〔第三版〕』45頁以下、118頁以下には、訴額が140万円以内の法律相談はいわゆる「一般法律相談」であり、弁護士と同様だと書かれている一方で、書類作成業務については、例の高松高裁判決（高松高判昭54・6・11判時946号129頁。判決抜粋は後掲((資料3) 80頁参照)を引用した形で、整序的な相談にとどまるといった書かれ方がされています。そのため、訴額が140万円を超えるか超えないかということによってできることが全然異なるというように、理解をされるようになってしまったということが、まず問題なのだろうというように思っています。ただ、そこは岡住さんに言わせると、違うということになるのでしょう。

(A) 高松高裁判決

【岡住】 法律が司法書士の相談を5号相談・7号相談の二つに分けているということは、それは当然同じではないから分けているということなのでしょうが、ただ、現実の局面に即していうとどうなのでしょうか。すでに話にあがりましたが、司法書士の法律実務の範囲をめぐってよく引用される高松高裁判決では、「国民一般として持つべき法

2　制度から考える「法律相談」業務

律知識」かどうか、「法律常識的な知識に基く整序的な事項」かどうかといったポイントで判断するとしていますよね。この言葉をもっと実質的に考えてみる。「法律常識」とは何だろうと考えたときに、「法律の条文」は絶対に法律常識ですよね。条文が法律の常識に含まれないようでは逆に困ります。それから最高裁判例も、これはわが国の法解釈の最高峰ですからやはり法律常識だと思うのです。一方、下級審の判例であれ、一般に公表されているものである限りは、国民は誰でも利用していいものであって、これも法律常識に含まれるだろうと思います。では、法律に関する書籍や、そこに書かれている学説も、高い書籍もあるし貴重な書籍もあるかもしれませんが、一般的に国民が入手できるものである限りは、もちろん国民が利用して悪いわけではありませんから、これも法律常識に含まれるというように考えていくと、高松高裁判決がいう「国民一般として持つべき法律知識」に「基く整序的な事項」といっても、実際には非常に広範なものになるだろうと思っています。

そもそも、法律は「常識の学問」だといわれているわけで、そうなると逆に「常識ではない法律知識」とは一体何なのだろうということになりますよね。これに対しては、「そんなものはまずないだろう」というのが私の考えなのです。その意味でいうと、たしかに理念的には司法書士の相談には二つの種類があるのだろうけれども、現実問題として、その二つの間に大きな溝はないのではないかと、正直なところ思っています。

【小澤】　その点を、今、岡住さんがおっしゃられたような趣旨のことを、日司連の執務問題検討委員会としても「月報司法書士」に見解としてあげています（注1）。

【稲村】　必ずしも、高松高裁判決については、今まで司法書士会の中ではあまり高い評価を得ていなかった。だが、よくよく読み返してみれば、「法律常識」の範囲という観点から結構いけるじゃないかということでしょうか。

【岡住】　逆手にとってもいいのではないかと思うのです。

【稲村】　なるほど、高松高裁判決を逆手にとって司法書士の法律相談の論拠としてもいいのではないかという話ですね。

【岡住】　日弁連も、高松高裁判決に依拠して論陣を張っていたりしますからね。

(B)　民事法律扶助法

【稲村】　さて、2002年の司法書士法改正によって、司法書士の法律相談は大きな変化をみせるわけですが、実は、その改正前に、民事法律扶助法ができたんですよね。

【小澤】　司法書士法改正の2年前、2000（平成12）年のことですね。

【稲村】　そこで初めて司法書士の書類作成業務が法テラスの業務として認められました。

【小澤】　そうですね。

【稲村】　この民事法律扶助法によって、司法書士の書類作成業務は、弁護士のそれと全く同一のものであると認められたといえます。評価として同一である証に、同業務につき民事法律扶助を申請すると弁護士と全く同じ金額が支払われる。司法書士の書類作成業務であろうが、弁護士の書類作成業務であろうが、作成される書類自体に全く区別はないわけです。

【岡住】　書類作成業務に、弁護士、司法書士の区分けはないですよね。

【稲村】　区分けはありません。

【小澤】　そうです、ありません。

【稲村】　民事法律扶助の対象となる書類作成業務の担い手として司法書士が認められたわけです。ですが、一方でその時点では、財団法人法律扶助協会（当時）による扶助の対象となる法律相談には、司法書士の相談援助はいっさい認められていなかった。その後、後述することになる平成14年の司法書士法改正がなされるとともに、法テラスができ、財団法人法律扶助協会から民事法律扶助が引き継がれ、その法テラスの相談援助として、司法書士の相談援助は簡裁代理の範囲にだけ認められました。

こうして時系列にして眺めてみると、法テラスがかかわることになったことから、余計に司法書士の法律相談が枠にはまってしまったというイメ

ージを私はずっと持ち続けています。本書の中で、論考（Ⅴ4（158頁）参照）としても取り上げておりますが、私が法テラスにこだわっているのは、本来、司法アクセスを拡充するためにつくられた法テラスというしくみが、司法書士というアクセスポイントに限っていえば、その活動範囲を縮めている感じがしているからです。

【小澤】 法テラスの存在が司法の担い手から司法書士を疎外しているということでしょうか。

【稲村】 そうです。まさに、疎外しているという感じを受けています。

【小澤】 法テラスの存在という観点からいうと、例の訴額140万円の範囲か範囲外かというところの振り分け基準が、法テラスというのは「合算説」ですよね。債権者がたとえば3者あって、50万円ずつだったら3者で150万円だから弁護士さんでしょうという、こういう振り分け基準を中央で採用していましたからね。たしかに稲村さんのおっしゃる趣旨はあると思います。ちょっと違う話ではありますが。

(C) 平成14年司法書士法改正

(資料1) 司法書士法（抄）

(業務)
第3条 司法書士は、この法律の定めるところにより、他人の依頼を受けて、次に掲げる事務を行うことを業とする。
一 登記又は供託に関する手続について代理すること。
二 法務局又は地方法務局に提出し、又は提供する書類又は電磁的記録（電子的方式、磁気的方式その他人の知覚によっては認識することができない方式で作られる記録であつて、電子計算機による情報処理の用に供されるものをいう。第4号において同じ。）を作成すること。ただし、同号に掲げる事務を除く。
三 法務局又は地方法務局の長に対する登記又は供託に関する審査請求の手続について代理すること。
四 裁判所若しくは検察庁に提出する書類又は筆界特定の手続（不動産登記法（平成16年法律第123号）第6章第2節の規定による筆界特定の手続又は筆界特定の申請の却下に関する審査請求の手続をいう。第8号において同じ。）において法務局若しくは地方法務局に提出し若しくは提供する書類若しくは電磁的記録を作成すること。
五 前各号の事務について相談に応ずること。
六 《略》
七 民事、に関する紛争（簡易裁判所における民事訴訟法の規定による訴訟手続の対象となるものに限る。）であつて紛争の目的の価額が裁判所法第33条第1項第1号に定める額を超えないものについて、相談に応じ、又は仲裁事件の手続若しくは裁判外の和解について代理すること。

（以下、略）

【野中】 今、岡住さん・小澤さんが言っていた、まさにそのとおりで、5号相談・7号相談の中身に関して、明確に区別を付けるということは、現実として無理なのだと思います。ですが、概念上、明確に法律上分けられてしまったというところが、一番大きな問題ということだと思います。

司法書士が業務についての相談を受けることに関しては、法律に「相談」という文言があろうがなかろうが、当然にできるというのが前提です。平成14年の改正の際、簡裁代理権が認められる、さらには裁判外の和解の代理権も認められるようになるということが明らかになってきたあたりの段階で、特に業界としては昔から相談というのを明示しようという流れはあったと思うんですが、やはりその時も相談というのを特に法律上明示したいということを、司法書士側が運動としていってきた。それによって、相談ということが法文上明示されたのですけれども、その法律のしくみとして、結果的には司法書士法3条1項5号と同条1項7号という二つの「相談」に区別されてしまったというのが大きな問題です。

そもそも法律相談というのは、弁護士法上も、法律相談が弁護士の業務だということは、直接は規定されていない事項であって、実際には弁護士法では弁護士法74条で、弁護士でない者は、利益を得る目的で、法律相談その他法律事務を取り扱う旨の標示、または記載をしてはならないと規定されているにすぎない。司法書士法では、「法律相

2 制度から考える「法律相談」業務

談」という言葉は使われていない。「相談」とされているのですが、司法書士法3条1項5号の相談というのは、裁判書類作成関係業務としての相談なので、書類作成についての相談、同項7号の相談については、民事に関する紛争についての相談と規定されてしまっている。ですので、紛争を前提としないような相談は、同法3条1項7号では認められていないということになっています。

さらに問題は、業務の制限についての司法書士法22条をみていくと、仮にA、B間の紛争に関して、Aから相談を受けたという場合に、司法書士がBからの相談を受けることができるかどうかということに関しては、Aから受けた相談が5号相談、書類作成に関する相談である場合については、同じ司法書士はBからの相談を受けることは禁止されていません。ですが、7号相談、Aから受けた相談が簡裁訴訟代理等関係業務についての相談だという場合に関しては、Aとの相談の程度が「信頼関係が形成されていると認められる場合」に関しては、Bからその相談を受けること自体が禁止されるということになってしまっていて、制度上、5号相談と7号相談というのがしっかりと分けられてしまっているというところが、現実問題として今の制度を前提とすると、大きな問題です。

ここを何とか解決しなければいけないと思うんですが、実際これから法律を改正する際に直していくというのは、非常に容易ではない問題がある。現時点ではこのように問題提起をさせていただきます。

(2) 弁護士法との関係

（資料2）　弁護士法（抄）

（業務）
（非弁護士の法律事務の取扱い等の禁止）
第72条　弁護士又は弁護士法人でない者は、報酬を得る目的で訴訟事件、非訟事件及び審査請求、異議申立て、再審査請求等行政庁に対する不服申立事件その他一般の法律事件に関して鑑定、代理、仲裁若しくは和解その他の法律事務を取り扱い、又はこれらの周旋をすることを業とすることができない。ただし、この法律又は他の法律に別段の定めがある場合は、この限りでない。

（非弁護士の虚偽標示等の禁止）
第74条　弁護士又は弁護士法人でない者は、弁護士又は法律事務所の標示又は記載をしてはならない。
2　弁護士でない者は、利益を得る目的で、法律相談その他法律事務を取り扱う旨の標示又は記載をしてはならない。
3　弁護士法人でない者は、その名称中に弁護士法人又はこれに類似する名称を用いてはならない。

(A) 書類作成の相談・法律相談の差異

【稲村】　1983（昭和58）年に「自由と正義」に掲載された、高橋悦夫弁護士の論考（注2）の中では、法律相談には鑑定は入らないとしています。そうだとすれば、「書類作成の相談」と「法律相談」の違いとはどのようなものなのでしょうか。

【小澤】　何でしょうかね。

【稲村】　私は、違いはないのではないかと考えています。

【小澤】　そうですね、ないですね。

【稲村】　高橋論考では法律相談に鑑定が入らない理由として、狭義には相談を担当する弁護士が、同事件につき、相談者が相談時点において他の弁護士を付けている可能性があるため、受任していない別の弁護士が相談にのって、鑑定をするのはよくないとし、広義には通常の程度を越える指導・助言は鑑定に属すから行えないとしています。そのため、現在も日弁連の認識としてこの論考の内容が維持されているのかどうかという点が問題となりますが、今、日弁連・日司連をはじめとしてさまざまなところで議論されている法律相談につき、その内容の範囲に「鑑定」も当然入っているものとされているような感を受けます。

【小澤】　入っていましたね。

【稲村】　ですが、この主張は論理的には崩壊するものではないかと思います。

【荻原】　現弁護士法72条ないし74条の基は1933（昭和8）年に制定された「法律事務取扱ノ取締ニ関スル法律」ですが、昭和5年に司法省により示された原案には「鑑定」は入っていません。ですが、当時の弁護士会の強い反発もあり、帝国

III 司法書士の「法律相談」業務

議会の審議により修正され、禁止事項に「鑑定」が加わりました。私は、この「鑑定」の中に弁護士による「法律相談」が含まれていると解釈していたのですが、入らないとなるとそもそも鑑定とはどういったものか疑問がわきます。これら、「法律相談」や「鑑定」については、言葉の問題ですからさまざまな解釈等があるかと思いますが、司法書士のほうでも、弁護士法につき解釈等を行ってみてはいかがでしょうか。たとえば、日司連版『条解弁護士法』等として。

【稲村】 さて、私が法律相談の中に「鑑定」が入らないと考える理由は、法律相談の内容には濃淡があり、どのあたりを射程としてとらえて議論するかによって全然中身が違ってくると考えるからです。現在、弁護士会でなされている議論では、業務内容がそれぞれかなり密接していて、あたかも「代理業務」=「法律相談」になっているような気がします。ですが、必ずしも実際の実務場面における相談はそうではないですよね。代理や書類作成などの受任を前提としない法律相談であれば、やはり鑑定を含めるべきではないと思います。高橋論考を読む限りではそのように思います。

【荻原】 その点に続きますが、弁護士法74条2項にある利益を得る目的で、法律相談を取り扱う旨の標示を禁止するという規定ですが、これは戦前にはなかったですよね。法律事務取扱ノ取締ニ関スル法律にはなかったものを戦後、弁護士法74条2項として入れたということだと思いますが、その経緯というのはどういったものだったのでしょうか。

文言として、「法律相談その他法律事務を取り扱う旨の標示又は記載をしてはならない」としていますが、「法律相談その他法律事務を」につき、法律用語から考えると、「その他」としていますから、「その他の」とは異なり、並列的な表現ということになると思います。そう考えたときに、同規定が盛り込まれた当時、ひょっとすると、法律相談そのものを72条で示している法律事務だとは認識していなかったのではないかと考えられます。歴史的な事実がわからないので、あくまでも推論となりますが、先ほどのお話と重ねて、もし「鑑定」について、法律相談に含まないという話になると、しっくりくるところがあります。というのも、前述のように、「その他」と「その他の」を区別して考えると、弁護士法72条は「鑑定、代理、仲裁若しくは和解その他の法律事務を取り扱い」として、「その他の」と一緒に、「鑑定」、「代理」、「仲裁」、「和解」を法律事務として考えて使っているということになります。ただ、74条2項については、「その他法律事務」としていますから、法律相談とその他法律事務は分けられた別のものということになるため話の整合がとれてきますが、そうすると、やはり規定された当時には何か理由があったのかなというような思いがしてきます。

【岡住】 法律相談の機能といいますか、現実に果たしている役割を考えると、私は「鑑定を含まない」というのは少しナンセンスではないかなという気がします。というのは、やはり相談に来る依頼者の最大の関心は、こういう事案で勝てますか、勝てませんかというところにあると思うからです。

【小澤】 「勝てるか」、「負けるか」というところにありますよね。

【岡住】 さらに言えば、勝てるとしたらいくらもらえますか、負けるとしたらいくらとられますかというところに、やはり、かなりの関心があると思います。しかし、「これはあくまで相談だから、一般論は答えられるけれども、あなたの事件について鑑定するのは困難です。それは法律相談に入りません」ということになると、はたしてそれは現実的なのか。私の率直な感想として感じるところです。

【稲村】 私としては、そもそも法律相談の範疇をどこまでとして議論しているかを明らかにしないとまずいと思います。というのも、その範囲がばらばらの状態では議論にならないでしょう。現在、法律相談には当然に鑑定が入っているとして暗黙の了解ができてしまっているように感じますが、やはり、相談もあると思います。

【大出】 弁護士法の条文をみる限りでは、法律相談に鑑定は入っていないと読めることになりそうですね。同法72条のところであげられている法律

2　制度から考える「法律相談」業務

事務が、同法74条でいうところの法律事務になっているわけでしょう。そちらのほうに鑑定が入っているわけであって、法律相談その他法律事務というようにわざわざいっているわけですから、法律相談の中には鑑定は入っていないというつくりにはなっている。この条文でいくと。そのように読もうと思えば読めるということですかね。

【稲村】　私は、その点につき押していくべきだと思います。そこで鑑定が入らなければ法律相談と鑑定は別ということになりますよね。

【大出】　それが、岡住さんが言われたように、それでいいのかという問題ではないですか。

【小澤】　なるほど、そういうわけですね。

【稲村】　たとえば、法テラスで行っている法律相談は、いわば市民と司法とをつなぐ役割を担っているといえます。これを、まさに司法アクセスとしての法律相談だと位置づけるのであれば、鑑定がなくてもよいということになりますよね。

【荻原】　分けて考えられるものということではないでしょうか。法律相談は法律相談でやって、鑑定も含んでいるケースと、単なる情報提供で終わるようなケースがあって、鑑定が絶対に含まれていなければ法律相談ではないかというと、そうではないということでしょうか。

【小澤】　それは違うでしょうね。

【荻原】　やはりそもそも法律相談というものが単体であって、それに加えて鑑定を求められるもの、必要になるものについてはそれぞれ鑑定するということですね。

【稲村】　つまり、鑑定という言葉についてもまた定義する必要がありますが、ここでいう鑑定とは、実際の案件として、どの程度勝つ、または負ける確率があるかということまで立ち入って検討するかという話であって、それによって訴訟したほうがいい等といった判断になるかと思います。一方で鑑定が入らないのであれば、法律相談は書類作成相談と大して変わらないものと思います。

【荻原】　であるならば、鑑定は法律事務だとしても、その前提としてある法律相談は、別に法律事務ではないという考え方も成り立つのではないでしょうか。もちろん弁護士法74条があるから、われわれ司法書士が法律相談だとして名乗ることはできませんが、「司法書士相談」だったり、「法務相談」等として標示すれば行えるでしょう。

【大出】　司法書士法自体、同法3条5号にしても同条7号にしても、「相談」としかいっていないということは、そういうことではないのですか。法律相談と書いていないというのは、つまり弁護士法でいうところの法律相談とは違うんだというニュアンスなんでしょう。違うのですか。

【荻原】　そのように考えたとき、司法書士法3条7号の相談自体、われわれは「法律相談」として呼ばないほうがよいのでしょうか。

【稲村】　ところが、いつの間にか、この相談を誰かが「法律相談」だと呼んでいる現状があります。

【大出】　そうだとすれば、同法3条1項7号にたとえば鑑定が入り込むということはありうるわけですよね。弁護士法72条で、鑑定を法律相談に含まないというようなことになっているといったからといって、相談には鑑定だって含まれるということがあるじゃないかという議論は、形式的な議論として十分ありうる話ですね。解釈的には。

【小澤】　司法書士相談の定義を司法書士サイドでしてしまってはということですか。

【大出】　そうです。この司法書士法3条7号の相談というのは、弁護士法74条でいうところの相談とは違うのだと。

【荻原】　そうすると、140万円以内の事件については、鑑定ができるといった話になりますね。

【大出】　逆にいうと、弁護士法72条が法律事務についての定義をしてしまっているものだから、それとの関係で、同法74条で法律相談というものと法律事務との関係を明らかにする必要があって、同条2項があるのだと思います。だけれども、司法書士法では、そういう区分けをしないでいっているため、司法書士法3条7号の相談については、いってみれば訴額との関係での制約は一見あるけれども、その範囲であれば、何でも相談に応じられるんだという解釈はありうるのではないですか。解釈としてはね。

ただ、そのときに、裁判所法との関係の140万円というものの制約をどのようにみるかが問題にな

III 司法書士の「法律相談」業務

ります。さっき言ったように、結局事件が終わらなければわからないのだからという議論は当然ありうるわけだから、そうだとすれば幅は広いものとして理解することができるという話にならないですか。

【稲村】 私は、法テラスの法律援助が認められるかそうではないかという話だと思います。われわれが根拠をちゃんと示していって認められれば、結果として司法アクセスが広がり、弁護士の仕事だって増えるはずだと思います。われわれ司法書士が無理して弁護士の仕事をやるわけではありませんから、そこのところをもう少ししつこくといいますか、しっかりと検討していく必要があると思います。

【大出】 そのときに、実際上こういう相談がきていて、これでやっぱり報酬が必要なんだということを、ちゃんといえるかどうかですね。結局司法書士のところに来て、ちゃんと法テラスから報酬が出ないと、その相談に応じられないというような形での相談事案がどういう形で実態として存在しているのかということが示されないと、やはりだめだと思いますね。これだけの需要があるし、法テラスが対応しないというのは、国民に対する背信なのだということがいえるよう具体的な事例をぜひあげてほしいです。

実態が法的枠組みを越えていくということは、いくらでもありうることですから。

Ⓑ 徳島事件・山口事件

【稲村】 司法書士の法律相談について、これまで徳島事件と山口事件（注3）という二つの事件があり、司法書士界がそれらを乗り越えてきたということを、もう少しわれわれは認識したほうがよいと思いますので、少しここで紹介したいと思います。徳島事件は、徳島県司法書士会が行った無料法律相談会に対し、1995（平成7）年に徳島弁護士会から下記の警告書（資料4）として、82頁以下全文掲載）が同司法書士会に対して発せられた事件です

【小澤】 警告書ですね。

【稲村】 この事件につき、若い方はご存知ですかね。

【小澤】 知らないのではないでしょうか

【稲村】 たしかに、知らないかもしれない。これはそもそもまだ簡裁代理権を司法書士が取得する前の話でしたからね。

この事件があった1997（平成9）年当時、司法書士界では、青年司法書士協議会を中心に各地で無料法律相談、ことに多重債務相談をやっていました。いわゆるクレサラ相談です。徳島県司法書士会は、このクレサラ問題に特化した法律相談センターを全国に先駆けて、同会本会が設立運営するという非常に画期的な活動を始めました。同センターは、大々的に地方新聞で取り上げられて、スタートしました。ですが、この警告書が弁護士会から出され、結果は、徳島県司法書士会の会長が辞任し、センターは閉鎖されました。

【小澤】 結論はそうでしたね。

【稲村】 その後、山口県でも同じように、山口県司法書士会が無料法律相談センターを1999（平成11）年に開設、常設しました。すると同年、山口県弁護士会から、徳島事件と同様に警告が発せられました（山口事件）。ですが、山口県司法書士会は、粘りに粘って、何が問題なのか、山口県弁護士会と協議の場をつくり、話合いを行いつつ、その間はセンターを閉鎖せず、相談活動を継続しました。その後、司法制度改革の議論が始まるとともに、平成14年司法書士法改正の議論もあったため、結果的にはうやむやになりました。

司法制度改革の議論の中で、一気に風向きが変わったため、うやむやになり、結局、現在も上記のセンターは存在しているわけです。

【小澤】 なるほど。両事件の結末の差異はそのタイミングですか。

【稲村】 どう評価するかという問題はありますが、やはり社会が変えたというところもあると思います。弁護士会がこれらの事件で行った警告で言っている主張の一つには、不当誘致への警告といったニュアンスもかなり強くあると考えています。ですが、ここでも「法律相談とは何か」という点については明確にされずに終わっています。

平成14年司法書士法改正当時、私としては、このような事件があったことから、「相談」という文言が司法書士法上明確に入ったことに対し、大変評価はしていました。ですが、たしかに野中さんが言われるように、一方で縛られている部分もあって、今となっては同法改正につき、どのように評価するのかにつき、考えなければいけないと思い始めました。

（注1） 日司連執務問題検討委員会「司法書士の裁判書類作成業務のあり方とその内実を考える」月報司法書士499号51頁以下。
（注2） 高橋悦夫「法律相談における弁護士の倫理と心得」自由と正義34巻12号9～18頁。
（注3） 林萬守「法律相談事業～山口県会の場合～——弁護士会からの事業中止要請を受けて——」月報全青司232号6～8頁。

3　内容・質から考える「法律相談」業務

(1)　法律相談の現場

【大出】 今のお話をうかがっていると、先ほどちょっと私が話したことにもかかわるのですけれども、和歌山地方裁判所の1審の判決（注4）にしてみても、結局、司法書士の方々の仕事というものについて、裁判所がどういうかというときには、当然、制度的な枠組みを前提にするということにならざるを得ないといえば、そうなるわけです。ですから、説明のための説明になってしまっている。でも、先ほどからのお話をうかがっていると、そのような説明では説明のつかない実態があって、訴額等の区別のしようがないという形で、現実に事件は依頼者からくるわけですよね。そのことをもう少し皆さんから具体的に、ぜひうかがったほうがいいのではないかと思います。本当にそれで法的な枠組みが妥当するのかということが、むしろ問題だという問題提起が必要なのではないかということです。

依頼者が窓口に来たときに、皆さん、そもそもどういうところから話が始まっているのかということを、具体的にぜひ紹介していただいたほうがいいと思うのですが。それで、最終的にそれはどのように皆さんが処置をしたのかということも、わかる範囲で教えていただけると非常にいいと思うのです。

【稲村】 そうですね、相談に至るまでの事情などによって、画一的ではありませんが、次のような事例がありました。

賃料の不払いを原因とした賃貸借契約解除に基づく貸室明渡事件ですが、この事件の訴額の算定は、当該貸室の固定資産税課税価格の半額となっています。私の事務所の地域の木造アパートに関しては、毎年数件は事件の依頼がありますので、経験則上ほとんど訴額が140万円以下でしたので、このケースでは油断していたのかもしれません。

仲介の不動産業者から相談があり、その時点ですでに司法書士の簡裁代理の範疇であると早合点していた私は、家主さんから委任を受けて私が代理でこの事件を処理していくことを提案しました。不動産業者は、早速家主さんの了解を取り付けてくれました。しかし、私が固定資産税評価証明を取得してみると、わずかながら訴額が140万円を超えることが判明、あわてて不動産業者と家主さんに再度、この事件をどのように進めるか、すなわち、家主さんの本人訴訟で私が支援していくか、知り合いの弁護士を紹介するか、ということについて相談することになりました。

結局、家主さんは高齢でとても自分で裁判を進めることはできないとのことでしたので、弁護士を紹介し、案件も解決することができました。しかし、途中で私が代理人としてこの事件を進めることができないことをお話しした時は、不動産仲介業者の方も家主さんも不満そうな応対でしたので、私にとっては、非常に後味が悪い事件として記憶にあります。

【小澤】 そういうことでしたら、よくあるパターンとして、次のような事例も考えられると思います。

一つ目は、これも建物の明渡請求に関する事件ですが、滞納家賃の額が140万円を超えている場合です。賃貸借契約を解除して明渡しを求める、これを裁判上で行うということであれば、滞納家賃の請求は付帯請求ということになりますので、建物の評価額が140万円を超えなければ、司法書士の代理権は認められます。しかし、裁判外で、滞納家賃のみを請求することは明らかに認められません。では、裁判外で、明渡しと滞納家賃の請求をしていくとなると、どう考えればいいのでしょうか。これが悩ましい。あくまで明渡しが主たる請求であるという理屈で、代理権は存在するというのが多くの司法書士の考え方でしょうが、全く問題なしといえるのかどうか、ということであります。

もう一つは、これも建物の明渡しに関する事件ですが、建物の価格が140万円だったとしても、駐車場も契約に含まれている場合、この駐車場の価格を加算した場合に140万円を超えてしまうという事案があります。この駐車場に放置された自動車が置かれていた場合には、執行を予定しなければなりませんが、そうでない場合に、駐車場のことを失念してしまい、後で慌てて対応する、そのようなことも意外に多くの司法書士が経験しているかもしれませんね。

【岡住】 ほかにも、いわゆる「過払い」事件、債務整理の案件でも、訴額が140万円以内の場合とそれを越える場合とがあるわけで、相談の段階では常に両方の可能性を説明するようにしています。ですが、ある事件で少し油断して140万円以内で代理することしか説明しないでいたところ、取引履歴の再計算の結果、140万円を超えてしまったことがあります。当初の聴き取りでは140万円超えないだろうとの見込みだったので、つい説明を省略してしまったのです。あわてて「140万円を超えるので代理できません、本人訴訟の支援ならできます」と説明したのですが、「話が違うじゃないですか」とやはり不信感を抱かれ、結局、弁護士に委任することになりました。本人訴訟でも十分可能な事案であり、その能力もある当事者だったので、最初からしっかりと説明していたら本人訴訟を選択するということになったのではないかと後悔した事例です。

(2) 実務における法律相談の特徴
(A) 弁護士相談との性質の差異から考える法律相談

【仁木】 たいへん興味深いお話でした。簡裁代理権をお持ちの方々については、140万円を境に、代理の場合と書面作成の場合とで制度的に分けられているということですよね。このこととの関係で、樫村志郎神戸大学教授の興味深いご指摘があります。

樫村教授は、法律相談での会話の記録から、「法律相談」という社会行為の規則を明らかにするご研究を多数公表されていますが、あるご論文の中で、「司法書士と依頼人との間の社会的関係は、弁護士と依頼人との間の社会的関係よりも、平等的である。司法書士の提供するサービスは弁護士のサービスと概括的に異なっている。これらの事情は、司法書士が行う法律相談を、弁護士の法律相談と、概括的に異なったものにしている」と述べています(注5)。つまり、司法書士の法律相談は弁護士の法律相談に比べて平等的な関係が反映されていると、司法書士が代理権を獲得される前の時期に提唱されています。そういうことが、司法書士の方々に実感としてあるのでしょうか。代理権があるとないとでは、相談のスタイルも質も変わってくるということがあるのでしょうか。この

3 内容・質から考える「法律相談」業務

点について、お教えいただけましたらと思います。

【大出】 それは司法書士というよりも、むしろ弁護士の法律相談の実情にかかわっているのではないですか。1994（平成6）年の話のようですから、弁護士の法的処理ということで考えられる方向に内容を固めることで相談をまとめていくというやり方になっているからではないですか。要件事実というようなこととの関係で。つまり、弁護士の業務のやり方というのは、依頼者の思いを汲い取るのではなくて、弁護士側の事情によって事件に枠をはめるということがみられたということではないですか。

それに対して司法書士の方々は、むしろ法律事務というようなことでの処理について、限界があるということもあるから、ちゃんと全部聞かざるを得ないし、聞いてどうするのかということを判断せざるを得ないという、そういうことだったというような感じがしますね。

【荻原】 先ほどの仁木さんの問題意識ですが、今なされた議論に加えて、平成14年司法書士法改正で2003（平成15）年に簡裁代理権が認められた後とそれ以前につき、司法書士自身に、変わった点があったかどうかというところも、提言されたかと思うのですが、その点はいかがでしょうか。

【仁木】 二つの重要な問題があると思います。一つは、大出さんがご指摘になった点です。法律家というのは、要件事実に紛争を切り詰めていくものだ、それに該当するものは入れるけども、そうでなければ重要ではないという扱いをされる。この要件効果の論理にあてはまるものを法律相談として考えることが適切かどうかという問題が一つあると思うのです。関連しますが、もう一つは、代理型関与と援助型関与の両方のサービス形態をもつ現在の司法書士の法律相談はどうなっているのか、司法書士法改正以前と以後で変化はあるのかという荻原さんのご指摘の問題です。

【稲村】 今までの弁護士がやってきた法律相談ではなく、違った形の法律相談というものを提示してもよいという意味合いでしょうか。

【仁木】 つまり、代理権が入ってきたことによって、代理を前提とした相談と、そうでない、書面作成を前提とした相談で、違いがあるんだろうかということだろうと思うんです。

(B) 書類作成業務における特徴

【小澤】 とりあえずの回答としては、あると思いますし、そうならざるを得ない部分はあると思います。やはり代理人として法廷に立てない、相手方と直接交渉ができないということになりますと、代理人として任せてくれればいいというようなことには当然ならないわけで、本人にやってもらうことがものすごく多いわけです。ですから、それは本当に丁寧に説明しなければならないですし本人の立場に立って考えてからメニューを提示するということは、皆さん、代理権取得前の本人訴訟支援の方はそういうふうにやっていたはずです。だから、ありうると思います。

【岡住】 先ほどの仁木さんの問題意識にかかわるかもしれませんが、本人訴訟を前提とするときは、プロセス（手続）の説明から話が始まるのです。たとえば、まずこのような手続をします、次はこのような手続をします、そのまた次にこのような手続をします、そうして最終的にはこうなるでしょうといった形にです。このプロセスの話をしておかないと、依頼者がそれに堪えうるのかどうかわからないという側面もあります。

だから、法律相談の話がプロセスから始まるというのは、大いに意義があると思います。しかし、司法書士が簡裁代理権を得て訴訟事件を受託した場合に、この手続的な面の話がすっ飛んでしまっている場合があります。訴訟の結論についてこうなるでしょう、依頼しますか、しませんかという

III 司法書士の「法律相談」業務

感じで、細かい手続の話が飛んでしまっているケースが結構あるのです。よろしくないことだと思います、これは。

【大出】 逆にいうと、今の代理権というようなことでも制約があるわけですし、本人訴訟でいくのか、それとも代理でいくのかということ自体も、話を聞いてみないと判断できないですよね。

【岡住】 本当はそうあるべきですね。

【大出】 そこのところで、まず瀬踏みをしなきゃいけない。そのためには、本人の対応能力も含めて、どちらでいく必要があるのか、合理的なのかというようなことについてということでいけば、それなりのヒアリングが必要になってくるわけですね。もう少し具体的なところで、皆さんが経験した例で何か、こういうことで相談ということで苦労したというようなことをお話いただけるとありがたいのですけれど。

【岡住】 今の問題関心からいうと、常にわれわれ司法書士は、本人の「能力の瀬踏み」をすることがあると思っています。これは弁護士さんには多分ないことだと思います。この人ははたして本人訴訟をやるときに、どこまでできるのだろうかというところを、いつもみている。結果的に140万円以内の事件の場合には、自分で代理できるからそれでいいやということになってしまう場合もあるけれども、入口の段階では、この人はどのくらい能力がある人で、どのくらい理解力があるか、あるいは発言ができるか、どのくらい客観的に説明をしたりできるかという、その瀬踏みをするというのは、いつでも意識にありますよね。

【大出】 それは、どういう観点からみるのかというようなことというのはありますか。

【岡住】 観点というと？

【大出】 つまり、能力の瀬踏みをするときに、法律家的なことをいえるということは想定できないわけですから、常識的な、本人が自分の問題をちゃんと説明できるかといったことでしょうか。

【岡住】 非常に感覚的な言葉になってしまうのですが、「ある程度説明できればそれでよし」というくらいですね、私の意識だと。それほど高度な能力は不要ですという感じですね。というのは、皆さん自分自身の問題なので、勢いでやってのけてしまうという部分があるのです。自分が今まさに悩んでいるわけですから。悩んでいて、自分がそこにかかわっている問題意識は強くもっています。時々、法廷へ行ってとんちんかんなことを言ってしまう人もいるのですが、そうではあっても、とんちんかんではない重要なことも、とんちんかんなことも変にしっかりと話せていたりします。ですから、そういう意味でいうと、それほど高度な能力は、私はなくても大丈夫だと思っています。

ただ、それでもどうしても不向きな方というのもいます。そういう人だけには、「残念ながらちょっと無理でしょう」と申し上げます。しかし、基本的には普通の人ならば大丈夫だと考えており、「例外的」に、この人はちょっと本人訴訟は無理かなという人に限って難しいという観点でみています。

【稲村】 大出さんの専門領域である刑事事件でたとえると、知的能力に問題がないか程度だと思います。それらにおいて問題がない、オーソドックスな人だということであれば、本人訴訟に十分取り組めるものとしてみると思います。

【大出】 たとえば刑事事件で被疑者と会ったときに、何をやったのということについて、本人がいろいろと説明してくれますよね。それで、その説明が事実なのかどうかといったことを確認していくわけですが、それと同じで、今のお話を聞いている限りでは、そのことが「法的にどういう意味をもっているか」というようなことではなく、ともかく「自分が何で困っているのかということを、本人がきちんと話してくれるかどうか」。少なくとも、こちらから一定のサポートがあれば、そのことについて何が問題かということがわかるような話を、しっかりとしてくれているかどうかということを確認するということでしょう。

【稲村】 そういうことですね。

【大出】 だとすれば、法律的な枠組みの中で整序しようというようなことではなく、まず本人がどういうことで困っているのかということをちゃんと聞くことからスタートせざるを得ない。

【稲村】 もちろんそうなります。

3　内容・質から考える「法律相談」業務

【大出】　ということですよね。そのことが非常に重要だということだと思います。そのことの意味というものがさっき言った、法的な枠組みの中にまずはめるというんじゃなくて、実態として依頼者が問題として抱えていることをちゃんと聴き取って、まず正確にそのことを聴き取るかどうかというようなところで始めるんだというようなことなわけですよね。それが法律相談の入口だという話で。今は比較的単純な話をうかがったというところもあるんだけども、そのあたりのところを、今出たさらにいろいろなバリエーションの中で、どういうふうに皆さんは経験されているのかということをもう少し具体的にうかがえると、非常にいいんじゃないかということなんですけどね。

【稲村】　大出さんのお話を聞き、思った点ですが、今までわれわれは、どうしても法律相談の範囲というと、法律相談の平面的な面積の話をしていたような感を受けますが、実際は平面のみではなく、加えて深さがあるため、下図のように立方体なのですよね。こうして立方体として法律相談を考えたときに、その範囲につき、どのあたりの範疇を指して法律相談といっているのかという議論をすべきだと、感覚としては感じてきました。

(C)　相談における法律整序の特徴

【稲村】　さて、先ほど関根さんが、実務において

（図１）　法律相談の範囲のイメージ

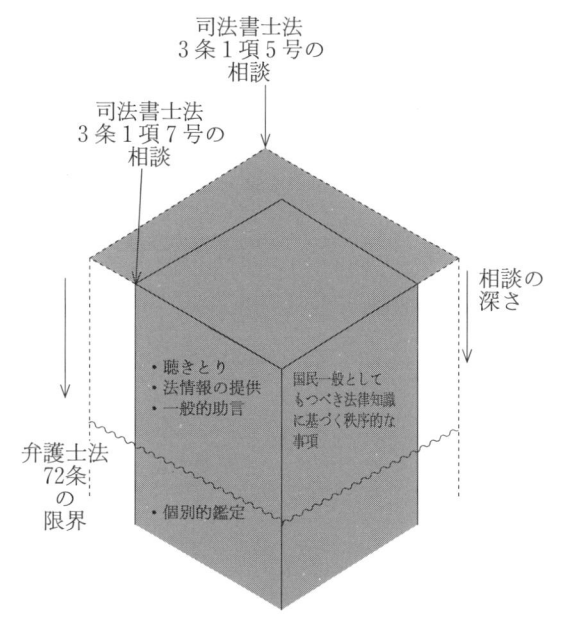

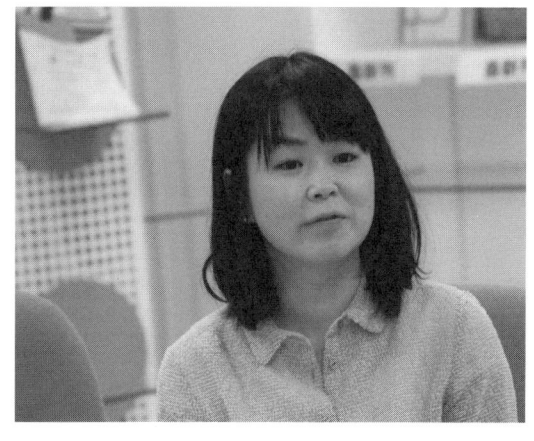

横に弁護士であるお父さんがいて、そのお父さんに事件を渡すにあたって、関根さんが相談者の話を聞き、整理をしているという話をされましたが、その点につきもう少し具体的に聞いてみたいと思います。

【関根】　たとえば、まず単純に父の相談の時間がとれないときに代わって相談を受けるといったことがあります。あとは予約の段階で、これは法律相談するべき問題なのかを知りたいという相談者もいます。一般の相談者にとってみた場合には、これは法律相談をしてよいのか悪いのかからわからないという方もいますから。あらかじめ私が聞いて、これは弁護士業務の範疇の相談だから、隣の法律事務所に予約をとってくださいと言うこともあります。

【小澤】　整序しているのですね。

【関根】　あと、地方議会議員の方とかですと、地域の名士ですから他人からいろいろな相談ごとをもちかけられ、それが法律にかかわることだと昔から父の事務所に持ち込まれていました。そういう議員さんも、これは家族の問題、親戚関係の問題、人間関係の問題などと問題を整理して、「こういう案件はストレートに弁護士さんを頼むとけんかになる」とか、「近所の人間関係が崩れてしまう」とか、自分なりのフィルターにかけて頼んできているようです。それで、最近はその判断を私に持ち込んでくることがあります。「これはお父さん（弁護士）に頼んだほうがいいのか、頼まないほうがいいのか」とか、そういう相談を受けたりします。

III 司法書士の「法律相談」業務

【稲村】 なるほどそういうことですね。今のお話は、比較的、司法書士ならばみなさん経験しているように感じますがいかがでしょうか。

【大出】 興味深いですね。

【荻原】 そうですね、法律事務所に所属している経験からいえば、弁護士のもとに寄せられる法律相談の数はすごく多いように感じます。最近は大分落ち着いてきましたが、一時期は本当に予約がとれないくらいに、ものすごい数の弁護士あての相談が寄せられていました。そういった状態であると、電話を受ける段階ですべてに相談の予約を入れてしまうと、本当に相談を必要としている方や緊急に対応が必要な方が相談できなくなってしまいますので、電話での受話段階で「前さばき」というものを必ず基本的にやっています。そうすることで、どのような相談であるか、また、単純な法情報の提供等の電話で済むようなものであればその場で無料にて済ませることができます。ですから、私も電話で相談者の話を聞くことが非常に多かったですし、ほかの事務員の方も、相談内容につきどのような内容のものかを確認したうえで、弁護士への相談として実際にふさわしいかどうかというか、また依頼者のためにもなるようであれば相談以外の方法等への案内をしています。きっと現実的には、こういった取扱いをどこの法律事務所もやっているものと思います。

司法書士事務所の場合には、弁護士事務所と比してそこまで法律相談は多くはないことから、比較的誰でも事務所へ来てもらっているのではないでしょうか。私は大体、誰にでも来てもらっています。資料等の裏づけがないので正確にはわかりませんが、司法書士事務所でも、相談数が多いところについては、上記のような取扱いをされているのではないかとの気もしますが、いかがでしょうか。

【小澤】 私の事務所でも、前さばきやっていますよ。

【荻原】 やっていますよね。小澤さんくらいの忙しい事務所であれば。

【岡住】 前さばきを小澤さんがやっているということですか。

【小澤】 研修生がやっています。

【岡住】 要するに、小澤さんに相談すべきかどうかを、誰かほかの方がさばいているということですか。

【小澤】 うちの事務所には研修生が二人いるので、資格をもっている者らが先に話を聞いて、その後、私にしっかりと報告をしてもらって、どうするか決めるということです。そのようなスタイルです。

【稲村】 「前さばき」という言葉が出ましたが、そのあたりのところを、法律相談とよぶのでしょうか。

【大出】 ということもありますよね。つまり、法律相談という概念自体が、先ほどからお話しになっているように、外延が必ずしも明確ではないわけですよね。一番広くとるとすれば、法律家が事件処理にあたって前提としなければいけないことすべてが相談事項に入ってくるわけでしょう。ですが事件によっては、人間関係など、つまり法的な問題を越えるところでの相談も聞かなければ、わからないわけですよね。当然、そこから聞いていくことによって、最終的な事件処理につなげていくというようなことは、いくらでもありうるわけですから。

【小澤】 あります。

【大出】 そういうことでいけば、法律相談かどうかという言い方自体も、あまり意味のない言い方だということにもなるわけですし、端的に相談として事件処理につながっていくことが全部、いわば法律相談であるわけですね。そのことも、実態としてぜひ確認したほうがいいという趣旨ではあります。

【荻原】 先ほど論点に出てきた弁護士法74条における定義づけのあいまいさではないですが、法律相談とは、弁護士が話を聞くことが法律相談だという程度の意味しかなく、その中身については定まっていないと感じます。そうすると、事実上は、「法律相談」という名称につき弁護士が独占使用しているだけであるというように思えます。

ですから、われわれも同じことをやっても、先ほどの論点であったように、「司法書士相談」なり

3 内容・質から考える「法律相談」業務

「司法相談」として行ってしまえばそれまでの話だというような割切り方も、やろうと思えばできますよね。

【稲村】 たぶん、歴史的にみると、1950年代の戦後復興が始まりつつある時代、その社会的な混乱の中で、このままではいけないという意識から一部の弁護士たちが法律相談をやり始め、社会全体へと広がっていったものと思います。その後、日本は高度経済成長を遂げたわけですが、それに伴って社会が複雑化するごとに、弁護士の数が少なくなり、弁護士以外のいろいろな専門家が現れ、何とかこなしてきたという実態があると思います。それらの弁護士以外の専門家がその事務をこなすだけではなく、社会的に相談を始め、どんどんと（法律相談とはよべないために）「法律相談的」なことが広がっていったのでしょう。そこで、いつの時代からか、弁護士業界が他の職種が行っている相談について問題にし始め、それが弁護士法の問題として俎上にのったというようなことが経緯であると思います。

この経緯につき、司法書士界にあてはめていえば、実は法律相談などを行っていたわけではなく、せいぜい登記相談程度を行っていたにすぎなかったところ、法律相談をどこかの時代から始めてきたわけですよね。

【大出】 そのあたりの歴史的な経緯を承知しているわけではないのですが、ただ、今のお話からすると、最初の時点では、社会的なレベルでふるい分けが行われて、ある部分については弁護士のほうに振っていくというようなことがあり、現に行政相談の窓口なんかはそういうことをやっていたわけですよね。相談内容が法的紛争だというようなことがはっきりして、法的な処理が必要だということになってくれば弁護士に流すけれども、そうでなければソーシャルワーカーに流したりするというようなことで対応するわけですから、相談を受けた時に相談を受けたことをもって報酬を得るというわけにはいかないという形でやっていたのではないでしょうか。本当は、その段階から法律家が関与するというようなことであれば、それに越したことはない。だが、アクセス可能性というようなことでいけば、それがないために、行政相談というような形でやって、必要であれば法律家へ流すというようなことになっていたというわけでしょう。それが法化社会というようなことになって、法的なアクセスをどう保障するかという話になったときには、第一次的に法律家のところへ行くということがあったとしてもいいわけですよね。

そういうことでの窓口というものを法律相談として位置づけるということになったときには、制度的な枠組みで切っていくという話ではないと思うのですが。

(D) 登記相談から始まる法律相談の特徴

【稲村】 最近の私の事務所の事例としては、近所の弁護士から、登記をやってくれという依頼があったわけです。この登記というのが、家族間の贈与に関するもので、ある男性から贈与税がかかってもいいから親に自宅を贈与したいというもので、その贈与の登記でした。弁護士に、その男性の贈与の理由を聞いたところ、借金があるので、贈与物である自宅は実際にはその男性のご家族の財産でもあるため、守るために贈与を行うということでした。

そして、その彼が、私の事務所へ来たので話をし、今どういう状況かと聞いたところ、実は失業していたんですよね。借金の話はわかったけども、では仕事の話はどうしているのかと聞いたところ、先の弁護士はそこのところまでは介入してなかったのです。ですが、問題は借金ではなく、彼の失業でしょうと僕は思ったので、再就職先につきどのようなところを、どういうように探しているのかといろいろ聞いたところ、やはりハローワーク等といった一般的な方法しか、思いあたっていなかったわけです。ところが現在の社会制度上、実際には就労に関してはいろいろとアドバイスしてくれる社会資源があるので、そういうところに行けばよいわけです。彼は、性格的には弱いけども、能力的にはある程度の人物でしたので、それらの団体へつなげたことで、すぐに就職ができ、元気に働けるようになりました。債務整理をやるとしても、あわてて登記を変える必要はなかった

III 司法書士の「法律相談」業務

のになと思ったという事例です。

彼の場合には、私の事務所で登記代理は受任しましたが、あとは就職相談のような形になりました。これも一種の法律相談ではないかと思っています。

【大出】 そのまま話を聞かないでいると、弁護士に言われたとおりの登記処理をして終わりにしてしまって、何のための登記整理だったかわからないという話になってしまうということですよね。

【稲村】 そうですね。それではその後、彼がどうなっていくのかという話にはなりませんね。

【仁木】 当事者からすれば、その後、自分の生活に戻って、また立ち上がっていくためには、法的な側面からのサポートもあるけれど、そうではない、いろいろな側面からのサポートが必要なわけですよね。そういうところも手当てしていくことが、実は法律家としては求められているのではないかと思うのですよね。

(3) 平成14年司法書士法改正に伴う法律相談現場への影響

【仁木】 もう一つ、気になることがあります。従前は代理権がないために依頼者と平等的な関係を築くことができたかもしれないけれども、現在、簡裁代理権獲得によって書面作成支援とは異なる側面が入ってきたことで相談の質を変えるということもあるのではないかということです。弁護士の相談を、何度か傍で見せていただいて、代理をまじめに考えるような場合には、依頼者はさまざまな人がいますので、人によってはむちゃなことを言ったり、重要な情報が本人からは語られず相手方から出てきたりして、対応も容易ではないように思います。そこでは司法書士も依頼者と緊張関係になるのではないのでしょうか。

書面というのは司法書士さんが前面にでるわけではないから、そういうあたりで一歩引いてかかわっておられたのが、自分が法廷に立って、あるいは法廷外でも相手方や裁判官と対面して裁判実務を遂行するとなると、そうはいかない場面がでてくるのではないのでしょうか。そういう面が、法律相談のあり方にも何か影響を及ぼすということはないのでしょうか。

【稲村】 なるほど、司法書士が書類作成者ではなく、代理人として法廷に出ていっていたところ、依頼者から知らされておらず自分が知らなかった情報につき、法廷ではじめて相手方からいわれ、後になって、依頼人との間で何でそのことを言ってくれなかったのかとトラブルになるという話ですか。

【仁木】 そういうこともあると思いますね。あるいは、むちゃなことを相談段階で言ってくる方を、どのようにして対応していくかという話ですね。書面を書けばいいという話ではなくなると、おそらくこのあたりでいろいろとトラブルになることがあるのではないかと想像するのですが。

【稲村】 可能性としてはあるかもしれないですね。

【荻原】 簡裁代理権を取得した直後の2003（平成15）年3月に大出さんも登壇いただいて八戸で行った第34回全青司全国大会のことだったかと思います。

パネルディスカッションに植田勝博弁護士が登壇され、「代理人とは、依頼者との関係においては、時には依頼者の人格すら破壊するくらいの対決も覚悟しやっていくものだ」という趣旨の発言をなされました。その際に、受講していた私たちは非常に違和感を覚えまして、「それは、これまでの弁護士の悪い事例であって、これまで司法書士が行ってきた本人と二人三脚で歩むという視点に立つことのほうが正しいんだ」と、非常に強く反発した覚えがあります。

ただ、たしかにこの十数年やってきた中で、人

3　内容・質から考える「法律相談」業務

格破壊とまではいわないものの、本当に依頼者と対決することにつき覚悟しなければいけない場合が時にはあり、その覚悟が逆にわれわれ司法書士にとって足りない部分なのかなとか思っています。もっともやはりそこばかりに引っ張られてしまうと、これまでの司法書士が培ってきた本人支援性といったものの良さが失われてしまうのではないか等ともいわれており、非常に個人的には悩むといいますか、まだまだ自分自身で立ち位置がしっかりとできておらず、ふらふらしているところがあるようにも感じているのが率直なところです。

【小澤】　仁木さんの言われることはすごくわかるのですが、書類作成援助だからといってそういうことがあり得ないかというと、必ずしもそうではないと思うのです。

本人訴訟支援の場合でも、先ほど仁木さんが言われたように、依頼人と意見が合わないことだって当然ありますし、後からぼんと事実が出てくることはやはりありますので、そこは代理だから、本人訴訟支援だからというところで、しっかり分かれるものではないと思います。

【岡住】　そうですね。訴訟代理と書類作成で少し温度差があるなというのは、自分自身でも少し感じるところです。

典型例でいうと、非常に軽微な不法行為で、本来損害賠償額は10万円以下だろうというような案件で、依頼者は100万円を請求してほしいという場合などがあげられます。依頼者が「俺は頭にきているんだ。だから絶対100万円請求したい」というようなときに、書類作成の場合は、「たぶん裁判所では認められないと思うよ」と言いながらも、すんなり100万円の訴状を書けた気がするのです。ですが、自分が代理するときには、やはり少し恥ずかしい。この内容で100万円の請求を出すのは恥ずかしいという場面があります。そういう意味でいうと、訴訟代理と書類作成では少し差が生じているかなと、自分自身を振り返ってみたときにありますね。代理する場合には、現実的な妥当性をより考えてしまうというようなところは、個人の経験としてあると思います。

【大出】　相談ということと直接かかわるかどうかとは思うのですが、つまり法律家として恥ずかしいかどうかということは、どういう判断なのでしょうか。たとえば今のでいえば、依頼者は怒っているわけでしょう。

私も、弁護士として最初に引き受けた民事事件が住宅紛争で、請求額をどうするかという話になったときに、たしか7000万円か何かで請求したんです。なぜかというと、基礎工事からしていい加減で建替えを要求しているわけですから、建替えにかかる費用につき建築士に見積もってもらったところ、今の相場でいったら7000万円くらいかかるというわけです。だから当然、本人もそれで請求を立ててくれと言いましたのでそうしたわけです。後で知人の弁護士にばかにされましたよ。そんなの、せいぜい500万円しか請求できないと。最終的には実は400万円の和解で決着したのですが、印紙代はかかったけれども、それで本人たちは納得しているわけです。だとすれば、この訴額をどうするかということについてのやりとりは、やはり相談だという話になるわけですし、それでいいということで本人が納得している以上、それで申し立てること自体は、法律家として何の恥ずかしいこともないと思いますけど。

【岡住】　大出さんにそう言われてみると、「代理だと恥ずかしくて100万円の請求はできない」というのは悪い羞恥心かもしれないと思えてきました。変に「専門家かぶれ」してしまっているという部分はあるかもしれないですね。

【稲村】　法律相談の中身、すなわち質の話となると、私個人としてはこだわりがあります。法律相談を通して私が最終的に求めているものは、依頼人と一緒に怒ったり、がっかりしたりすることで、そのプロセスをともにすることだと思っています。たとえば、7000万円の損害賠償請求を起こして、400万円で終わってしまった場合には、「残念だったね」といっしょに言えるかどうかだと思うのです。要するに、あまりプライドをもちすぎると、結局自分の判断が間違っていたこととなる。そうではなく、私の立場としては、「依頼人とともに旅する」存在でありたいと思っています。そう

III 司法書士の「法律相談」業務

いった立場があってはじめて、しっかりと法的な知識があり、訴訟もできて、その中で解決が図れるということになると思っています。

なお、私は南山大学大学院人間文化研究科教育ファシリテーション専攻での研究のテーマ（注6）が法律相談だったので、弁護士と司法書士の間における意識の差を調査し、数値を出しました。もともとは福祉職と法律職との差を調査することが目的でしたので、統計的には法律職との差は明らかになりました。相談者へのかかわり方に関して統計上の差とはいえませんでしたが、司法書士は弁護士よりも福祉職に近いという数値は出ています。n（調査総数）が少ないということはありますが一側面を表していると思います。

(注4) 和歌山地判平24・3・13。市民と法77号8頁以下に要旨。
(注5) 樫村志郎「『相談の語り』とその多様性」（和田仁孝＝樫村志郎＝阿部昌樹編『法社会学の可能性』229頁。
(注6) 稲村厚「対人支援職としての法律専門家——多重債務相談におけるクライアント中心アプローチの研究——」南山大学人間文化研究科教育ファシリテーション専攻修士論文。

4 市民の視点からみた「法律相談」業務の制度・内容

(1) 上田調査をきっかけに

【荻原】 今、法律相談における質をめぐるお話が出たので、その点に加えて平成24（2012）年に全国青年司法書士協議会にて行った上田調査の報告を含めて、お話ししてもよろしいでしょうか。

【稲村】 ぜひともお願いします。

【荻原】 上田調査では、サンプルが190件あったのですが、そのうち法律相談の経験そのものについて、無料法律相談の経験が「ある」と答えた方が30％で、高い割合でした。また、有料法律相談の経験割合も20％で、「どちらか忘れたけど経験がある」とした方が60％ということで、比較的多くの方が法律相談の経験があるとの結果がでました。ただ、これは法律相談といっても弁護士に限った話ではありませんので、ここに司法書士や、他の資格者のものも入っている可能性もあります。ただ、法律相談そのものは、上田市民によく利用されているということがこの率の高さからわかるものと思います。

ですが、問題があったのは、利用経験とあわせて行った同相談を経た後の満足度の結果についてです。回答件数は少ないのですが、無料法律相談に関する経験がある方の満足度は、「大変満足し

（図2） 法律相談経験の有無・満足度（上田調査結果）

	経験なし	経験あり	無回答
ア「無料」法律相談	130	56	4
イ「有料」法律相談	146	39	5
ウ どちらか忘れたが、経験がある		12	

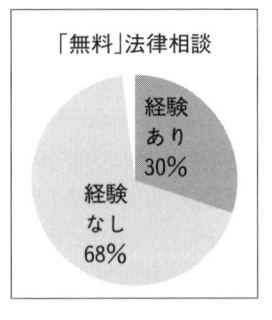

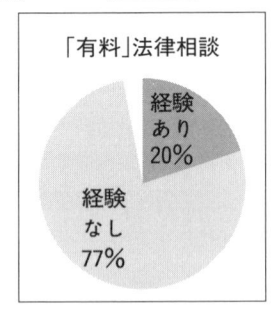

「無料」法律相談: 経験あり30%、経験なし68%
「有料」法律相談: 経験あり20%、経験なし77%

※経験がある場合の評価

	無料相談	有料相談
大変満足した	7	3
満足した	7	4
どちらともいえない	8	2
不満だった	14	12
大変不満だった	7	6
無回答	13	12
合計	56	39

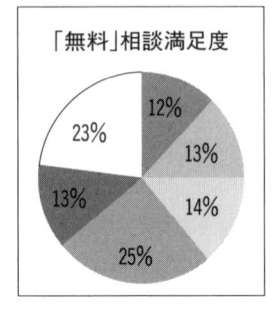

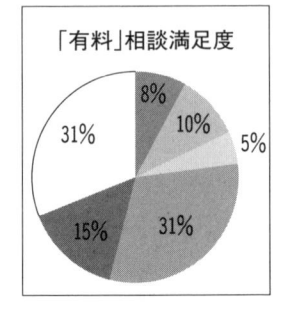

「無料」相談満足度: 12%、13%、14%、25%、13%、23%
「有料」相談満足度: 8%、10%、5%、31%、15%、31%

4　市民の視点からみた「法律相談業務」の制度・内容

た」、「満足した」、「どちらとも言えない」、「不満だった」、「大変不満だった」の5段階のうち、いわゆるポジティブな回答、「満足した」、「大変満足した」、これらが合わせて25%でした。対して有料法律相談のほうは18%でした。有料のほうが多少減っていますが、どちらにしてもこれらの数字はやはり非常に少ないと感じました。では、一方でネガティブなほう、「不満足だった」、「大変不満だった」、この二つの結果についてですが、これらを合わせた数は、無料法律相談だと39%で、有料法律相談では46%でした。

【仁木】　約半分ですか。

【荻原】　半分近くです。無回答がそれぞれ23%と31%とありますが、さらにそれらを除くと、それぞれ半分どころではない割合になり、市民が不満に感じているということがよくわかります。ですから、法律相談というものに対する中身に対しての市民の不満足感につき、利用の頻度が高く経験が高いにもかかわらず、がっかりされているということを踏まえ、われわれ司法書士も、その原因等をしっかりと考え、対応していくことが必要になるのではないかと思いました。

【大出】　この満足度の結果からは、どの資格者が相談に応じたかはわからないわけですよね。

【荻原】　そうですね。わかりません。また、先ほどの上田調査では、ほかにも別の設問、たとえば、無料法律相談を選択する理由や、そういったものについても確認しています。上田調査では、司法書士に対しても、市民と同様の調査を行ったわけですが、非常に興味深いというか、印象的だった

のが、無料法律相談を市民が選択する理由につき、市民がした回答と司法書士がした回答との差異でした。他設問についても同様に司法書士が回答していますが、司法書士の考えていることと市民が考えていることの間で一番大きく違ったのがこの項目でした。この設問は、要約すると、無料法律相談につきその趣旨は何かにつき「そう思う」、「どちらとも言えない」、「そうは思わない」の三択で回答する問いです。この趣旨につき一つの選択肢として、「社会正義の実現」というものつくりましたが、市民の側は、190人のうち62%である120人が、社会正義の実現のために無料法律相談があると考えているのに対し、司法書士は「そう思う」と答えているのが約40%です。市民が司法書士の認識よりも無料法律相談に対して高い期待をしていることがわかると思いますし、その裏返しとしての前記した不満足感というものがあるといえると思います。

では、無料法律相談に対し、司法書士が一番考えているのは、じゃあ何かということになるかと思いますが、「資格全体のイメージアップ」、これが73%でした。要は、司法書士の中では、市民への宣伝という位置づけでとらえられているということです。対して、市民のほうでは、47%という方々が「そう思う」と答えており、それはそれで多い数字ではありますが、無料法律相談の位置付けにつき司法書士が一番念頭においているのは、資格全体のイメージアップというのがわかり印象的でした。

【稲村】　なるほど。内部に問題があるということでしょうか。

(2)　コストに対する市民の意識

【大出】　先ほどの上田調査結果のうち、無料法律相談と有料法律相談との間にある依頼者満足度の差異についてですが、一般的にいわれていることでいくと、やはり有料相談のほうが満足を得られると思って行ったにもかかわらず、そうならなかったということになる。

【小澤】　だから不満足感が、逆に強くなってしまうのでしょうね。

【大出】　というのは当然あるのであって、しかも、

III 司法書士の「法律相談」業務

法律相談というときには、無料もそうかもしれないけど、大体30分刻みでしょう。

【小澤】　そうです。

【大出】　私なんかも弁護士登録したときに研修ということで、30分で法律相談をやったことがあるのですけれども、30分で5000円とるわけです。何で5000円とっているかというと、やはりとるということによって、とられるほうもとるほうも、緊張関係をもって相談に臨むことになるというわけです。しかし、30分の相談で決着がつくということはほとんどないわけですよ。ですから、相談時にそのまま受任するということ自体は認めていたので、結局は受任へと流れるだけです。とはいえ、30分でそこまでいけばいいほうですよね。ですが、ともかくも5000円支払ってくれたことに対して、30分の中で一応のことは言って答えは出そうとするけれども、本当に納得していただけたかとか、満足していただけたかということになると、微妙ですよね。

そういった中で、どこまで、どういうふうに法律相談というものを位置づけてやるのかという。その限りでいうと、納得のいくまでということになってくると、事件の前段階として法律相談というものがしっかりと位置づけられて、最終的にいうと、相談のみを切り離して有料化するというようなことが、本当にいいのかどうかとかいう問題であったりもするのではないでしょうか。アクセスを拡充するために、法律相談がそれなりに位置付けられれば、有用性があるという面もあることは間違いないけれども、先ほどの上田調査での数字などを聞くと、本当のところ法律相談というのはどうやるべきなのかということ自体、課題だという部分がありますよね。

【仁木】　関連してよろしいでしょうか。ご存じのとおり、急激な弁護士人口の増加で、弁護士会では、かつてでは考えられなかったほど若手の弁護士が法律相談に入っています。ただいまのお話のように、もし相談利用率が高いということであるとすると、これはさまざまな相談がきているということが想定されます。さまざまな相談というのは、法律家が「儲かるだろう」と思う事件もあるかもしれませんが、それはごく一部で、アクセスしてくる利用者はお金になろうがなるまいが困ったら、使えるならば行くという状況だと思います。いうまでもなく法律家が儲からない相談が多いのです。ですから、法律相談で司法アクセスを拡げるということは、そういう問題にどうやって対応していけるかということも、合わせて考えておかなければならないわけです。しかも、限られた時間で対応するのか、満足するまで対応するのかということも考えなければならない。アクセスの問題としても、難しい問題だなと感じております。

【稲村】　司法アクセスの法律相談と、職務の直前にある法律相談というのは、分けて考えたほうがいいのか、一緒のものとして考えたほうがいいのか、検討を要しますね。

【大出】　それと、分けられるのかどうかという問題もありますよね。先ほどの話をうかがっていると、皆さんの話としては、そこは分けにくい部分があるという前提で話をされていたかと思うのです。実務においては、どのような場合がありうるかわからない、だからこそ、法的に枠組みをつくって区別されたって困るのだという話だったわけですよね。そのあたりは、具体的なところでみえないと、抽象的にいってみても決着がつかない問題だと思うのですが。

4 市民の視点からみた「法律相談業務」の制度・内容

(3) 個々の司法書士の取組みと実績
(A) クレサラ問題への取組み

【小澤】 実は1997（平成9）年には、静岡県司法書士会では本会ではなく、静岡県青年司法書士協議会で相談センターというのをつくりました。司法アクセス拡大のための一つとして、多重債務被害救済活動を全青司で推進してきた時の話なので、すごく印象的だったのですが、当時、そのセンターの事務局長は私でした。そのため、いまだにその無料相談電話がうちの事務所にあります。その当時、静岡市内だけでなく、そう、静岡県は広いですから、県内東部、中部、西部と、県内で7カ所くらいに無料相談電話をおき、記者会見をやって、記者レクをやってということを大々的にやりました。ですが、その時には弁護士会からは何もなかったですね。ただ、それは青年司法書士協議会という任意団体で行ったからということなのだと思いますが。

【岡住】 何もなかったのは、静岡だったからだよ。それはあるね、たぶん。

【小澤】 だからこそ、前記の徳島事件があった時には本当に衝撃が走りました。せっかく全国的にがんばろうという時だったのに、というのが大きかったですよね。ただ、皆さん、そのことに対してへこたれずにやったので、よかったのだと思います。

【稲村】 当時は、徳島事件等以外にも、全国で問題は出てきましたよね。

【岡住】 背景的なことをいうと、このころ、クレサラに限らず司法書士会が無料相談センターを立ち上げましょうという機運が強かったのです。群馬司法書士会も、たしかこの時期に無料相談センターを立ち上げて、常的にやっていきましょうとなったと思います。単発的には前から相談会をやっていたけれども、常設相談所のようなものをつくるというもので、大体1997年とか1998年とか、そのくらいの時期のことでした。ですから、全国的な傾向といいますか、背景としてそういう事情があったと思います。

それから、この1997年ころの時期は、弁護士全体のクレサラ事件に対する取組みは決して十分でなかったですよね。それを埋める存在だったのが司法書士だったわけです。それにもかかわらず各弁護士会がこんなことを言ってくるということで、ちょっと憤慨したという記憶は鮮明にあります。

小澤さんが、静岡では大々的にやったけれども、特にクレームは付かなかったと言い、私が、それは静岡だったからだと言いました。その意味は、静岡は司法書士のクレサラ事件への取組みが非常に熱心だったし、当時からすごく実績をあげていたんですよね。そういう背景があると、弁護士会とてやはりクレームを言いにくいという部分はあったと思うんです。

それは今にもつながることであって、たとえば5号相談、7号相談とありますが、実は登記相談って5号相談なんですよね。5号相談になるわけですけれども、登記が法律事務であたるというのは埼玉訴訟でもはっきりしているわけで、その登記に関して、どんなに司法書士が念入りに、非常に高度な法律判断を駆使して回答を与えたとしても、多分弁護士は何も言わないだろうと思うのです。それは、やはり登記に関してだからということなんですよね。

また、たとえば、成年後見に関して、現在司法書士がその相談を受けて、高度な法律知識をもって回答を与えたとしても、これも弁護士会は文句をいわないだろうと思います。それはやはり、司法書士が成年後見の分野では弁護士に匹敵するか、あるいはそれを上回るような実績を上げているから、それについてクレームは言えないだろうと思うんです。

そう考えると、初めから5号相談、7号相談という区別があって職域問題が生じているとか、その法規定から演繹的に相談できる範囲が決まるとか、そういうことではなくて、実際に司法書士が何をやっているのかというところで、やはり実績がある分野では、それが5号相談であれ7号相談であれ、クレームはつけにくいんだろうと、正直なところ思うんですよね。

実際に司法書士がどのような役割を果たしていて、どれぐらい市民権を得ているというか、その

III　司法書士の「法律相談」業務

程度の差によってクレームが出たり出なかったりということになるのかなと思っています。

【大出】　そのときにも実態との関係でクレームが出てくる、出てこないという問題と、法的枠組みの関係から問題となるかどうかという問題の、両方あるとは思います。法的な枠組みがあるということによって、クレームを付けようと思えばつけられるという部分がある。ただ、それを実態で乗り越えることができる場合が出てくる。そうなれば、もちろん法改正にまでつながっていくという話になるわけで、そのためにも、特に法律相談というような問題を考えたときには、先ほどからお話しになっているように、外延というのはあいまいなわけで、実際上どこまでが具体的に相談の問題として処理されているのかということが明らかになっていくかどうかということによって、今問題になっていることについての決着ということになっていくという可能性もあるとは思うのです。

【稲村】　神奈川県でも、実は軋轢がありました。たしか、神奈川県司法書士会で相談を始めた時、横浜弁護士会からクレームが付き、両会において、司法書士の業務範囲についての協議会が開かれることになりました。そこで、当時の若手であった私たちが同協議会に強引に入っていき、「以前、弁護士会主催のクレサラ110番においてわれわれは相談員として参加した実績があります。調べてください」と申し上げました。そうしたところ弁護士会側から謝ってきましたよ。それからは、毎年いっしょに相談会を開きましょうという話になって、この騒動は終わったんです。

つまり、戦略的にいえば、いかに相手の懐に飛び込んでしまうかといったことは確かにあって、その後、クレームをつけられないようにしておくというのは必要だなと思いました。そのため、現在、法テラスでいろいろと活動しているのは、そういった意味合いをもっているものと思います。

【荻原】　そうだと思います。あと、今後の展望というところで一点いいですか。先ほどの小澤さんや岡住さん、稲村さんのお話を踏まえ、今後、市民に、さらには社会に何を必要とされているのかということを、クレサラ問題の時のように敏感にキャッチし、それらを司法書士による相談窓口としてどんどんとスポットに行っていくことが求められているものと考えています。もちろん、個人で行うことも大切ですが、やはり単位会等としてつくっていくといったことが大切なのでしょうか。

そういった運動の一つとして、私が今、一番求めているものは、家事事件等に関する専門の相談センターといったものを全国で立ち上げることです。クレサラ問題の時と同じく、もちろん弁護士会からクレームが出てくると思います。ですが、行う意義は高いものと考えています。

というのも、たとえば家事事件における旧家事審判法甲類審判事件は平成15年から10年間で1.3倍に、同旧乙類審判事件は1.8倍にそれぞれ増加しており、相談事案も増えていますが、たとえば「婚姻関係事件」の弁護士関与率はたしかに増加傾向にありますが、依然として半数以下であり、実際に相談等の支援を求めている方々が大勢いると思いますので、このあたりにつきデータをとらねばなりませんが、明らかにしたうえで、われわれとしては法律相談という入口から切り込み、それに対応していくといったことが必要になるのではないかと考えています。

(B)　貧困者救済支援実務への取組み

【阿部】　神奈川件司法書士会では生活保護に関する相談にも力を入れており、三門さんも貧困問題対策委員会で活躍されています。その成果としてでしょうか、現在、生活保護に関する相談は法テラスからかなりの案件が弁護士会を飛び越えて、

4　市民の視点からみた「法律相談業務」の制度・内容

司法書士会にきています。数字でいうと、月に弁護士会2件に対して、司法書士会には月に19件や20件といった具合です。このように、法テラスにおいて生活保護に関する相談事件については、相談件数に明らかな違いがでるように実績をつくっているといえます。

　これら貧困者救済支援実務における司法書士の取組みの実績が表れているものとしてはもう一つあります。生活保護に関する相談や申請同行支援につき弁護士会が司法書士会を紹介しているという状況もあります。

【小澤】　これと同様に、司法書士の実績が認められているものとしてはヤミ金融事件とかはそうかもしれません、典型的だと思います。

【阿部】　弁護士会が司法書士会を紹介しているという事実は、既成事実としてはすごく意味のあることなので、会員に対してはこれを記録として残しておいてくださいということは言っています。

【小澤】　紹介があった事件については、喜んで受ければいいと思います。

【阿部】　弁護士会から司法書士が行う生活保護に関する相談や申請同行支援につきクレームがついた場合に、だって弁護士会も相談先として司法書士会を紹介しているじゃないかということを指摘できると考えています。

【稲村】　ただ、問題点があって生活保護申請同行支援は法律相談の枠組みではないかもしれませんが、司法書士に対しては法テラスからお金は出ないですよね。

【小澤】　そこが問題だと思いますし、法改正しかないのかもしれません。

(4) 司法書士界全体の取組みと実績

【大出】　そこがまさに課題だと思うのです。さっき言ったように、法テラスも形式的な解釈の下で事態を動かしているというところがあると思います。それに対抗するためには、実態をちゃんと明確にしていくというようなことが、どうしても必要だと思います。残念なのですが、上田調査でもどの程度法律相談に行っているかということはわかっても、その中身はやはりわからないですよね。

【荻原】　わからないです。

【稲村】　それはわからないね。

【大出】　それがわかると、数字としては大きいですよね。そのある部分は司法書士の方々のところへ行っているはずですよね。

【小澤】　そうですよね。

【稲村】　さっきの上田調査の結果で、無料法律相談に対して司法書士自体が70数％以上も広報としてみていたというのはショックでした。たしかに平成14年司法書士法改正前までは、広報として位置付けていました。弁護士法を乗り越えるために、制度広報のためにやっているだけだから、業務としてではないですという、そういった論理だったわけです。しかし、現在は広報ではなく、法律家としての本来業務であり、無料相談は社会活動であると認識すべきだと思います。そうでなければ、市民に対しての裏切り行為だと思います。

【大出】　まだ、特に長野の場合なのかどうかという問題はあると思うんだけれども、司法書士の人たち自体が、いわゆる広い意味での法律相談というようなことに応じるということを、自分の業務の中心だというふうに必ずしも考えていないわけでしょう。

【小澤】　そうですね。

【大出】　やはり業務の中心といえば登記業務が中心ですよね。特に長野ということですと、若い会員の方々がとったアンケートの結果、中心となる仕事が何か、財政的に何によって支えられているのかというと、若い人たちのほうがむしろ登記業務中心なわけです。

【小澤】　いつの年代のデータですか。平成になっ

てからでしょうか。
【荻原】　最近ですね。5年前くらいです。
【小澤】　5年前ですか。
【大出】　そうそう。そんなものです。
【小澤】　本当に5年前ですか、違和感を覚えました。
【岡住】　いわゆる「過払い事件」じゃないの？
【小澤】　間違いなく裁判が多くなりましたよね。
【八木】　私のほうでも、収入の基礎というのは不動産登記関係業務でした。
【野中】　やはり、登記が多いですね。
【稲村】　三門さんも登記？
【三門】　いいえ、逆です。登記は少ないですね。欲しいですけど。
【稲村】　だいぶ変わってきた感じがしますね。
【小澤】　うちの事務所で、登記と裁判の割合が、今、半々くらいです。ですがいわゆる「過払い事件」が多かった時は、裁判実務のほうが圧倒的に多かったです。
【岡住】　圧倒的に多かったね。圧倒的だったものがなくなっちゃった。
【稲村】　少々話が戻ってしまいましたが、言いたかった点としては、司法書士の法律相談は、確立はしていないけども、曲がりなりにも以前から比べるとある程度確立されつつあり、弁護士業界も認めざるを得なくなっている。その外延はまだ明らかにはなっていないにせよ、そういった状態になっているということは間違いないわけです。
　このような状況は流れからいっても大事にしなければいけないと思うし、これからしっかり外延も明らかにしながら、さらに進めていかなきゃいけないと思います。

5　将来への展望

(1)　司法書士法・同法改正大綱と法律相談

【稲村】　それでは、議論は尽きませんが、ここでいったん、今後に向かってそれぞれの提案などを交えながらご発言いただき、最後にまとめていきたいと思います。
【野中】　現に5号相談、7号相談という異なる相談が司法書士法上に存在する。7号の相談に関しては、訴額140万円という制限がある。民事紛争に関して代理権があるかないか、代理権があるからこそ、責任をもって相談に応えられるんだということを想定した法のつくり込みになっていて、それはそれなりに合理性があるとは思っています。ですが、そもそも、5号相談と7号相談を厳格に分けて対応するのは事実上不可能ではないでしょうか。
　相談者の側からいうと、弁護士に相談しているのか、司法書士に相談しているのかというところは、明白な事実なので、そこで区別をしてもらえばいいのではないか、実際に答える内容に責任をもつ、もたないということよりも、どの職種に相談して回答を得たかというところで、依頼者の側に選んでもらえばいいのではないかというのが、現状での私なりの整理です。
　私が申し上げたかったことは、現に5号相談、7号相談という分け方がされてしまっているので、改正をする際に、日司連等は司法書士業務全般に関する相談であるとか、業務範囲内の事案について相談という言葉を使っているのですが、そのことを実際に立法技術的な問題も含めて法文上に表現していくことは、非常に難しい問題です。
　司法書士法3条1項5号と同条1項7号を一本化したうえで、単に法律相談という言葉を付ければいいだろうという方がいらっしゃるんですが、少なくとも法上に「法律相談に応ずる」という言葉を使うことは、かなりのハードルがあるのではないかと思います。さらに意地悪な解釈をいうと、法律相談は受けられるけれども、法律相談ではな

5　将来への展望

い相談、便宜上、登記相談といいますけれども、登記相談は受けられないのかという反対解釈になるようなおそれを考えると、法文上、法律相談という言葉を実際あげていくのは、ほとんど不可能ではないかと思っています。

　ということになると、形式的に司法書士法3条1項5号、同条1項7号をまとめてしまって、単に相談という言葉で一本化するというのが、今、一番穏当な方法なのかなと思うのですが、それをどんどん突き詰めていくと、今と実質ではどれだけ変わるのかというのが、非常に疑問に思っています。

　では、どうするのが一番よいのかというと、平成14年司法書士法改正の前に戻って、そもそも相談という言葉自体を業務の中身からはずして、相談に応じることができるのが当然の前提なんだということから、相談という言葉自体を削ってしまうというのが、おそらく実質的なところでいうと一番混乱が少ない改正の方法だと思うのです。私自身の考えとしては、平成14年司法書士法改正当時、相談という文言を法律に掲げる必要はないと思ってました。ただ、いったん相談という言葉を法律に掲げてしまったものを削るというのは、それもやはり非常に難しいですね。

【大出】　質問ですが、今のお話の中での、司法書士法3条7号の場合に140万円の制限というものがかかってくるということが、論理必然的にそうなるのかというのはどうですか。つまり相談である以上、140万円かどうかということがわからない段階で、相談に来るわけですね。わかった段階で振り分けるわけだから、訴訟という段階になって140万円以内かどうかの判断をやるわけではないでしょう。だとすれば、相談の段階では、そのことを見極めるために行っているわけだから、そのことでとやかく言われるのは、本当は筋が違うのではと思います。論理的にいえば、そうはならないのではないですか。論理的な必然性はないですよね。

【小澤】　小林＝河合・前掲書によれば、とりあえず相談を受けることはできるとされています。

【大出】　そうでしょう。

【荻原】　この事件は140万円以上であるとわかった時点でやめろという話ですね。

【大出】　とりあえずはそれでいいわけですよね。

【小澤】　とりあえずはいいのだと思います。

【大出】　だから、そこはあまり気にしないで、自己規制する必要は何もないわけですよね。論理として幅がある話なのですから。

【荻原】　たとえば、本当にまだわからない、わからないとして、永遠にわからないと言い続けてみるといったことでしょうか。

【大出】　最終的には、140万円を超えていれば代理はやらないわけでね。

【荻原】　そこで決めればいいわけですね。

【大出】　正確なところはわかりませんけれども、司法書士側としては、相談という文言を入れるということでないと、表立って相談で報酬をとるというわけにはいかないという認識があったのでしょう。

【野中】　あったのでしょうね。

III 司法書士の「法律相談」業務

【岡住】 あったように記憶しています。逆に、批判的な意見もありましたよね。あえて法律相談というのを位置づける必要があるのかみたいな意見が。今までやっていた報酬をもらっていたじゃないかと。

【小澤】 先ほど野中さんからも若干ふれられましたが、2011（平成23）年第73回日司連臨時総会で承認された司法書士法改正大綱は、代理権があることが、そのまま相談権があるということになっていますので、家事代理権を取得すれば、家事事件も当然法律相談ができるという、そういうつくり込みになっています。

(2) 弁護士法と司法書士の法律相談

【稲村】 法律相談という外延もわからないような、あいまいとしたものが刑事罰も予定されている弁護士法72条で禁止されているということは、刑事法的に問題ではないでしょうか。

【岡住】 刑事法的には問題だよね。構成要件になるわけだから、もっと明確ではないと問題ですね。

【稲村】 ですから、弁護士法72条を変えればいいのではないかと思っています。

【大出】 変えられればね。

【稲村】 そうすることですべては丸く収まるような気がしています。

【大出】 しかし、そこが一番厄介なところなわけで、それを変えるためにもどう実績をつくっていくかということでしょう。弁護士法72条は、弁護士の方々にしてみれば、最後の牙城のようなところがあるわけですから、そこはそう簡単に譲れないということになるでしょうから、例外を積み重ねることによって、実質的に骨抜きにしていくということしか、とりあえずは手がないのではないでしょうか。そのための必要性とは何かということを示すことが求められてきているのではないでしょうか。

いわば立証責任が転換されているといった状況ですが、それでも、簡裁代理権がなぜ付与されてきたのかということを考えれば、立法事実はあるということが徐々に証明されてきているのではないかと思います。その結果として、法律相談というようなことについても、外延はどんどん広がってきているということではないでしょうか。

そのあたりの実態をしっかり示していくということがないとことは動かないと思います。

【野中】 弁護士法72条と同法74条の関係について、私にももやもやした感があるので、もう少し整理したいと思います。先ほど、大出さんからもお話がありましたが、74条では、弁護士以外に関して、法律相談その他法律事務を取り扱う旨の標示等をすることを禁止しています。一方で弁護士法72条自体は、直接法律相談を禁止する規定にはなっていません。

そもそも弁護士法72条があって、同条のただし書「他の法律」によって、司法書士は少なくとも一定範囲の法律事務を行うことは認められている。ということであれば、司法書士が行うことのできる法律事務に関して、それを行う旨の標示をすることに関しては、74条2項にただし書がなくても行えるという前提でいいのではないか、というのが私の解釈です。

そうすると、法律相談という言葉を使う、使わないという問題はもちろんありますけれども、法律相談自体は一般的に司法書士に禁止されているわけではなくて、たとえば鑑定を含む法律相談、鑑定を含まない法律相談というのがおそらくあるのではないかと思うのですが、鑑定を含む法律相談に関しては訴額が140万円以内という制限がある。鑑定を含まないのであれば、訴額の制限はないというような整理になるのではないかと思うのですが、いかがでしょうか。

【大出】 その前提として、先ほどの議論との関係では、司法書士法3条1項7号というのは、どういう位置付けになるかということでしょうか。であるならば、弁護士法72条ただし書でいうところの、別段の定めがあるときに入る話になります。

【野中】 そうですね。

【荻原】 そういう解釈ですね。

【稲村】 一応、現状はそういう解釈ですね。

【野中】 法律事件に関する法律事務で、もちろん紛争に関する訴訟事件や和解等が対象となると思います。

【大出】 つまり、相談のところですよ。

5　将来への展望

【荻原】　それを入れてしまうと、結局弁護士法72条にも相談が入るという話になってしまいますからね。

【大出】　そう。だからさっきの話でいくと、法律相談では、実質がどうかは別として、文言的に言えば法律相談じゃないわけですよね。

【稲村】　文言的にはそうですね。

【野中】　そこがはっきりしているのでしょうね。

【大出】　そうですね、はっきりしている。文言上は、明らかに法律相談じゃないでしょう。

【稲村】　法テラスの存在によって、みなさんそう思っているのだと思います。つまり、「7号相談は法律相談なんだ」と。

【大出】　だから弁護士法74条で禁止されているのは、その限りにおいては法律相談その他法律事務を取り扱う旨の標示でしょう。同法72条には法律相談も入っていないのですけどね。

【野中】　入っていないですね。

【荻原】　ただ、日弁連は、一般的な用語例として弁護士法74条の「法律相談」は「法律事務に含まれるとの見解を示しているので、同法72条の「その他の法律事務」にも当然「法律相談」が含まれていると考えていると思います。（注7）。

【大出】　それは弁護士の立場からすれば、すべて入ってしまうわけです。しかし、文言的にいうならば、入っていないわけでしょう。現実の問題として、相談が認められているということの中身として、従前の発想からすれば、何かしら認められていなかったことをやっているということにもなっているのだと思います。法的な意味ということは何かということで考えたときに、弁護士法72条のただし書によって、そのことが正当化されているという話なのだろうか。

【稲村】　そうではないですね。

【大出】　そうではなく、まさに創設規定として司法書士法3条1項7号というのがあるのであって、そもそもがこの弁護士法72条ただし書によって認められている「定めがある場合」ということなのかどうかということだって争いはありうるのではないでしょうか。

【野中】　ですが、そうするとおかしな点が出てきます。というのも、司法書士法3条1項6号・同条1項7号の事項、要は簡裁訴訟代理等関係業務については、司法書士法73条による非司法書士による業務の取扱いの禁止の対象外となっており、司法書士の業務独占という形に司法書士法上なっていません。それは少なくとも司法書士法改正の立法担当者の解釈によれば、この簡裁訴訟代理等関係業務である司法書士法3条1項6号・7号の業務に関しては、弁護士法72条が罰則をもって禁止しているため、司法書士法で禁止する必要はないと考えているようです（小林＝河合・前掲552頁以下）。このような立法担当者の考えが前提となると、やはり弁護士法72条のただし書に規定する「他の法律」といわざるを得ないのではないでしょうか。

【大出】　そのような立法趣旨についての説明があるということですか。それではなぜ司法書士の業務として、法律相談と書かなかったのですかね。

【荻原】　一つの考え方として推測するに、司法書士法3条1項5号のところとの関係があってあえてあいまいにしているということでしょうか。

【稲村】　わざとあいまいにしている可能性がありますね。

【大出】　司法書士法3条1項5号との関係ということでいったとしてみても、そこは違うものとして書いたとしてもいいわけでしょう。むしろ5号相談と7号相談というのは違うのだということをいうのであれば。

【稲村】　日司連側はいいたくなかったのではないですか。

【大出】　そういうことなのか。

【稲村】　われわれは言いたくない、そこはいっしょなんだということでしょうか。

【荻原】　そうですね。同じだと言いたいところですよね。差は付けない。

【稲村】　そうすれば、こんな議論はする必要はないわけで。

【大出】　だけどいっしょだというのであるならば、なぜ別々に分けたのかという問題が当然に再度、出てくるわけでしょう。

【稲村】　それは逆に、弁護士会等によって分けさ

せられたといったように思います。

【大出】 あまりそこのところに踏み込んでも仕方がないという感じがしますが。

【野中】 先ほどの稲村さんのお話ともつながるのですが、結局、7号相談は法律相談だというように立法担当者が言ってしまったということから派生して、総合法律支援法に法律相談という言葉が出てきた。その法律相談というのが、司法書士法でいうと7号相談だけなんだという解釈にそのまま結び付いてしまったという現状があるわけですよね。

【大出】 やはりそれは、結局は解釈のところで処置をしていても、なかなか決着が付かない問題ですね。

【荻原】 ここにあるとおり、「市民的視点」等に基づいて考えていかないと、本当に法律家同士の言葉の遊び、概念の遊びになってしまいますよね。

(3) 市民のニーズに応える法律相談のあり方

【岡住】 われわれにとって、どういう主張が有利なのか、不利なのかという点はひとまずおいておくとして、先ほどのお話で法律相談に対して不満が大きいという原因の一つは、われわれもそうだし弁護士もそうだけど、なかなか事件の見通しを言いたがらないところがありますよね。言いたがらないというよりもいえないという部分もあって、あまり見通しを言って後で間違うと怖いので、一般論しか言えない。そういう部分があって、あえて鑑定を避けているという状況があると思うのですよね。そのために、法律相談へ行ってもちっとも役に立たない、ちっとも知りたいことを教えてくれないというような不満が大きいのかなという気がしています。この点は、われわれ司法書士としても考えなければいけないと思います。

【稲村】 何が不満の原因なのかという点についてはきちんと調査したほうがいいですよね。

【岡住】 そうですよね。今のは私の仮説です。

【荻原】 日弁連が2007（平成19）年に行った「市民の法的ニーズ調査」のように、われわれも相談者を対象とした来訪調査等といったものを、きちんと連合会なりで統計的にやったほうがよいように思います。

【大出】 依頼者が相談に来るという目的というか、意図と、法律相談の実態はそもそも齟齬を来しているのではないでしょうか。

たとえば、相談時間が30分というようなことでは、決着が付くということにはなかなかならない。依頼者のほうは相談が有料であればより一層でしょうが、相談する以上は、当然一定の方向性を示してもらえるのだろうと思って来るわけですけれども、残念ながら話を聞いてみればそんなに簡単に決着が付くわけではなくて、結果的にみれば、あらためて事務所に来てくださいといった話になって、結局は相談ごとにつき弁護士に頼まざるを得ないというようなことで終わってしまうことも多いのではないでしょうか。

弁護士の方々は最初から事務所に相談に来た分については、受任したときに合わせて相談料をもらうから、有料というようなことにしていないということが多いのかもしれませんけど、依頼者のほうからしてみれば、行くときには必ず相談料をとられると思っていて、それでも思い切って行くという話になるのだと思いますが、結局5000円だって安い金額ではない。この金額は、弁護士・市民双方の言い分を聞くと、市民には高い。ところが弁護士には、高くはない。明確に、そこの感覚が分かれていますね。そういうことに現れているように、有料法律相談という話をになると、それによって期待されていることが何なのか、その期待に法律家が応えることができるのかが問われることになっていくのではないかと思います。

【荻原】 この話は少々泥臭いのですが、上田調査では、弁護士・司法書士・税理士・行政書士それぞれの相談料につき30分あたりの妥当と思う金額について、市民と司法書士の双方に調査しています。その中で、弁護士への相談につき30分あたりの妥当だと思う相談料は一番多いものが、5000円から1万円で全体の30%でした。

【大出】 それは市民のほうでしょうか。

【荻原】 そうです、市民からみた値です。

【大出】 今は多くの市民がそう思っているからでしょう。

【荻原】 また、司法書士への相談でも、やはり5000

6 おわりに

円から1万円というのが、一番多い回答でした。

【稲村】 市民がそう思っている。

【荻原】 市民がそう思っているということです。

【大出】 では、相談料についてはそのくらい市民の中で認識が広がっているということですね。

【荻原】 かなり、30分5000円というのは認識が広がっているみたいですね。

【大出】 でも、その金額を高いと思っているか安いと思っているかは別ではないですかね。

（注7） 日本弁護士連合会調査室編著『条解弁護士法〔第4版〕』621頁。

6 おわりに

【稲村】 ここまで、かなり絞り込んで整理ができたかなとも思っています。さて、そろそろ、それぞれ参加者から一言ずついただいて、終わりにしたいと思います。

【阿部】 私は冒頭に発言させていただきましたとおり、法テラスの相談援助をどうやって突破できるかということを中心に、いろいろお話を聞かせていただきました。たしかに、弁護士会が関係してきますので難しい問題だとは思いますし、日司連ともいろいろ協議していかなければいけない問題だと思いますが、実際の相談現場では、相談内容を聴いてみて訴額が140万円を超えることもあるというところを突破口にできないかと強く感じました。

現在、法テラスも相談途中で代理権の範囲を越えていることが判明した場合は、その相談については相談援助を利用することを認めていますので、何かそういうところをうまく突きながら、より幅広く相談援助を利用できる方法を模索できないかなということは今日感じましたので、またこれから本会に戻って、対応を協議したいと思います。本日はありがとうございました。

【三門】 最初、本日の座談会につき、八木さんからお話をいただいたときに、相談技法をめぐる座談会だと思っていましたが、今日参加してみて、ああ違う、司法書士の業務範囲や代理権をめぐる話だと理解しました。

これは以前、神奈川県で弁護士も出席する勉強会に参加した時のことですが、勉強会後の懇親会で、年配で大御所の弁護士の方お二人の会話を脇で聞いていました。一方の弁護士がもう一方の弁護士に対し、「先生、やっぱり相談では相談者を泣かせたら勝ちだよね」といったことを言っていました。どういうことかといいますと、相談者が泣くほどに相談者に対して精神的に寄り添った支援を行うことが肝要だよといった趣旨であったと理解しています。言い方がふさわしいかどうかはさておき、たしかにそれは一理あるなと思いました。

本日の座談会では、理屈としての代理権うんぬんといった議論も、もちろん重要ですが、具体的な活動を通して実績を重ねていき、結果として代理権などを認めてもらうという活動は重要だなと、司法書士に簡裁代理権が付与される前の時代を知っている方々のお話を聞いていく中で思いました。本日はありがとうございました。

【八木】 まだ整理しきれていないところがあるのですが、私がこの座談会に出る前に、司法書士の法律相談というテーマでどういった方向性に話が向かうのかなと考えたときに、弁護士と司法書士で受ける相談は、内容に相違はないんだ、区別する必要はないんだというように考えていたのですけど、座談会で話があったように、弁護士の相談と司法書士の相談は違うのだと。本人の法律以外の話も聞いて、本人に寄り添って相談を行い、二人三脚で問題解決をしていくという姿勢といったその違う点をもっと打ち出して、司法書士ならではの、司法書士の独自性を活かした相談を行っていくというのもいいのかなというように感じました。本日はありがとうございました。

【関根】 私は今まで相談を受けるにあたって、相談料をもらっていなかったのです。無料でも相談者のお役に立てればそれでよいのかなとも思っていたのですけれども、今日のみなさんのお話を聞いて、もう少しけじめをつけて、相談料をもらうようにしようかなと、そう思いました。そのくらい相談業務は重要だと思いました。ありがとうございました。

【荻原】 法律相談について、これまで技法の面においてはさまざま議論や研修等を重ねてきました

Ⅲ 司法書士の「法律相談」業務

が、やはり「司法書士の法律相談」自体については、私自身もあまり考えてこなかったように思います。ですが、本日の議論を通じて、考え、議論していくことが非常に重要なことであることに気付かされました。そして、法律相談を議論するにあたっては、上田調査の話も出しましたが、客観的なデータ・実態、われわれの意識等、それらをしっかりと把握したうえで、それらに基づいて議論をしなければいけないのではないかと強く感じた次第です。

ですので、ぜひ小澤さんや岡住さんをはじめに、やはり日司連という組織として、これらデータ等を収集いただきたいと思いますし、やはり組織の責任ではないかなと思い、ぜひともお願いしたく考えております。今日はありがとうございました。

【小澤】　今の荻原さんに答える形になると思うのですが、今日一番言いたかったことは、司法書士会に日々寄せられている相談に関するデータはきちんとあるということです。それは、単位会相談センターにつき各単位会が集計し、そのデータが日司連で集約されています。ですので、その相談実績をベースにさまざまなことを考えていくべきではないかということです。もちろんあるべき司法書士法改正についても同様に考えています。

たとえば、静岡県司法書士会の相談センターでは、月曜日から金曜日の14時から17時まで毎日、3名の司法書士が待機しており、2名が電話、1名が面接によって無料相談を行っています。面接の相談については、クレサラ事件がなくなっているので件数は少なくなったのですが、一方で電話相談のほうがかえって忙しくなっています。いわゆる「過払いバブル」の終わった後であるにもかかわらずです。その理由には、相談センターがいろいろな工夫をこらして広報しているからだと思います。

実際どのような事件が多いかといいますと、事件類型につき一般民事と成年後見、家事、登記・供託、あとクレサラという分類でいきますと、一番多いのは一般民事で、内訳としては不動産関係の紛争が多いですね。その次に多いのが登記関係ですが、これは相続をめぐるものがほとんどです。

家事事件、成年後見のところでは、やはり後見業務や遺産分割紛争、離婚です。離婚もすごく多いですね。また、親子関係なども多いです。そういったものが日々司法書士会に寄せられています。私も相談員をよくやっていますが、たばこを吸う暇がないですから。相談票を書いて、すぐまた電話を受けてみたいな形です。

こうして寄せられた相談をどのように処理しているかというと、相談者の近くの司法書士を紹介しています。これは、基本的には相談担当者による直接受任は禁止しているからです。それを今、どのようにして受任に結び付けていこうかということで検討されています。やはり、受任に結び付くことによって、市民のニーズに関して、こういう類型で、このような相談が、これだけ寄せられているのかという、裏付けになるので、徹底してやりたいと思っています。

【岡住】　今日、冒頭で申し上げたとおり、私は法律相談そのものについての問題関心は、そんなに強くありませんでした。それ以上に重要な問題がたくさんあるという認識でいましたので、法律相談への認識は低かったのですけども、今日いろいろ議論をさせてもらって、やはりこの問題にもきちんと取り組まなければいけないと、あらためて認識し直しました。

その中で、稲村さんのご指摘のとおり、法テラスがこの法律相談の問題を少し複雑にしてしまった、法律にはない独自の解釈を加えることによって、混乱させてしまった部分はたしかにあると思います。たしかにそのとおりだなというものを感じました。そのようなところで、今後はもう少ししっかりとこの問題について解明していこうと思っています。

【野中】　繰り返しになりますが、先ほど岡住さんやその他の方々からもお話がございました法テラスにつき司法書士が費用をもらえるかどうかという問題ですが、たしかに大きい問題で、やはり司法書士か弁護士か、その他の資格者かということは、少なくとも依頼者の側、相談者の側からは明らかなので、相談の内容に関していろいろ縛りをつけるというのはナンセンスだと思います。です

6 おわりに

から、可能な限り各専門家の業務範囲を依頼者に理解してもらったうえで、司法書士に相談する、弁護士に相談するというところを相談者の側から選んでいただければいいのではないかと思います。相談の範囲を業務範囲として区切らない形というのが理想かなというように、あらためて思いました。

【稲村】 今日の座談会を経て、あらためて思った点は、法律相談が市民と司法とを結び付ける唯一の司法アクセスだということ、そして、われわれが今一度認識しなければいけないということです。現在、日本は司法アクセスが非常に乏しく、まだまだいっぱい広げなければいけない状況にあると考えていますが、その状況の中で、今、逆行するような議論をなすことだけは決して、してはいけないし、もし弁護士会がそれをなすのであれば、批判しなければいけないのではないかと思います。ですから、われわれの立ち位置としては、そういった点を常に見つつ、発言し、行動していくということが大切ではないかと思います。それらをなしていくことで、最終的にはわれわれ自身のもっている矛盾点のようなものも解消していくのだろうと、今、確信しています。また、今後ともこれらの点につき考えていきたいと思います。ありがとうございました。

【仁木】 今日は大変勉強させていただき、どうもありがとうございました。制度を外在的に区分けすることで、利用者にとっても司法書士にとっても随分と不自由な問題が出てきているということを、みなさんの議論からよくわかりました。この問題に対して、大出さんが言われたように、利用者の便宜という観点をもって、実績を積み重ねていくということが司法書士に期待されるのではないかと私も思います。

それから、二つほど、今日の議論では申し上げられなかったことを付け加えさせていただきたいと思います。一つは、八木さんが最初にお話になったことと関係するのですが、司法書士の特徴はやはり登記業務だと思います。ところが、利用者がその登記の話をしにきたときにも、話を聴いていくと紛争性のある情報がけっこう出てくるということもあるのではないかと思うのです。そういうものを、どうやって紛争処理の全体システムに乗せていくかということも重要ではないでしょうか。つまり、実質的にその方が手がけるかどうかはわからないけれども、これまで司法とはあまり関係がないと思っていたような司法書士が非常に重要な繋ぎ手をしているということがある。そして、それができるのは、司法書士が実質的に法的判断を伴った法律相談をされているからではないでしょうか。

もう一つは、今日は残念ながらお聴きすることはできなかったのですが、裁判関係業務に熱心に取り組まれている先生方の中でも、手薄な領域があるのではないかということです。赤松茂司法書士が、『司法書士による被告事件の実務——訴訟活動の事例と指針』で司法書士は被告側からの関与が十分できてはいないと実証的に述べています。紛争には双方当事者がいるわけですから、こちらも十分に手当てする必要がある。もしかすると法律相談過程から原告の案件とは違う工夫が必要かもしれませんが、これから司法書士にぜひ取り組んでいただきたいと思います。

【大出】 今、いろいろとお話しいただいたことに尽きるとも思うのですけれども、最初にも申し上げたように、司法アクセスを拡充していくというときに、法律家がまず市民とどのように接点をつくっていくのかということでいけば、それは法律相談というような形をとるというのが通例であるはずです。ですから、それが市民にとって使い勝手のいい、意味のあるものにされていくということがどうしたって必要だということは、間違いないと思います。

そういうことで考えてみますと、やはりまだ法律家の側の事情によっていろいろな制約があり、しかも法テラスという、まさにそのために作られたような場であっても、今までの経緯との関係の中でいろいろと制約があるということになっているのかもしれないと思います。ですから、それを変えていく必要があるのでしょうが、そのときには、やはり市民の視点というものが重要だと思います。市民が法律相談に何を求めているのか、そ

III 司法書士の「法律相談」業務

の具体的な中身を、もっと明らかにしていく努力が必要ではないかという気がします。

先ほど、小澤さんからご紹介がありましたが、すでに統計的にも、具体的にどういった相談があがってきているかということがはっきりしているようですので、それも非常に重要な意味をもっているだろうと思います。願わくば、そのことの中身がもう少しわかってくると、もっといいだろうという気がするわけです。

ですからどうしても、先ほど言ったように、法律家のほうの事情による抽象的な権限争いのようなことで事が進んでしまっているというのは、一番利用者にとって不幸なことであるわけですから、そこを乗り越えるすべをこの際考えてみる必要があるし、そのヒントになるようなことはすでに出てきているのだろうと思います。

【稲村】 本日は、法律相談という法律専門家にとって最も基本的な実務の一つを通じて、これまで司法制度の中で明確に位置付けられないまま、市民の司法アクセスに寄与してきた司法書士の実務現場を点検することにより、司法制度の抱える矛盾点を浮き彫りにすることができた座談会になったと思います。今後、私たち司法書士が、司法アクセスの現場で努力し精進を重ねることによって、市民のための司法制度が確立されていくのだと肝に銘じて本日語られたさまざまな提言を実践していきたいと思います。

本日は本当にお忙しい中、ありがとうございました。

（資料3） 書類作成をめぐる二つの判決

---
① 宗判決（松山地西条支判昭52・1・18判時865号110頁）

「司法書士が作成する書類は、訴状、答弁書、告訴状、登記申請書類等、いずれをとつてみてもこれに記載される内容が法律事件に関係するものであるから、右書類作成については相当の法律的素養を有し法律知識がなければできないこと勿論である。国が司法書士法を規定して一定の資格を有する者のみを司法書士としその書類作成業務を独占的に行わせ、他の者にその業務の取扱いを禁止しているのは、結局これら国民の権利義務に至大の関係を有す

る書類を一定の資格を有し、相当の法律的素養のある者に国民が嘱託して作成してもらうことが国民の利益公共の福祉に合致するからである。従つて、司法書士は書類作成業務にその職務があるのであるが、他人の嘱託があつた場合に、唯単にその口述に従つて機械的に書類作成に当るのではなく、その嘱託人の目的が奈辺にあるか、書類作成を依頼することが如何なる目的を達するためであるかを、嘱託人から聴取したところに従い、その真意を把握し窮極の趣旨に合致するように法律的判断を加えて、当該の法律事件を法律的に整理し完結した書類を作成するところにその業務の意義があるのであり、そこに法的知識の涵養と品位を向上させ、適正迅速な業務の執行ができるよう努力すべく、よつて以て国民の身近な相談役的法律家として成長してゆくことが期待されるところである（因みに、司法書士法第1条の「書類を代つて作成する」旨の規定が「書類を作成する」と昭和42年法律第66号によって改正され、「代つて」が削除された）。けだし、法治国家においては、国民が啓蒙され一定の法律的知識ないし常識を有していることを建前としているが、現実は個別的具体的事件について国民一般の法律的知識は全く乏しいものといわなければならず、例えば裁判所提出の書類作成を依頼するについても単に表面的機械的に事情を聴取した上では何をどのように処理して貰いたいか全く不可解なことも多いのであり、これを聴取してその意を探り、訴を提起すべきか、併せて証拠の申出をすべきか、仮差押、仮処分等の保全の措置に出るべきか、執行異議で対処するかを的確に把握し、その真意に副う書類を作成するについて法律的判断がなされるべきは当然であるからであり、このような判断を怠つて、いたずらに趣旨曖昧不明の書類を作成して裁判所に提出させることをすれば、却つて裁判所の運営に支障を来すことは明らかであり、殊に弁護士の数が比較的少い僻地ではかようにして司法書士が一般大衆のために法律問題についての市井の法律家としての役割を荷なつているといえるのである。

かように見て来れば、弁護士と司法書士はともに国民の法律生活における利益を保護し、併せて司法秩序を適正に保護し、以て法律生活における分業関係に立つものといえる。沿革的にも、明治5年8月3日太政官無号達の司法職務定制に代言人、代書人の区別がみられ、明治6年7月17日太政官布告第247号の訴答文例をみれば、代書人をして裁判所に持ち込まれる多様な形態の紛争を文例に従つてこれを整理し裁判所に導入する役目を果させ、且つこ

6 おわりに

れに法的評価を加えさせているのであつて、代言人が訴訟上の口頭主義を担保すべき役割を果すべき存在として性格規定されていることに比べ、代書人は書面主義を担保する役割を与えられていたのである。

而して、本人の嘱託ないし委嘱、依頼は、かたや書類の作成であり、他は法律事務を行うことの依頼であり、その内容は異なるにせよ、司法書士、弁護士の両者ともにその法律上の性質は委任された事務の処理（民法第643条の委任）であることには変りがなく、弁護士に対しては包括的な法律事務を取扱うことの事務処理であり、司法書士に対しては個々の書類の作成という個別的な委任事務の処理が普通であろうが、依頼の趣旨によっては司法書士に対し或る程度包括的な書類作成事務の処理という包括的なものも考えられないではなく、従つて、右両者の区別を委任事務の個数によって区別することは出来ないものといわなければならない。

もとより、前記司法書士の期待像からすれば、右書類作成の嘱託を受けるに当つて、依頼人から法律事件について法律相談を受ける場合もあるが、これが報酬を得るのではなく、又右書類作成嘱託の目的に反しない限り司法書士がその有する法律知識を活用して法律相談に応ずることは何ら差支えなく、弁護士法第72条の規定は何も国民を法律的に無知蒙昧、即ちこれを法律的につんぼさじきに置こうとするものではない。

然しながら、右書類作成の域を超えて他人間の法律的紛争に立ち入つて書類作成に関係のないことまで法律事務を取扱うことは司法書士の業務に反し弁護士法第72条に背反する場合も出てくるものといわなければならない。そこで、同条の解釈をする。

同条に所謂法律事件とは広く法律上の権利義務に関し争があり、疑義があり、または新たな権利義務関係の発生する条件を指し、法律事務を取扱うとはこのような法律事件についてその紛議の解決を図ることを謂い、鑑定、代理、仲裁、和解等がその例として設けられている。鑑定とは法律上の専門的知識に基いて具体的な事案に関して判断を下し、代理とは本人に代わり本人の名において案件の処理にあたり、仲裁とは自らの判断による解決案を以て本人を納得させ紛議を解決し、和解とは自らの判断による説得を以て本人の紛議の解決を助成することを謂う。従つて、このことから法律事件紛議の解決は自らの意志決定によつて法律事件に参与し、右のような手段方法を以て自らの判断で事件の解決を図ろうとすることを謂うと解され、又それは報酬を得る目的を以て業とすることを必要とするが、現実にこれを得たと否とを問わない（そうすると、司法書士法第9条第21条は訴訟を為す目的を以て他人の権利を信託的に譲渡を受けるとか、自己が代表者である会社に他人の権利を譲渡させるとか、司法書士が右弁護士法第72条以外の態様によって他人間の訴訟に関与することをいうと解される）。

このように、司法書士が右法律相談に応じることはできるにせよ、法律事件の解決はその委任を受けた弁護士の他は、専ら右事件の紛争主体である依頼人自身が自らの判断でこれを決すべきところであり、司法書士がたとい依頼人の委任を受けたところでこれをさしおいて自らの判断で事の処理に当ることはその職務に反し到底許されるところではない。

従つて、被告人の所為が弁護士法第72条に違反するかどうかは、被告人のしたことが、右書類作成嘱託の窮極の趣旨を外れ、職制上与えられた権限の範囲を踰越し自らの意志決定により自己の判断を以て法律事件の紛議の解決を図ろうとしたものであるかどうかによって判断すべきもの、即ち、右の権限踰越か否かが区別の本質的基準と考えられるのである。弁護士、司法書士ともその与えられた職務についてはこれを業とし報酬を得るものであり、又営利性も業務性も司法書士がその職制の範囲を踰越したことを前提としてその事項につきこれが営利を目的とし業とした時に問題となるものであるから、いずれも弁護士法第72条の本質的基準となし難い」。

② 高松高裁判決（高松高判昭54・6・11判時946号129頁）

「司法書士の業務である右の訴訟関係書類の作成は、前述のとおり、弁護士の主要業務の一部と全く同一であることからして、右書類作成については相当な法律知識を必要とすることは司法書士法1条の2の規定をまつまでもなく明らかであり、また国が司法書士法を制定して一定の資格を有する者のみを司法書士としてその書類作成業務を独占的に行わせ、他の者にその業務の取扱を禁止している趣旨からして、司法書士が他人から嘱託を受けた場合に、唯単にその口述に従って機械的に書類作成に当るのではなく、嘱託人から真意を聴取しこれに法律的判断を加えて嘱託人の所期の目的が十分叶えられるように法律的に整理すべきことは当然であり、

III 司法書士の「法律相談」業務

職責でもある。

けれども、弁護士の業務は訴訟事件に関する行為その他一般の法律事務の取扱いにわたる広範なものであるのに対し、司法書士の業務は書類作成に限定されていること、弁護士は通常包括的に事件の処理を委任されるのに対し、司法書士は書類作成の委任であること、前述のように訴訟関係書類の作成が弁護士業務の主要部分を占めているのに対し、司法書士の業務は沿革的に見れば定型的書類の作成にあつたこと、以上の相違点は弁護士法と司法書士法の規定のちがい特に両者の資格要件の差に基くこと、並びに弁護士法72条の制定趣旨が前述のとおりであること等から考察すれば、制度として司法書士に対し弁護士のような専門的法律知識を期待しているのではなく、国民一般として持つべき法律知識が要求されていると解され、従つて上記の司法書士が行う法律的判断作用は、嘱託人の嘱託の趣旨内容を正確に法律的に表現し司法（訴訟）の運営に支障を来さないという限度で、換言すれば法律常識的な知識に基く整序的な事項に限つて行われるべきもので、それ以上専門的な鑑定に属すべき事務に及んだり、代理その他の方法で他人間の法律関係に立ち入る如きは司法書士の業務範囲を越えたものといわなければならない」。

（資料4） 徳島事件警告書

```
            警　告　書
徳島弁護士会
    会　長　早　渕　　正　㊞
        平成9年12月16日
徳島県司法書士会
    会　長　長　楽　芳　則　殿
            警　　告
```

当会は貴会に対し、貴会開設にかかる「クレジット・サラ金問題情報センター」を速やかに閉鎖し、今後右センター類似の形態で法律相談業務を行わないよう警告する。

```
          警　告　理　由
```
一、事実経過
1、貴会は、平成9年8月11日、多重債務を抱える消費者の相談に当たると称して「クレジット・サラ金問題情報センター」（以下「センター」という）を開設した。

2、センターは、徳島市佐古一番町の市民共同事務所内に常設され、毎週月曜から金曜まで午前10時ないし午後5時の時間帯で、徳島青年司法書士協議会所属の司法書士15名が交代で相談を担当した。

3、相談料は無料としながらも、平成9年8月10日付徳島新聞朝刊の報道によると、「財産整理や自己破産などの法的処置を行う場合は実費が必要」とのことであった。

4、同年9月18日、当会会長と当会非弁問題委員長高田憲一弁護士の両名が貴会を訪れ、貴会会長以下3名と面談した。

右面談時には、当会の前記両名の問いに対し、貴会からは、「前記報道中の財産整理も行うとの記事は誤報である」、「相談者に解決方法を自主的に決定させており、司法書士は助言に止めている」、「相談時に費用目安として15万円ないし20万円かかるという説明をする会員もいるが、司法書士会報酬規定に従った程度の金額である」、「司法書士が各債権者と債務減額等の交渉をすることはないが、債権者から破産手続をするのか等の問い合わせがあれば対応している」等の説明がなされた。

加えて、センター設置は相談業務を前面に出すものであり、弁護士法72条、司法書士法2条、10条に抵触違反するものではないかとの当会の指摘に対し、否定的回答がなされた。

5、その後もセンターにおける貴会の相談業務は継続された。

平成9年11月24日徳島新聞朝刊の報道によると、貴会は同年8月11日から10月31日までの間に、198件の相談を受け付け、破産申立18件、調停申立7件、相続放棄2件、時効援用通知3件等、合計34件の事件処理を行ったとのことである。

6、しかし、貴会のセンターにおける右のような活動は、以下に述べるように法律に違反するのみならず、必ずしも債務者の真の救済に役立たない。

二、弁護士法72条、司法書士法2条、同法10条違反
1、弁護士法72条は、その本文において「弁護士でない者は、報酬を得る目的で訴訟事件、非訟事件及び審査請求、異議申立て、再審査請求等行政庁に対する不服申立事件その他一般の法律事件に関して鑑定、代理、仲裁、和解その他

6 おわりに

の法律事務を取り扱い、又はこれらの周旋をすることを業とできない。」と規定している。

2、同条の制定趣旨につき、最高裁昭和46年7月14日大法廷判決は、弁護士は広く法律事務を行うことをその職務とし、そのため厳格な資格要件、必要な規律等諸般の措置が講ぜられているが、このような資格、規律を有しない者がみだりに他人の法律事件に介入することを放置すれば、当事者その他の関係人らの利益を損ね、法律生活の公正、円滑な営みを妨げ、法律秩序を害することになるので、同条はかかる行為を禁圧するために設けられたものだと判示した。

3、ところで、司法書士が弁護士法72条にいう「弁護士でない者」に含まれることは明白であるが、他方、司法書士は司法書士法において、司法書士としての資格要件や業務、規律を有するため、司法書士が行った業務の内、どの範囲のものが、同条違反となるのかは、従来より問題とされてきた。この点、高松高裁昭和54年6月11日判決は、司法書士は、弁護士の業務の一部を業務としており、司法書士が法令に従い執行した業務は右弁護士法72条に該当しても正当行為として適法であるが、業務の範囲を逸脱した行為が同条の要件を充たせば、司法書士といえども同条違反の処罰を免れることはできないとした上で、争点となる業務範囲逸脱性の判断基準を確立した。

4、「結局は、その行為が事務処理全体から見て個別的な書類作成行為に収束されるものであるか、これを越えて事件の包括処理に向けられ事件内容についての鑑定に属する如き法律判断を加え、他人間の法律関係に立ち入るものであるかによって決せられると解するべきである」というのがその判断基準である。

5、右判決は、司法書士が他人の嘱託を受けた場合の適法な業務範囲に関するメルクマールを示したものであり、司法書士の業務とは、他人から書類作成等の嘱託を受けるところから発生することを前提としている。これは、司法書士法2条1項本文に、「司法書士は、他人の嘱託を受けて、次に掲げる事務を行うことを業とする」と規定されていることの当然の帰結である。

6、この高裁判決は「制度として司法書士に対し弁護士のような専門的法的知識を期待しているのではなく、国民一般として持つべき法律知識が要求されている」と述べ、司法書士の行う法律的判断作用は、他人の嘱託があった場合にその趣旨内容を「法律常識的な知識」で整理して司法（訴訟）の運営に支障をきたさない限度で行われるべきものだと判示している。

7、しかるに、貴会が先般設立したセンターは、多重債務者に相談の機会を提供すると銘打ち、未だ嘱託行為を行ってもいない不特定多数の市民を相手に、業として法律相談を行うものであって、ここでの相談業務は、前記メルクマールにあてはめるまでもなく、司法書士の業務として許される範囲を逸脱すること明白である。

8、前記のごとく、法が司法書士に期待しているのは、国民一般として持つべき法律知識のレベルに過ぎず、それは主として弁護士と司法書士の資格要件の差に基づくものである。

従って、司法書士が個々の嘱託案件に関し、嘱託事務を処理するに必要な限度で一般的法律常識に従い事務処理をするのは格別、「クレジット・サラ金問題」程度の絞りしかかけずに広範な法律相談を司法書士会として常設センターを設けて実施することは、司法書士として許される業務（司法書士法2条1項）を大きく逸脱すること論を待たない。

9、よって、貴会のセンターにおける相談業務は、司法書士法2条1項の業務範囲を逸脱し、同法10条に違反する。

10、加えて、センターでの相談業務は、報酬を得る目的のものと解さざるを得ず、弁護士法72条に違反する疑いが濃厚である。

即ち、貴会は同条に違反しない理由として、相談自体は無料だと主張するが、前記平成9年11月24日付新聞報道によると、約3ヵ月のセンター相談の結果、34件を破産申立その他の手段で処理している。この処理のうち、例えば自己破産申立手続については「実費」と称し貴会会員が1件あたり15万円ないし20万円の対価を得ている。この対価が司法書士会報酬規定に照らし相当か否かの議論は別として、各具体的処理ごとに貴会会員は対価を得ており、各具体的処理の嘱託は、畢竟、センター相談を契機としてなされたものに外ならない。

11、つまり、貴会は常設のセンターにおいて無料相談を実施することにより、恒常的に対価を得る仕事を獲得している訳であり、このシステムを俯瞰するに、センターにおける相談は、相談自体無料であっても、弁護士法72条が弁護士でない者に禁じた「報酬を得る目的」での業務に該当すると言わざるを得ない。

12、よって、貴会のセンターにおける相談実施は、弁護士法72条に違反する疑いか極めて濃い。

三、センターでの相談が消費者の真の救済に必ずしも直結しないこと

1、前述した高裁判決が示すとおり、弁護士に比較して、法が司法書士に期待しているのは、国民一般として持つべき法律知識に過ぎない。

　貴会会員を含め、司法書士の中に、十分に法律に関する研鑽を積み、弁護士に匹敵する程度の知識や資質を有する者が存在したとしても、弁護士と司法書士との資格要件の差異に照らせば、司法書士一般に、広範な法律相談に応え得る能力が資格要件により担保されているとは言い難い。

2、一方、法律相談に訪れる市民の抱える悩み事は多岐に渡り、これに応えるためには広範かつ専門的な法律知識が要求される。

3、実際に当会が行う「クレジット・サラ金問題110番」一つを例にとっても、相談者は一様に多重債務に苦しむ債務者本人に限られるものではない。連帯保証人からの求償の相談もあれば、名義貸しをした場合の法的責任、保証否認の相談、担保に額面白地の手形を預けてしまったケースの相談等、枚挙にいとまが無い程、広範な相談が寄せられるのが常であり、この実情は貴会のセンター相談でもおそらく大差ないものと思料される。

4、新聞報道によると、貴会は3ヵ月で198件中、34件の処理をしたとのことであるが、相談だけに終わった圧倒的多数（164件）の案件についても、弁護士と同等程度の正確性のある適切な助言、回答ができたか否かについては全く不明であり、消費者の真の救済に役立っているか不安なしとしない。

5、また、ある意味でもっと深刻な問題は、個別に司法書士に仕事を嘱託に行く者と異なり、大々的な新聞記事を実質的な広報としてセンターの相談に赴いた相談者は、弁護士と司法書士との決定的な違いをよく知らないまま相談し、嘱託に至っている危険性が高いという点である。

6、この決定的な違いとは、債権者に対し債務者の代理人として行動する資格を、司法書士は有さないという点である。

7、サラ金・クレジット問題はもともと金策に窮している依頼者層が多い分野であり、処理の依頼にかかる費用が少しでも安ければ、安い方を頼むのは、人の情として当然である。

8、しかし他方で、そのような依頼者であればある程、依頼者の代理人として正当な権限を有する者が債権者との交渉に当たらないと、依頼者が望む、いわば楯になることもできないし、債権者に対しても無責任かつ不十分な対応で迷惑を掛けることになってしまう。

9、現行法を前提とする限り、司法書士は裁判所の内と外とを問わず、債権者に対し、多重債務者の代理人として活動することは一切許されない。

10、司法書士に嘱託する相談者が、右の事情を十分理解した上で司法書士に書類作成を嘱託するのであれば、それによる弊害を云々する必要はないが、貴会のセンター相談の実施状況を見るに、この点の理解を欠いたまま相談に行く者が多く出現する危険性が高い。

　その結果、例えば任意整理相当事案のようなケースで、債務者本人は交渉能力がない、司法書士には交渉権限がない、債権者には相手の責任ある窓口がない、といった相談者にとって思いがけない状態に直面しないとも限らない。

11、クレジット・サラ金の被害に悩む消費者の真の救済のためには、最終的には法律上代理人たる資格を有しうる者が処理をすることが望ましいケースが多く、その点を周知徹底しないまま、貴会が開設したセンターのような常設相談機関で相談業務を執り行うことは、一見市民に対する奉仕活動の如く見えても、右に述べた意味で、必ずしも相談者の実益に直結するとは言い難い。

四、よって、法律違背、消費者の保護という二つの観点から、貴会に対し頭書の警告を行う次第である。

以上

＊　本警告書につき、原文は縦書。第29回全青司島根大会・第31回全青司定時総会資料261頁〜270頁

Ⅳ 司法アクセス拡充の実践事例と司法制度の現代的課題

❶ 代理援助と書類作成援助の予納金の扱いの現状
―― 自己破産事件における少額管財事件と法テラス「法律扶助」の二つを素材として ――

司法書士　稲　村　　　厚

1　事例の概要

本稿では、下記二つの事例を通して、自己破産申立て時の予納金の実質的な意味を考えるとともに、予納金を報酬として受け取る破産管財人の現実的な役割を検証し、司法制度の現代的課題を探る。また、筆者が過去に日本司法支援センター神奈川の副所長の立場にあった経験を踏まえて、法テラスの対応について述べ、加えて、現代社会において裁判所が自己破産手続において見逃している人間理解についても考えてみたい。

事例①

生活保護受給者の自己破産申立てのために、日本司法支援センター（以下、単に「法テラス」という）神奈川へ書類作成援助申込みをした。法テラスの援助を利用するには、法テラスから弁護士あるいは司法書士へ援助を依頼する方式と、法テラスと契約をしている弁護士あるいは司法書士が、依頼者から依頼された案件につき法テラスへ援助申込みする方式（いわゆる「持込案件」）が存在する。ちなみに、神奈川県では、法テラスから司法書士に事件依頼されることはほとんどないため、法テラス神奈川における代理および書類作成援助の司法書士の件数は、ほとんどが「持込案件」である。

申込者Aは75歳で、10年前に西日本で自己破産歴があり、その後、友人に頼まれてショッピングセンターのクレジットカードをつくり、友人のために借りた借金が残ってしまった。今般関東に住んでいる息子のもとに引っ越して（息子とは別世帯）、生活保護を受給し始めたことからケースワーカーから自己破産を勧められ当事務所に来所した。

法テラスへ援助申込みをしたところ、法テラスの職員から、直接申込者本人に電話で、「破産歴があるので、同時廃止案件ではなく少額管財事件になる可能性が高い。司法書士の場合には10万円を申込者自身で用意しなければならないが、用意できるのか。弁護士の場合は、10万円少なくてすむのでお金を用意する必要がない。用意できなければ弁護士を紹介するがどうか」と連絡が入った。不安になった申込者は直ちに筆者へ連絡してきたため、筆者から法テラスに対して、「持込案件にかかわらず、持ち込んだ司法書士に何の断りもなく本人へ連絡し、しかも当職との信頼関係を無視して法テラスで弁護士を紹介するというのは、手続的に誤っているばかりか、当職と依頼人との信頼関係に介入するものであり許される行為ではない」と苦情を言ったところ、法テラスからも、謝罪の電話が入り、書類作成援助の決定が出た。破産は、何の問題もなく同時廃止、免責決定で完了した。

事例②

ギャンブル依存の問題をもつ人のための回復支援施設を利用して、発達障害が判明した方の自己破産手続を受任した。30代後半の男性で、自閉傾向の程度が高い人で、障害年金と生活保護を受給しながら、地域の作業所に通っていた。

破産審尋のとき、申立人が、はきはき質問に答えられないため裁判官が突然怒りだし、「少額管財にして調べさせる」と言いだした。少額管

財事件としての審尋日を別に設定されたため、それまでに、申立人の障害の状況を事情説明書にして提出し、当日は特別に筆者も同席させてもらった。

申立人は、自閉特質があり、かつ対人緊張も高いため、審尋ではほとんど筆者が受け答えした。裁判官に対し、申立人と筆者はさかんに頭を下げ、裁判官は「問題はあるが、生活保護でもあるし特別に今回は同時廃止にする」、と決定した。

なお、本件も法テラスで書類作成援助申込みをしたが、法テラス側で事例①のような対応はなかった。

2 執務にあたっての工夫

筆者の場合、事件受託から申立まで、可能な限り相当程度時間をかける。こちらが依頼者の生活や特質を十分理解するとともに依頼者との強固な信頼関係を築くためでもある。

事例①の申込者は高齢でもあり、何度も法テラスから弁護士を勧められたため、相当程度不安感が高くなっていたが、決して筆者との関係を断とうとは思っていなかった。逆に法テラスに対して強い不信感をもった。

事例②の当事者は、回復支援施設入所中から筆者とは面識があり（筆者は月に1度プログラムミーティングの司会をやっている）、事件受託前からの信頼関係ができていたため、最初の審尋のあとも、筆者を信じて取り乱さなかった。

事例①の事件以来、法テラスへ自己破産の書類作成援助を申し込む際には、少額管財事件にならないと考えられる旨の、できるだけ詳細な説明と、これまでの同様の案件でも少額管財事件になっていない旨の記載をしている。それでも、法テラスにおいて援助申込みの審査員の弁護士の指示で、法テラス職員が連絡をする事例もあることから、申込人本人へ管財事件になった場合についての説明をし、了承を得ている旨の記載を加えている。

もちろん、本人にも法テラスから直接電話があるかもしれないと詳細に説明をしているが、このこと自体が不自然であるため理解をしてもらうために相当の労力を要している。最後は、信頼関係の中でわかってもらっているというのが実態である。

3 事例を通してみえた問題点

(1) 少額管財手続による弁護士代理への誘導

(A) 少額管財手続以前の個人破産手続

破産手続は、債務者が経済的に破綻して、弁済期にある債務の総債権者に対して債務を一般的・継続的に弁済することができない状態にある場合に、裁判所が選任する破産管財人が債務者の財産を包括的に管理・換価して、総債権者に公平に分配することを目的としている。債務者が自然人の場合に、管理・換価すべき財産がない場合には、裁判所は破産管財人を選任することなく、破産手続の開始決定と同時に破産手続廃止の決定をする（以下、「同時廃止」という）。いわゆる消費者破産の場合には、ほとんどが同時廃止になるケースである。

(B) 少額管財手続の登場

1999（平成11）年4月、東京地方裁判所において、破産手続に、即日面談と少額管財手続の運用が開始された。当時、東京地方裁判所民事第20部（破産・再生）の園尾隆司総括判事は、即日面談とは、代理人申立事件について、破産の申立てがあったその日に裁判官が申立代理人と面談をして、破産宣告をするかどうかを決定する手続であり、少額管財手続とは、破産管財人を付するべき事件について、原則として20万円の予納金で申立てを受理し、手続の簡素化を図ることによって管財手続を迅速に進める手続であるとしており、この即日面談・少額管財手続の利用件数は飛躍的に増加し、2002（平成14）年には、東京地方裁判所の全破産事件の95％が処理されるようになったと報告している（注1）。園尾は、即日面談に関して、手続創設当初は、破産申立て当日に破産宣告・同時廃止の決定がされる手続が創設されたと聞いて、審査が甘くなって不適正な消費者破産が増加するのではないかと心配する債権者からの照会が相次いだが、弁護士申立事件に限るという運用の説明

1　代理援助と書類作成援助の予納金の扱いの現状

を受けて納得するのが一般的で、債権者には本人申立ての破産事件への不信感が特に強いことを実感し、同時に、対象を代理事件に限る即日面談の手続の方向性に誤りがなかったことを知ることとなったとしている。また、即日面談での処理に適さない事件のほとんどが少額管財手続で処理されているとしている。その結果、2002（平成14）年には、本人申立率は1％台となったと報告している。そして、最終的に、少額管財手続は、予納金を原則1件20万円という低額におさえる一方、手続の簡素化に加えて、申立代理人の役割を見直し、従来は破産宣告により破産管財人が選任されると役割も終わると考える向きがあった申立代理人の役割について、破産管財人と並ぶ破産管財手続遂行上不可欠の機関とみるものであるといいきっている。

このような状況において、破産申立代理人になり得ない本人申立てをサポートする立場の法律専門職である司法書士はどのようにみていたのか。司法書士の力丸寛は(注2)、「少額管財手続および即日面接の同制度は、弁護士選任なしには利用できない。このことは、東京地方裁判所民事第20部の配布文書に明記され、実際に申立窓口で、裁判官ではなく職員により、内容ではなく代理人の有無により、利用の可否が選別されている」と報告している。力丸は、民事第20部のこれらの運用については、本来の職責を放棄して、弁護士にアウトソーシングし、その金銭負担を市民に負わせているとしている。さらに民事第20部が代理人選任を要件に、破産法の専属管轄に違背し積極的に日本全国の申立てを受理している事実を指摘し、依頼者の生活実態の把握が到底できないのに全国対応可能とする在東京の弁護士事務所の広告が日本全国で展開されるのは、同部の効率至上主義の産物であると指摘している。そして、民事第20部にとっては、単に処理すべき数字にすぎないかもしれないが、その一つひとつは生きている人間がかかわっている事件であり、それぞれの人生を懸命に家族とともに営んでいる。経済生活に行き詰まって訪れた裁判所により、最後の経済生活再生の手段が封じられたとき、その人々が感じた絶望に

思い至らせてほしい。「弁護士選任の有無」だけを窓口で機械的に確認する作業はもはや司法作用ではない、事件処理にうつつを抜かし、法的知識に疎い市民に対して砦を築くのは裁判所の職責に反する。裁判所は、法律専門家のためでも、ましてや裁判所自身のためにあるのではない、市民のためにこそある。にもかかわらず、市民の自律的な利用を推進するのではなく、裁判所にとって望ましい申立てに誘導し、望ましくない申立てをほぼゼロにまで減少させる運用は認められない、と厳しく批判している。

即日面談・少額管財手続の運用は、激増する自己破産申立てに対する切実な裁判所の事務処理対策であったことは間違いない。司法統計によると全国の個人自己破産申立件数は、1998（平成10）年に10万件を超え、2002（平成14）年には20万件を超えており、翌2003（平成15）年の約24万件がピークになっている。この状況において司法行政は、裁判所内の人員を強化する方法ではなく、民間の弁護士会を活用することで事件処理を進める方法を選択した。司法書士は、地方裁判所においては代理人の立場ではなく、本人申立てに関して書面作成を通じて支援する職能としてかかわっている。即日面談・少額管財手続について、裁判所側ではなく利用者側の法律専門家として意見表明できる唯一の職能である。司法書士会に対しては、裁判所から「即日面談・少額管財手続の運用」についての文書は配布されたが、窓口における執拗な弁護士代理への誘導に関しては、全く予想できず、現実の申立ての場においてその現象に遭遇することになったのである。裁判所の対応に関してこれまで司法書士会は弁護士会と協力して要望してきたこともあったが、今回の事態は弁護士会では織込済みであり、司法書士会が孤軍奮闘するしかなかった。それにしても、2002（平成14）年の段階で、95％が弁護士代理になっていながら力丸の論文が発表されたのが2009（平成21）年であるのは、あまりに時間がかかりすぎている。ちなみに2009（平成21）年の段階では、全国の自己破産申立件数は、約12万6千件に減少している。

2001（平成13）年に発表された司法制度改革審

Ⅳ　司法アクセス拡充の実践事例と司法制度の現代的課題

議会の最終意見書により、わが国の法曹人口については、司法試験合格者を年間3000名程度にすることを目標に設定されながら、2013（平成25）年4月の「法曹養成制度検討会議・中間的取りまとめ」（法務省ホームページ）ではこの目標数値の撤回を決めている。その理由は、弁護士の人数が多くなったが、事件数は増えておらず、新たな分野への進出も限定的であり、法律事務所への就職が困難なことが、あげられている。しかし、一方で同じ法曹仲間である裁判所と利用者不在の状況で即日面談・少額管財手続の運用のような密約を交わし、一定の仕事を確保することは、裁判所との癒着といわれても仕方がないものではないだろうか。あるいはそのような安易な密約において仕事を確保していくような、ぬるま湯に浸っている体質の改善なくして、市民のための司法制度改革は成し遂げられないであろうし、市民のための法律家は育たないのではないか、と懸念するものである。

(2) 予納金
(A) 予納金をめぐる問題の概要

もともと破産手続は債権者申立てが本流であり、破産者の調査など破産手続の維持のため、破産管財人等の費用等として申立人が裁判所に予納し、破産財団から優先的に弁済された**(注3)**。破産財団で予納金が回収できない場合が多いことから、その性質について議論があった。通説は、予納金は破産者無限責任説で、裁判所の立場も同様である。しかし、もともと破産せざるを得ない破産者から事実上予納金を回収することができないことも多かったとも報告されている。

破産者自身が申立てをする「自己破産」においては、予納するのは申立人であるが、そもそも資産がない同時廃止案件に関して、裁判所や若手弁護士の生活のために、少額管財手続を用いることの是非、仮にこの制度が許容されるとしても一方的に予納金額を一律で決定することの是非を考えるべきである。

裁判所として、債権者数および債権額によって、事件の複雑性をおおむね予測して一定の予納金額を設定しておくことはやむを得ないことであろう。しかし、実際の事件の中身がすべてそのような表面的な債権者数や債権額のみで予測したものとは一致しないことも事実である。1990年代後半頃の裁判所は、申立人の事情を勘案して、当初裁判所が想定していた予納金を変更することも柔軟に行っていた。しかし、近年ことに少額管財手続が登場したあたりから、裁判所は柔軟性を失い、裁判所が決定した予納金が納められない場合には、却下を示唆するなど強硬な姿勢がうかがわれる。

そもそも予納金は、破産管財人の費用にあてられるのであるから、申立人が用意できる予納金で破産管財人を引き受ける者がいればよいのであり、裁判所が自ら決定した金額に固執する必要はないのではないか。事実、1990年代後半頃には、破産審尋の折に準備できる予納金額を報告すると、その金額で管財人を引き受ける弁護士を探すように要請され、見つかればそれで手続を進めてくれていた。

少額管財事件は、申立人に財産がない場合が多く、申立書類がしっかりしていれば、管財人が行う事務はさほど多くはないはずである。はたしてそのような事務で20万円もの費用が与えられることが妥当なのか。社会の一般常識からはかけ離れていると感じてしまう。

(B) 法テラスの予納金の扱い

生活保護受給者についての破産申立てに関して、少額管財事件になった場合、法テラスでは、予納金費用として20万円の援助となっている。しかし、横浜地方裁判所の取扱いは、弁護士申立ての場合20万円、本人申立ての場合30万円の予納金を要求している。そのため、本人申立て（主に司法書士の書類作成援助）の場合には、予納金10万円分については法テラスから援助してもらえないため、申立人が用意しなければならない。司法書士が自己破産の書類作成援助を申し込む際に、援助申込みの記載内容から、裁判所が少額管財事件にまわしそうな案件（多くは、免責不許可事由が存在すると考察されるケース）の場合、法テラスは援助申込本人に連絡をして、少額管財事件になった場合には10万円を自分自身で用意できるか

1　代理援助と書類作成援助の予納金の扱いの現状

確認することになる。元々生活保護受給者であるから、10万円もの金額を用意するのは事実上不可能である。したがって、法テラスは、弁護士代理であれば10万円を用意する必要がないことを説明し、弁護士を紹介することもできると伝える結果となるのである。これでは、法テラスにより実質的に少額管財事件については司法書士を排除し弁護士へ誘導することになってしまっている。

法テラスは、なぜ予納金援助を20万円と固定化しなければならないのか疑問である。生活保護受給者に関しては、金額を問わず予納金を援助すべきである。自己破産申立件数は減少しており、少額管財事件に関してもさほど件数があるとは思えないから、予算上の問題とはいえないであろう。

法テラスが、援助申込書の記載のみを判断基準にして、援助申込者に対して直接弁護士紹介までの話をすることが妥当であると考えているとすれば、甚だ疑問である。少額管財手続になるかどうかは裁判所の決定事項であり、少なくとも持込案件である以上まず持ち込んだ司法書士に意見を聞くべきである。それすら必要ないと考えているとすれば、弁護士誘導と批判されても仕方ないであろう。

わが国の民事法律扶助は、先進諸外国から大きく立ち遅れていたのを、長年弁護士たちが手弁当でつくり上げてきた制度である。弁護士たちのこの行動は歴史的にも称賛に値する。2000（平成12）年の民事法律扶助法の施行により、正式に国費により運営されるとともに、司法書士の書類作成に関しても扶助の対象とされた。その後、2006（平成18）年に法テラスがこの制度運営を引き継ぎ現在に至っている。

弁護士が手弁当でつくり上げた基盤のうえに築き上げられた歴史的経過をもつ民事法律扶助制度の中で、司法書士は当然新参者としての扱いを受けることになる。それは世の常で仕方がないことではあるが、新参者としての役割を果たす必要はあると思う。弁護士を中心とした文化の中で、異質な存在がなすべき役割は、その文化の中に隠されてしまった誤りを指摘していくことであろう。少なくとも常に違和感を指摘していくことこそ、民主的な運営に役に立つはずである。

たとえば、書類作成援助は司法書士に限られたものではなく弁護士も同じ援助を受けることができる。つまり、民事法律扶助制度においては、司法書士と弁護士の書類作成は同等のものとして位置づけられている。したがって、その前提となる法律相談について弁護士と差別化されるいわれはないのではないか。1979（昭和54）年高松高裁判決（高松高判昭54・6・11判時946号129頁）における司法書士の書類作成およびその前提となる法律判断に関しては、2000（平成12）年の民事法律扶助法により、理論上の解決がなされたものと考えてよいのではないか。それを前提に、法テラスに対して、民事事件における140万円以上の法律相談に関しても、司法書士の法律相談援助を認めるように働きかけるべきである。

本稿の主題である予納金をめぐる混乱についても、法テラスに対してその矛盾点を繰り返し主張しサービス改善させることが、利用者のための司法アクセスの促進に役立つのだということを司法書士は忘れてはならない。

(C)　破産管財人

現在裁判所は、破産管財人として弁護士を選任しているが、破産管財人は、法律上弁護士に限られるわけではない。

2006（平成18）～2007（平成19）年にかけて鳥取地方裁判所は、司法書士を積極的に破産管財人に選任していた事実がある。この期間、複数名の司法書士が数件ずつ破産管財人を務めている。案件も少額管財事件といった簡易な事件ではなく一般の財産が存在する事件についての管財事件である。したがって、債権者集会を開き、財産を換価し分配する事務をじっくり行っている。

当時、破産管財人を務めた数名の司法書士への聴き取り調査(注4)によると、破産管財人を務めるにあたって、特別に裁判所から研修を受けることはなく各自の学習に任されていたという。そこで、鳥取県の司法書士は、それぞれ自ら学習し問題なくその役目を果たしていた。その当時、全国の自己破産件数は減少を始めたとはいえ、まだ10万件以上の件数があり、また、鳥取県内の全

Ⅳ 司法アクセス拡充の実践事例と司法制度の現代的課題

弁護士数は30名弱であったという事情もあり、司法書士に白羽の矢が立ったものと思われる。この2年間の後、鳥取地方裁判所において司法書士が破産管財人に起用されることはなくなったようであるが、司法書士の能力不足という理由ではなく、むしろ、破産事件の減少と弁護士数の増加（注5）がその原因だと思われる。

現在、鳥取県をはじめ全国各地で司法書士が破産管財人に選任される実例が報告されないことは残念であるが、鳥取地方裁判所の実例から次のことはいえるであろう。司法書士は、職能上破産管財人としての資質があること、少額管財事件であれば、なおさらその任務は果たせる。社会的資源である破産管財人は、裁判所が選任する以上司法書士が選任されても弁護士法違反の問題は当然生じない。

鳥取県では管財人の費用に関して弁護士のそれと差別化はなかったようであるが、司法書士にとっては日常業務に比べて、かなり高額に感じられる。

逆にいうと、裁判所が司法書士を破産管財人に選任すれば安くすませることができるのではないか。逆にいえば、司法書士会は、積極的に裁判所に対して司法書士を破産管財人に選任することにより、元々経済的に困窮している自己破産申立人の負担を軽減することができると働きかけるべきである。破産の予納金の金額が減少することは、法テラスにとっても都合のよいことである。生活保護受給者に対する援助費用は、最終的に償還免除にせざるを得ないため、負担する金額が低ければそれだけ国家財政的にも望ましいことになる。

(D) 裁判所における発達障害に関する知識に関する疑問（事例②から）

現在、社会不適応を起こす成人の中には、相当程度「発達障害」と認定されうる人が存在する。

「発達障害」とは、主に自閉的な傾向にある人で、主にコミュニケーションに関する障害により、社会的に生活を営むことが困難な場合に、公的な支援を受けることができるように「精神障害」と認められたものだと筆者は理解している。近年、筆者が支援する自己破産申立人の半数以上は、発達障害の障害認定を受けているか、障害認定こそされていないが、障害相当もしくはボーダーライン上にある方々である。

2010（平成22）年に完全施行された改正貸金業法の成果でもあるが、安定した社会生活を営むことができており、借金のみが生活の課題であるという方が、自己破産に追い込まれることは比較的少なくなっている。現在は、就労が安定しない、引きこもりがちである、あるいは、依存の問題があるなど複合的な問題を抱え、借金だけでなく生活そのものに課題のある方が自己破産をせざるを得ない傾向にあると思われる（注6）。

このような方の存在や支援方法につき、家庭裁判所には調査官制度など心理職が存在し、また、少年事件などでも理解は進んでいると思われる。また、刑事事件では、弁護士会での研修事例もあり少しずつ理解されてきていると思われる。

しかし、民事事件では、そもそも当事者の対等性の中でのルールになっており、その延長線上にある破産手続においても、裁判官はおろか弁護士・司法書士にも理解が進んでいないと感じている。

自閉的な傾向があるか、あるいは、ものごとの理解が独特であるなどの特徴をもつ方に対しては、破産審尋において、それらの特徴を十分踏まえた対応を裁判官もとる必要があるだろう。事例においても、破産申立書に、申立人に関する診断書や障害認定などの資料に加え、筆者からの「接するに際してのお願い事項」も添付しているにもかかわらず、書記官が気にするのは単に細かな金銭の出入りのみであり、裁判官が気にするのは本人の「反省」の有無であるような気がしてならない。

これでは、現実に生じている社会現象に対応すべき裁判所が、時代遅れになってしまうのではないかと懸念が生じてしまう。少なくとも、申立書およびその添付書類を通じて、社会現象を把握していただきたいし、司法書士は、そのような申立書を作成支援していくべきである。

（注1） 園尾隆司「東京地裁における破産事件の実情と課題――過去10年間の統計数値の分析

と最近の手続の進展状況――」金法1644号6〜19頁。
（注2） 力丸寛「破産と東京地裁の運用の問題」消費者法ニュース79号126〜129頁。
（注3） 首藤祝生（東京地裁破産部主任書記官（当時））「予納金の性質――その使用と返還方法」判例タイムズ18巻12号83〜85頁。
（注4） 2013（平成25）年に筆者が破産管財人を体験した司法書士にメールと面談によるインタビューによって調査した。
（注5） 日本弁護士連合会の発表によると2012（平成24）年8月1日現在鳥取県内の弁護士は63名。
（注6） 中村努＝高澤和彦＝稲村厚『ギャンブル依存との向き合い方 一人ひとりにあわせた支援で平穏な暮らしを取り戻す』。

4　展　望

(1)　実質的な司法改革の担い手としての司法書士へ

日本の司法は法曹三者によって運営されてきた。

その結果、大きく社会との乖離が生じて、利用者からのメスが入り、2001（平成13）年司法制度改革審議会最終意見書から国民的な司法制度改革が始まったのである。司法書士は、制度的には、司法の担い手として、1872（明治5）年司法職務定制により、代書人として、代言人としての弁護士および証書人としての公証人とともに誕生し、この二つの制度と同じ歴史をもっている。しかし、わが国はその後、弁護士を唯一の司法の担い手として位置づけた制度設計を進めてきた。たしかに戦前の弁護士は、法曹三者の中で裁判所・検察よりも下位に位置づけられていたため、地位向上のための努力をし続けてきたが、司法書士は、司法の担い手としてすら忘れ去られた存在として、それでも存続し続けてきたのである。戦後、弁護士は法曹三者として裁判所・検察と同等の立場を手に入れたが、その結果、司法制度は弁護士を加えた法曹三者によって運営されるようになったものの市民参加による制度設計が図られるようになったわけではない。いわば国民不在のまま、制度設計され続けてきたと思われる。その一つの事例が、本稿で紹介した自己破産申立てにおける裁判所の制度運用である。

司法書士は、2000（平成12）年民事法律扶助法により、書類作成における司法的な地位を獲得し、2002（平成14）年司法書士法改正により、簡易裁判所における民事代理権を獲得し制度的な悲願であった司法制度の担い手としての地位を獲得したともいえるであろう。

しかし、これまで法曹三者以外の法律家として司法の利用者とともに司法制度に関与してきた司法書士は、市民的な感覚で司法の問題点を指摘できる立場にいたことを忘れてはならない。利用者のための司法制度改革道半ばの今こそ、司法書士が、その矛盾点を指摘し改革を推進する役割を果たすべきである。つまり、司法書士は、司法制度改革の担い手として自らを位置づけることが望まれるのである。

このような立場から、本稿の事例①の問題点に対する具体的な提案を以下に述べる。

司法書士会において、会員を破産管財人として養成するカリキュラムを策定し、実行する。そのカリキュラムに則った研修を開催し、破産管財人候補者名簿を作成、各司法書士会から各地方裁判所へ提出する。司法書士の破産管財人は、申立人の事情に応じた費用（つまり、現在の運用よりも低い費用）で破産管財人を務めるものとする。

さらに、裁判所に対して、破産管財人の費用としての破産予納金に関しては、入札方式を提案する。これらは、すべて社会に対して公に行うことが必要である。たとえ申立人が負担するにせよ、公的機関が公的費用を民間に支出する以上、入札方式にするのは当然ではないだろうか。

(2)　福祉的役割の裁判所改革の提言

2005（平成17）年秋に、筆者は米国ニューヨーク州アマーストのタウンコートを視察した（注8）。そこでは、ギャンブル依存を原因として犯罪を起こした者について、刑務所に入れずに地域の福祉的な施設や社会資源と連携して、依存に関するトリートメント・プログラムを受けさせ、その経過を2週間ごとに法廷で、本人と福祉関係者から報告を聞き、次の課題を明確にしていきながら、

Ⅳ 司法アクセス拡充の実践事例と司法制度の現代的課題

最終的に社会に復帰させていた。

たしかに米国の裁判所の裁判官の裁量は、わが国より大きいのは間違いないし、行われていたのは刑事事件（**注9**）に対してである。しかし、自己破産手続において、事務処理推進のために少額管財・即日面談手続を実行しえたわが国の裁判所であれば、不可能とはいえないのではないだろうか。

問題点の部分で論述したように、現在自己破産申立てをせざるを得ない方の中には、福祉的な支援が必要なケースが多いことを考えると、破産審尋を地域の福祉的な支援者とともに行い、その方の社会参加に必要な社会資源につなげて経過をみながら免責を決定していく方法をとってもよいのではないだろうか。元々、筆者が自己破産手続を受託し始めた頃は、申立てから免責決定まで2年近くかかるのが普通であった。申立人のために時間をかけることも裁判所の役割ではないだろうか。

社会においても、2013（平成25）年12月13日、生活困窮者自立支援法が公布され、2015（平成27）年4月1日施行が予定されている。このような社会情勢を裁判所も敏感に察知し、運用に取り入れるべきである。裁判所の運用は、あくまでも自らの事務処理等の都合ではなく、利用者のためであるべきであることを確認してほしい。そして、このような運用提案を、司法書士会が行ってほしいと願っている。

（**注8**）　稲村厚「ギャンブリング・トリートメント・コート視察――アメリカ・ニューヨーク州のタウンコート――」月報司法書士407号84〜87頁。

（**注9**）　わが国でも2013（平成25）年、薬物使用の刑事事件では、刑の一部執行猶予制度が新設されている。

Ⅳ 司法アクセス拡充の実践事例と司法制度の現代的課題

❷ 司法書士の法人破産事件への関与のあり方と零細事業主の救済

司法書士 小澤吉德

1 事例の概要

中小企業に最も身近である法律家として、中小企業者等に対する金融の円滑化を図るための臨時措置に関する法律(以下、「中小企業金融円滑化法」という)の期限切れへの対応は、極めて重要なことであることはいうまでもないが、司法書士の代理権範囲の問題や、地方裁判所の予納金の取扱いなど、その取組みについてはいくつかのハードルがある。しかし、多勢の司法書士の工夫により、このハードルを越えていかなければならない。司法書士にとって一つの試金石といえる問題だと筆者は考えている。

依頼会社は、営業目的を宝石・貴金属・装身具・インテリア小物・室内装飾品の販売とする、資本金300万円の特例有限会社であり、株主は代表者1名の典型的な一人会社である。

売上げは、設立から2008(平成20)年までは順調に推移していったが、いわゆるリーマンショックにより、売上げは減少し、追打ちをかけるように、2009(平成21)年8月に発生した駿河湾地震を契機に売上げは激減した。その後、2011(平成23)年3月の東日本大震災により、取引先メーカーや卸店の廃業が確定的になってしまい、事業資金の返済計画は一気に破たんするに至った。

負債総額は5071万9998円、資産としては8万円程度。受任時には、売掛金もほとんどない状態であった。

負債の内訳としては、事業資金としての銀行からの借入れ(信用保証協会保証付)が4000万円、同じく、日本政策金融公庫からの借入れが400万円程度であった。

また、代表者は住宅ローンも抱えていたが、上記の事情により返済が困難となり、当該不動産は売却処分することとなっている。

そして、当該代表者は、会社の事業資金の借入れにつき連帯保証人となっていたため、同時に個人破産の申立てをするに至っている。

2 執務にあたっての工夫

(1) 法人破産事件の性質と司法書士関与の適合性・意義

現行法上、司法書士に法人破産申立事件の代理権はない。また、法人破産事件は、事案によっては、債権者と申立法人との間に立つ必要性の高いものも少なくなく、そのような事件については、弁護士代理による申立てを勧めることになろう。

ただし、法人破産事件は、大きく二つに分類されると考えられる。営業が行われている段階における破産と、完全な廃業後あるいは事実上の廃業後の破産である。

前者については、破産手続の準備自体も水面下で行う必要性が高く、また、債権者との交渉ごとが多く想定される。他方、後者については、債権額もほぼ確定しており、申立ての準備にあたって代理人としての交渉が必要な事案は少ないように思われる。

さらにいえば、司法書士事務所に寄せられる法人破産事件の圧倒的多数は、後者であり、申立人

Ⅳ 司法アクセス拡充の実践事例と司法制度の現代的課題

代理人となる弁護士費用と、破産管財人の費用となる予納金費用の捻出が困難な事例が圧倒的である。さらに、事実上の廃業から数年を経過しているような事案では、売掛金を回収して破産手続費用にあてるということも不可能であるから、現実的には代表者の身内からの援助に期待するか、代表者個人の収入を一定期間積み立てるよりほかにないのが現状であろう。

しかし、事実上廃業しており、かつ、債務超過に陥っている法人を放置しておくことは、社会全体からみても、当然に不利益なことが多いものと考えられる。それは、商業登記制度の信頼性という意味一つをとってみても明らかであろう。もちろん、そのような法人の代表者の平穏な生活を取り戻すという観点（法人を放置し、代表者個人のみの破産免責手続が、事実上許容されていない現状を鑑みれば、特にそのような観点も重要になってくるものと考えられる）からも、破産手続を経ることによって、しっかりと清算しておくことは有意義であることに異論はないと思われる。

さらにいえば、予納金の捻出ができずに、事実上は完全に廃業しているにもかかわらず、破産申立てを断念・放置している中小零細の法人の数は、極めて多数になっているものと推測できる。

これら放置された法人が、いわゆる休眠会社として、不正な目的のために売買されている実情もあるかもしれない。そうであるならば、商業登記の専門家としての対応が必要ではないだろうか。

(2) 司法書士関与時の留意点

(A) 概要

一方、司法書士独自の問題として、上述した代理権の有無に関連して、いわゆる受任通知の問題がある。すなわち、代理権の存在しない破産事件について、書類作成者として債権者に対する受任通知を送付することの可否である。さまざまな意見があると思われるが、筆者の基本的な姿勢としては、代理権が存在しない以上、代理人的な振舞いは避けるべく、申立て前に債権者に通知文書は一切出さないこととしている。したがって、債権調査は、依頼人会社への請求書などで行い、必要に応じて、依頼人会社と当職の連名により、調査依頼のお願いの文書を送付することとしている。ちなみに、この調査依頼に対する報告書のあて先は、当事務所ではなく依頼人会社としている。

さらに悩ましいのが、破産前のさまざまな準備行為、すなわち、本店所在地の建物賃貸借契約の解除などの法律行為への対応である。代理権がない以上、依頼人が行うしかないわけであるが、それらに対する適切なアドバイスが求められることはいうまでもない。

以下、留意すべき具体的な点につき、いくつか述べることとする。

(B) 債権者一覧表の作成（債権者の特定）

代理権のない司法書士は、破産申立て前に代理人としての債権調査はできない。

破産申立てが前提ではない事件、すなわち、一括返済や分割返済を前提とした法人の債務整理事件であれば、代理権の範囲内であることも少なくないため、事前の債権調査が可能な事案もあると思われるが、破産申立てが前提ということであれば、現行法上、代理人としての債権調査はできないといわざるを得ない。

しかし、できないことが、法人破産手続に消極的になる理由にはならない。

そこで、申立書類の一部である債権者一覧表作成にあたって、どのような資料に基づくべきかという問題が生じる。

結論から述べれば、当該法人に郵送されている請求書・督促状を時系列順に整理し、債権額をピックアップするということになる。したがって、面談時に、そのような書類を持参してもらうことが必要になる。

(C) 財産目録の作成（財産調査）

債権者の特定と同じく、極めて重要な点が、当該法人の資産の内容を知ることである。

結論からいえば、本店所在地等（営業所が他にあれば、それを含む）での確認作業と決算報告書や通帳などの書類上のチェックの二つの作業によって洗い出すということになろう。ただし、本店所在地等現地における確認作業も、決算報告書の貸借対照表等との比較に基づいて行わなければ、意味をなさない。したがって、まずは、決算報告

2　司法書士の法人破産事件への関与のあり方と零細事業主の救済

書等の書類上のチェックが重要になると思われる。

また、個人破産事件と同様に、法人の通帳、また必要に応じて代表者個人の通帳の入出金の確認もしなければならないことは当然である。裁判所や破産管財人の関心がおよぶであろう入出金の内容は、書類作成者としてもきちんと把握しておくことはもちろんのこと、審尋期日において、依頼会社の代表者がきちんと説明できるようにしておかなければならない。

さらにいえば、もっとも重要な点は、「決算報告書等に記載のある財産で、申立時点において存在しないもの」である。これらについて、使途・処分方法（いくらで誰に処分したのか等）については、裁判所および破産管財人の最大の関心事となる。したがって、申立書類を作成する司法書士にとっても、最も注意を向けておく必要があるし、財産目録の一部として、処分財産目録を別枠で用意すべきであろう（実際に、横浜地方裁判所等で使用されている書式にはそのような目録があるので留意されたい）。

3　事例を通してみえた問題点

(1) 制度的な問題
(A) 平成16年破産法改正に伴う書記官の権限強化
(a) 法人破産事件の手続の流れ・留意点

静岡地方裁判所本庁における法人破産事件は、申立て後、代表者に対する開始決定前の審尋が行われるのが通常である。ここには、裁判官、書記官、管財人候補の弁護士、依頼人会社の代表者が参集する。そして、申し立てられた書類に基づき、当該破産事件の問題点を協議し、不足書類の補完指示や釈明などが指示される。さらにいえば、破産管財人である弁護士の報酬についてもこの場で事実上決定される。

そして、補完書類の追加提出、照会事項についての上申、予納金の納付が行われると、破産開始決定が出されるという手続になっている。

この審尋期日を事実上取り仕切るのが、担当の裁判所書記官である。裁判所によっては、このような審尋期日に対して、申立書類作成をした司法書士の出席を認めるところもあるかもしれないが、原則としては、代理権のない司法書士は出頭することはできない。したがって、この重要な開始前審尋期日の情報は、依頼人から確認するしかない。司法書士としては、今後の対応について必要であるから、当該審尋期日における裁判官のコメント、管財人予定者である弁護士のコメント、裁判所書記官からの指示等、詳細な情報を得たいところである。

(b) 近時の裁判所・裁判所書記官の動向

ところが、近時、書記官から時折驚くべきコメントが発されているケースが散見されている。

端的にいうと、「なぜ、司法書士に依頼したのか。司法書士には代理権がないから、破産審尋期日にも出頭できない。一体、司法書士にはいくら支払ってるのだ」などといった、代理権のない司法書士が法人破産事件を申し立てることについてのデメリットばかりを指摘し、本人申立ての権限を事実上否定するようなさまざまな発言が、あろうことか、裁判所書記官から複数発せられているという事実である。

このようなコメントの背景には、弁護士の大増員に伴う配慮が存在しているのかもしれない。実際、静岡地方裁判所は、2007（平成19）年、いわゆる小規模管財事件の導入について、司法書士会に対して全く事前の通告もないまま、後掲（参考）のような導入のための文書を送付してきたが、その趣旨として「若手弁護士の育成」とはっきりとうたわれていることからも、推察できる。

(c) 裁判所書記官の権限強化の目的

さて、そもそも、裁判所書記官の権限を強化した2004（平成16）年破産法改正、そして、裁判所におけるいわゆる小規模管財事件の取扱いの導入も、その立法事実は、破産事件の急増という事実に尽きると考えられる。決して、司法制度改革の一環として行われた弁護士大増員が理由ではないはずである。そうだとしたら、画期的な平成18年貸金業法改正によって、破産事件が急激に減少している今、破産事件の急増を理由に導入された制度・取扱いについて見直しが考えられるべきともいえるのではないだろうか。

Ⅳ 司法アクセス拡充の実践事例と司法制度の現代的課題

具体的にいえば、平成16年の破産法改正に伴い、旧法において裁判所または裁判長の権限とされていた、①破産手続開始の登記等の嘱託、②破産手続開始の申立書の審査、③特別調査機関または特別調査期日の費用の予納を命ずる行為、④債権調査および破産債権の確定に関する訴訟の結果の破産債権者表への記載および更正、⑤最後の配当の許可に関して、裁判所書記官の権限とされた。これらの権限が書記官に委譲された理由は、一定の事実が発生することにより当然行うべきものや一定の事実関係を確認する公証行為であったり、定型的な判断で足りるもので、実質的判断を伴うものではないというものであった。

本件においては、裁判所書記官の権限のうち、②の問題に係るものと考えられる。つまり、平成17年改正前の旧破産法では、破産の申立書における申立人、債務者、申立ての趣旨、申立ての理由等の記載の有無についての審査および手数料の納付の有無についての審査は、民事訴訟法の規定の準用により、裁判長の権限とされていたが、手数料の納付の有無については形式的判断で足り、破産手続開始の申立ての際に記載すべき事項の記載の有無についても定型的判断になじむものということで、裁判所書記官に権限を移譲している。

　　(d) 破産事件の担い手をめぐる歴史的経緯と司法書士

1998（平成10）年6月、倒産法制の見直しが本格的に始動した当時、倒産手続に関与する裁判官、裁判所書記官、弁護士の協働について座談会が設けられている（「座談会　倒産手続における裁判官、書記官、弁護士の協力と関与」NBL645〜649号）。すなわち、激増する倒産処理の現場でどのような問題が生起しているのか、これに対して、裁判官、裁判所書記官、弁護士はどのように対応しているのか、これら関係者のコラボレーションによって「関係者全体のハーモニー」を奏でるにはどのようにしたらいいのか、倒産手続の運用改善と倒産法見直しの方向性を探る目的で、それぞれの立場から率直な意見交換が行われている（瀬戸英雄「破産手続を担う人たち――新破産法による裁判所書記官の権限の強化を中心として」NBL800号151〜159頁）。しかし、当時から、「東京、大阪などの大都市以外の裁判所に申し立てられる破産事件の多くは、個人破産事件であり、しかも本人申立てによる同時廃止事件である」との認識がありながら、「その申立てには、不備が多く、また一般人が、正確な債権調査を行うことは自分のことであっても容易ではないため、その対応が、破産事件を担当する裁判所書記官による事務の相当部分を占めている」（NBL800号155頁）との結論に結びつけているにとどまる。

(参考) 静岡地方裁判所からの書面

平成19年6月28日

静岡県司法書士会　御中

静岡地方裁判所民事部
破産係主任書記官　　○○　　○○

拝啓　時下ますますご清祥のこととお慶び申し上げます。

　さて，当係では平成19年6月1日から小規模管財手続の運用を開始しました。小規模管財手続の詳細は別紙書面記載のとおりですので，会員の皆様に小規模管財手続について周知いただけるようお取り計らいください。
敬具

（別　紙）

第1章　小規模管財手続
第1　小規模管財手続の創設
1　意義・目的
　現在の基準額と比べ低額の予納金で管財事件として手続を行うことのできる事件類型を認めることにより，従前は管財人の関与しなかった自然人及び法人の同時廃止事件の一部につき管財人を関与させ，財産状況や債務状況につき透明性・公正性を高めるとともに，当該事件の管財人に若手弁護士を積極的に登用し，本来的な管財事件における管財人を担える人材を育成することとする。
2　《略》
第2　小規模管財手続の運用
1　小規模管財事件の事務処理等
　(1)　予納金は，弁護士による代理人申立ての場合は1件20万円，本人申立ての場合は1件30万円とし，開始決定前の一括予納とする。分納や管財人への現金引継は認めない。
　《以下略》

2　司法書士の法人破産事件への関与のあり方と零細事業主の救済

（参考）　破産事件数の推移

	破産総数（件）	自然人	法人・その他	債務者申立て	債権者申立て・その他
1994年	43,161	—	—	—	—
1995年	46,487	43,649	2,838	45,989	498
1996年	60,291	56,802	3,489	59,617	674
1997年	76,032	71,683	4,349	75,199	833
1998年	111,067	105,468	5,599	108,899	2,168
1999年	128,488	123,915	4,573	126,949	1,539
2000年	145,858	139,590	6,268	145,207	651
2001年	168,811	160,741	8,070	168,082	729
2002年	224,467	214,996	9,471	223,601	866
2003年	251,800	242,849	8,951	250,983	817
2004年	220,261	211,860	8,401	219,402	859
2005年	193,179	184,923	8,256	192,208	971
2006年	174,861	166,339	8,522	174,052	819
2007年	157,889	148,524	9,365	157,246	643
2008年	140,941	129,883	11,058	140,212	729
2009年	137,957	126,533	11,424	137,255	702
2010年	131,370	121,150	10,220	130,770	600
2011年	110,449	100,735	9,714	109,908	541
2012年	92,552	82,901	9,651	92,011	541

（注）　2012年の数値は速報値である。

（参考）　司法書士・弁護士数の推移

年	弁護士	司法書士	年	弁護士	司法書士（カッコ内は認定司法書士の数）
1994年	14,809人	16,762人	2004年	20,224人	17,667人（6,351人）
1995年	15,108人	16,818人	2005年	21,185人	17,735人（8,462人）
1996年	15,456人	16,923人	2006年	22,021人	18,059人（9,242人）
1997年	15,866人	16,958人	2007年	23,119人	18,451人（9,986人）
1998年	16,305人	16,980人	2008年	25,041人	18,877人（10,880人）
1999年	16,731人	16,981人	2009年	26,930人	19,302人（11,676人）
2000年	17,126人	17,034人	2010年	28,789人	19,766人（12,415人）
2001年	18,243人	17,075人	2011年	30,485人	20,313人（13,257人）
2002年	18,838人	17,097人	2012年	32,002人	20,620人（13,869人）
2003年	19,508人	17,304人	2013年	33,563人	21,196人（14,970人）

このような現状認識とその結論は、客観的にみても、司法書士職能の存在を意図的に排除しているとしか考えられない。なぜなら、後にも述べるように、1998（平成10）年当時は、すでに、全国的な規模において、多くの司法書士が同時廃止型の個人破産事件の申立事件に関与していたからである。代理人としての関与でないことから、司法統計にはその数まで明らかではないが、本来であれば、司法書士の関与率をデータベース化し、その関与率が一定程度を占めていたのであれば、破産手続の担い手の一人として、ハーモニーを奏でる奏者として取り扱うべきであったのではないだろうか。圧倒的な数字であったはずの、本人申立ての個人破産事件について、それを後方から支えて

いた当時の司法書士を完全に無視して、裁判所書記官の権限を強化させたこの平成16年破産法改正のあり方に疑問を感じる（もっといえば、破産法改正が予定されていたことに対し、日本司法書士会連合会が、全国の会員の実績の裏付けとなる客観的なデータを収集するなどの対応が求められていたと思われる）。

ただし、前掲・NBL645～649号の座談会における結論はともかく、座談会で司会を務めた高橋宏志東京大学教授（当時）のいくつかの指摘については、確認しておかなければならないだろう。すなわち、高橋教授は、「司法書士の方のなかでも一部、非常に熱心な方がいらっしゃるようですね」（NBL645号12頁上段）と弁護士以外の法律専門家の関与の事実を指摘し、破産管財人の供給源としての司法書士の活用についても示唆されている。なお、高橋教授の後者の指摘に対する反論として、「法律的には問題ないが、訴訟案件が出てきた場合、司法書士の場合は弁護士に委任しなければならないので、結果的にコストは高くつくということになりかねない」というものであった。

なお、2001（平成13）年3月、日本司法書士会連合会は、2001年の個人民事再生手続の導入に備え、全国の会員の執務に資するように『個人債務者再生の実務』を編集したが、その巻頭、高橋教授は

Ⅳ 司法アクセス拡充の実践事例と司法制度の現代的課題

上記書籍の推薦文の中で、この分野における司法書士の活躍に期待を寄せている。また、当時の衆議院法務委員会の議事録を見れば明らかなとおり、個人民事再生手続においては、立法当時から申立書類の作成のみならず、個人再生委員の給源として司法書士が予定されていたのである。

このように、高橋教授や当時の立法担当者は、倒産事件の増加に伴い、弁護士以外の受け手を探していく必要があるという明確な問題意識をもっていたが、弁護士大増員と破産事件の激減により、現在は必要性が減少しているといえる。

しかし、後に述べるように、中小企業金融円滑化法の期限終了に伴う中小零細企業の現状を鑑みれば、法人破産の分野で、司法書士が期待される役割は間違いなく増加することになると考えられる。

(2) 予納金の問題

他の地方裁判所も同様であろうが、静岡地方裁判所本庁においては、法人破産事件の予納金についての基準は開示されていない。したがって、申立てにあたっては、過去の事例から予想し、依頼人会社に準備してもらうしかない。そして、その判断材料としては、債権者数・負債総額・保有資産などの客観的な数値によるしかないが、最終的には裁判官の裁量の範囲内であるため、事案による開きは大きいのが現状と思われる。

参考までに、当事務所で取り扱った法人破産事件の予納金額について、後掲99頁の（表）のとおりまとめてみたので、掲載しておくことにする。

なお、東京司法書士会や日本司法書士会連合会等でも、全国の地方裁判所における予納金額についてのアンケート調査等を行っているが、都市部と地方における運用の差は相当大きい。もちろん、そのような運用の差について全く合理性がないとは思わないが、利用者である市民の目線に立てば、一定程度の可視化と低額化は求められてしかるべきだと考える。

(3) 実務上の工夫による裁判所の運用の変更・立法化──債務弁済協定調停事件から特定調停事件へ──

2002（平成14）年の司法書士法改正は、何によってもたらされたかという議論はさまざまあるが、それまでの司法書士による多重債務問題に対する取組みの実績が一定程度評価されたという側面は大きいと思われる。

すなわち、代理権をもたない司法書士が、全国規模で、自己破産申立書の作成や債務弁済協定調停申立書の作成という形で、多重債務者に寄り添い支援をしてきたことに対する評価である。

一方、その支援は、時には消費者金融業者から「非弁活動」と批判され、時には弁護士からも同様の批判を受けるなど、決して平坦な道のりではなかったといえる。それゆえに、当時の先駆的な司法書士は、いかにして弁護士法違反の誹りを受けずに、本来の目的である多重債務被害の救済活動に専念できるかを真剣に考え、実践に移してきた。

そして、その創意工夫が各地の裁判所の運用を変え、倒産法関連の法改正の一翼を担ったということも事実として記しておきたい。

司法書士が全国規模で、多重債務被害救済活動に力を注ぐようになったのは、平成に入ってからであるが、エポックメイキングな事実とすれば、1993（平成5）年、静岡県清水市で行われた第13回全国クレジット・サラ金被害者交流集会において、司法書士による分科会がもたれたことがあげられる。以後、全国青年司法書士協議会が各地における先駆者と共同して司法書士による実務のノウハウを蓄積していった。

その一例が債務弁済協定調停を利用した債務整理の実務であり、その運用が立法化されたのが1999（平成11）年に成立した特定債務等の調整の促進のための特定調停に関する法律（特定調停法）といえる。すなわち、特定調停法・同法規則に定められた規定の多くは、事件の一括処理のための措置など、債務弁済協定調停事件の処理の実務で工夫実践されている運用を参考にしており、特定調停手続は、債務弁済協定調停事件の処理の延長線上にあるものと考えられている（最高裁判所事務総局民事局監修『債務の調整に関する調停事件執務資料──特定調停事件・債務弁済協定調停事件』）。

このように考えれば、中小零細規模の事業者破

2　司法書士の法人破産事件への関与のあり方と零細事業主の救済

(表)　法人破産事件予納金額一覧

申立人	予納金(円) (官報公告費別)	負債総額(円) 債権者数 労働債権の有無	管財人 費用額(円)	配当の 有無	不動産の有無 および 処理時期	
A社	2,000,000	108,879,948 50名 有	550,000	有	なし	
代表者	800,000	85,000,000 28名	550,000	有	なし	
B社	303,160	3,727,612 7名 なし	不明	不明	なし	
代表者		2,948,269 7名	不明	不明	なし	
C社	200,000	5,763,091 7名 なし	3件で 400,000	なし	なし	
代表者	200,000	6,163,897 8名		なし	なし	
保証人	上記2件 に含む	5,138,820 6名		なし	なし	
D社	300,000	30,093,531 10名 なし	不明	なし	なし	
代表者	300,000	38,709,775 8名	不明	なし	有	事前処理
E社	500,000	279,592,767 12名 有	500,000	有	なし	
代表者	500,000	310,432,370 10名	300,000	有	有	事前処理
F社	300,000	51,646,832 17名 有	300,000	不明	なし	
代表者	300,000	20,393,889 15名	300,000	不明	なし	
G社	2,000,000	136,227,702 48名 有	不明	不明	なし	
代表者	800,000	81,978,640 20名	不明	不明	なし	
H社	504,651	29,348,492 13名 なし	802,318	なし	なし	
代表者	200,000	6,902,213 3名	100,000	なし	なし	
I社	200,000	46,688,170 26名 なし	不明	事件 未終了	なし	
代表者	200,000	41,160,011 19名	不明	事件 未終了	なし	
J社	312,830	50,719,998 13名 なし	不明	事件 未終了	有	事前処理 (店舗兼住宅)
代表者	313,450	51,123,382 8名	不明	事件 未終了		
K社	400,000	30,601,849 17名 なし	不明	不明	有	事前処理
代表者	300,000	21,696,455 10名	不明	不明	なし	
保証人	100,000	17,314,889 6名	不明	不明	なし	
L社	300,000	12,301,460 8名 なし	不明	事件 未終了	なし	

別冊市民と法No.2 / 2014.3　　99

Ⅳ 司法アクセス拡充の実践事例と司法制度の現代的課題

産についても、全国の司法書士の知恵を集約することによって、大きな力となることは間違いないのであるから、創意工夫で乗り切っていかなければならない、いや、乗り越えることはできるはずである。

ただし、ここで注意しなければならないのが、消費者破産本来の目的であったはずの「多重債務者の生活再建支援」という視点を置き去りにした債務整理が一部に横行しているという事実である。この法人破産についても、全く同じことが予想される。すなわち、経営が破綻し、日々の安定した生活が脅かされている零細事業主の生活再建支援という主眼を置去りにしてはいけない。単なるルーティン・ワークとして考えるべき問題ではないということである。

4 展望

(1) 司法書士と中小零細企業のかかわりと破産管財人の可能性

司法書士は、設立登記に始まり、役員変更登記や目的変更登記、そして、解散登記や清算結了の登記を通じて、多くの法人とつながりをもっている。また、そのような法人と顧問契約を締結している税理士とのつながりは深い。そして、それらの法人のうち、いわゆる中小零細規模の企業の占める割合は高い。

一方、中小企業金融円滑化法の猶予期間の満了に伴い、一定程度の会社が清算手続を余儀なくされるといわれる中、上記のような事実から、中小零細規模の株式会社・特例有限会社などとかかわりが深い司法書士に対して、本事例のような破産手続についての相談が寄せられることは多いはずである。たしかに、そのような会社にとって、最も身近な専門家は、顧問契約をしている税理士であるかもしれないが、そうであっても、税理士を通じて司法書士に相談が寄せられることは多いと思われる。税理士との連携の強化も重要であることはいうまでもない。

そのような相談に対し、破産手続を含めた清算手続を提示することは、中小企業の法務アドバイザーを自認してきた司法書士にとって、当然の帰結となるものと考える。

さらにいえば、多くの中小零細規模の企業に接している司法書士であれば、そのような会社の実情にもある程度精通していることが考えられるわけであるから、破産管財人の給源として司法書士がもっと活用されてしかるべきであろう。

これまで述べたように、法人破産手続の多くが、予納金の捻出が困難ということで敬遠されている実態があるとしたら、司法書士が低額の費用で管財人を引き受けることによって、これまで、予納金を準備できないという理由で、放置されてきた法人の破産手続が裁判所でしっかりと行われることによって商業登記制度の信頼性にも寄与することになる。中小零細規模の会社の破産手続にもっと貢献できるようになるものと考えられる。

(2) 中小企業の現状を知り、寄り添う

そして、一方において、中小企業金融円滑化法の期限終了に伴う中小零細企業の現状と課題についても、高いアンテナを張っておかなければならないことも当然であり、必要に応じて、関連する法改正や地方裁判所の運用についても意見を述べていく必要があろう。

平成25年3月末日をもって、企業の倒産の抑制に大きな効果を発揮したといわれている中小企業金融円滑化法が2度の延長を経て終了している。同法を活用した中小企業は、国内企業の約1割、30～40万社といわれている（同法は、平成20年秋のリーマン・ショックに端を発した世界同時不況への緊急避難策として施行されている）。

他方、平成24年度の全国企業倒産数は、4年連続で減少傾向にあるが、これは、企業の業績改善によるものではなく、「政策による倒産抑制」であるとされている。東京商工リサーチの企業データベースによれば、平成24年度に休廃業・解散が判明した企業は2万7132社であり、平成15年以降では最多であることに注意しなければならない（同社ホームページ）。

そもそも、中小企業金融円滑化法による条件変更先は43万社、といわれており、倒産予備軍5～10万社ともいわれている。中小企業再生支援協議会および認定専門家制度（経営革新等支援機関）等

2 司法書士の法人破産事件への関与のあり方と零細事業主の救済

既存の支援策で十分かどうかは疑問なしとはいえない。

また、保証人を抱えた中小事業者の自殺が増加しかねないという指摘も大きい。このような問題については、自死問題対策を行っている担当部署や関連団体との連携も必要になろう。現在行われている民法（債権関係）改正についても、必要に応じて意見を述べていかなければならない。

そして、「事業を継続したい」との中小零細事業者の気持に寄り添うことも司法書士には求められている。明らかな債務超過であり、客観的には破産申立てしか方法がないような事案であっても、頭ごなしにそれを押し付けるような対応は絶対にすべきではないことは当然であろう。経営者の話を傾聴し、その気持をくんだうえで、ある程度の時間をかけて進めていくべき問題であると考えられる。もちろん、一方で、迅速な対応も求められることも多いのは事実であるが。

(3) 破産手続

また、実務家である司法書士は、現行の倒産手続の問題点についても、常に意識しておく必要がある。

すなわち、破産手続だけではなく、特定調停手続の活用はできないのか、民事再生手続の活用はできないのか、という視点である。

たとえば、特定調停手続において、中小零細企業が保有する金融機関に対する債務についての条件変更にとどまらず、債権の劣後化、債権カットを可能たらしめる法改正または運用が検討できないのだろうか。金融機関側の異議に一定の事情を要求するなど、調停に代わる決定（民事調停法17条）の強化が検討できないだろうか。

調停委員に認定専門家（中小企業の海外における商品の需要の開拓の促進等のための中小企業の新たな事業活動の促進に関する法律等の一部を改正する法律（中小企業経営力強化支援法）に基づき認定され経営革新等支援機関）をおくことによって柔軟な運用が可能になるのではないだろうか。

また、民事再生手続についても、たとえば、小規模個人再生手続の債権額5000万円の上限を2億円程度に拡大するとともに、個人だけではなく一定の要件を満たす小規模法人の利用を認めることが考えられないだろうか。

そして、そのような法人が法的手続を選択する際に、もっとも大きな障害となる保証人の問題についても、その責任を減免するような法改正や運用が可能にならないだろうか。

さらにいえば、特定調停手続、民事再生手続を問わず、債権者に債権カットに応じてもらうための動機づけとしては、それについての税務対策が要ということになるものと考えられる。

これまで述べてきた、さまざまな問題点を総合的にとらえて、あるべき法改正についての提言を行う、これも実務家に課せられた大きな役割であろう。

❸ 簡易裁判所における和解勧告の現状と課題

司法書士 池亀 由紀江

1 事例の概要

本件は、賃貸人が賃借人に対し、貸室明渡し後の原状回復費用を請求した事案である。和解の意義について深く考えさせられるとともに、一般人の感覚として、賃借人の使用が通常使用の範囲を越えるものであると思える場合であっても、実際に訴訟になった場合には、賠償額という点において、賃貸人の望むような結果が得られることは少ないということも認識させられた事件である。

> 本事例は、貸室（本件貸室。1K・ユニットバス・トイレ）賃貸借契約の終了後に賃貸人（原告）が賃借人および保証人（被告ら）に対し、賃貸借契約に基づいて原状回復費用等の支払いを求めたところ、賃借人らから、貸室を明け渡しかつ賃料も滞りなく支払ったとして、敷金返還請求の反訴を提起された事案である。
>
> 賃貸人の賃借人に対する請求の根拠は、①本件賃貸借契約上の特約に基づく修繕義務および原状回復義務の不履行に基づく損害賠償請求、②賃貸借契約における賃借人の義務（原状回復義務、善管注意義務、用法遵守義務）の不履行に基づく損害賠償請求であるが、明渡し時における貸室の状態は到底通常使用によるものとは考えられない状況であった。なお、損害状況と原告の請求については後掲（表）のとおりであった。

(1) 本件訴訟提起に至る背景事情

本件賃貸借契約の期間は11年余であったが、本件貸室が賃借人から明け渡された時、本件貸室内は、通常の使用では到底考えられないような損傷が発生している状態であり、この補修にかかる費用の見積額は約100万円であった。賃借人は、退去後いったん不動産仲介業者との話合いで、上記見積額の60％相当額を支払うことで合意した。しかし、2度目の話合いの際、賃借人は、一方的に敷金を超える額についてはいっさい支払わないと翻意し、その理由について賃借人から合理的な説明はなかった。

その後、賃借人から裁判所に対して調停が申し立てられたが、本件調停を申し立てるにあたっては、賃借人は本件訴訟で被告（賃借人）代理人となった司法書士に相談をしており、調停では賃借人は敷金を超える額についてはいっさい支払わないと主張していた。その後、調停委員が提案した「敷金額に10万円を付加した額」ならば支払うと認めたもののそれ以上は支払わないと主張したため、調停は不調に終わった。なお、調停はすべて別席調停にて行われた。

賃貸人は、本件貸室の状況があまりにも酷かったこと、いったんは支払うと約束したにもかかわらず一方的に翻意した後、支払いをしない根拠を具体的に説明もせず、支払わないの一点張りである賃借人の態度に誠実さがみられないと憤りを感じていたこと、調停における損害の認定において、本件貸室が一般人の感覚に照らして通常の使用では考えられない状況で退室されたという事案の特殊性が十分検討されたと感じられなかったことから、「金額の問題ではない、裁判で決着を付けてほしい」と訴訟提起を強く希望するに至った。

3 簡易裁判所における和解勧告の現状と課題

（表）損害状況と原告の請求

	貸室明渡し時の貸室の損害状況	損害に基づく原告の請求
①	玄関鍵紛失	鍵交換費用
②	ミニキッチンの床下の下地部分（合板・根太）にまで腐食し床が抜けた状態。ミニキッチンのシンク左側化粧板の欠落、損傷。	キッチン取替え、解体撤去・下地・内装工事費用
③	キッチン床下の腐食の影響により洋室の入口付近の床下下地部分の巾木が腐食。	解体撤去・下地・巾木取り替え・内装工事費用
④	ミニキッチンのシンク左側化粧板と裏表の関係である押入れ奥の化粧板下半分部分へ全体的にカビが発生。	解体撤去・下地・化粧版取り替え工事費用
⑤	トイレのクロス4面のうち3面の下半分部分にカビが発生。	クロス張替え内装工事費用
⑥	②の影響による框（玄関部分）の交換。	框交換工事
⑦	損傷の程度が著しいことによる解体工事のため、廃材等の運搬が発生。	運搬・整理清掃費・発生材処分費
⑧	損傷の程度が著しく通常の清掃以上の対応が必要。	ルームクリーニング代
⑨		諸経費＝①〜⑧×8％
⑩		消費税＝①〜⑧×5％
⑪		明渡し後の賃料相当損害金（3カ月分）

（2）審理の概要

審理は、第1回から第6回まで開かれ、賃借人の本人尋問も行われた。賃借人は、善管注意義務は果たしており注意義務違反はなく、また、修繕・原状回復特約の有効性を争うと主張し、本件貸室における損傷の発生は、建物構造上の欠陥によるものであると主張した。第1回弁論期日から和解勧告があり、その後、毎回、裁判官から和解のために賃貸人本人を連れてくるよう要請された。審理の期間は約8カ月であり、弁論終結後、判決期日は追って指定とされ具体的な期日は定められなかったが、実際に判決言渡しがされるまでは、弁論終結から3カ月を要した。言渡しまでの間、筆者は裁判所へ再三の問合せを行ったが、そのたびに書記官から、言渡し期日は未定との説明を受けた。

（3）争点と裁判所の判断

本件訴訟の争点は、①修繕特約と原状回復特約の成否、②本件貸室における各損傷状況についての被告らの負担の範囲、③明渡し後の賃料相当損害金に関する被告らの支払義務の有無であり、それらに対する裁判所の判断は、以下のとおりであった。

① 修繕特約は、民法606条による賃貸人の修繕義務を免除する趣旨であり、賃借人に修繕義務を課したものと解釈するには、特約を正当化するに足る合理性と明確性を要する特段の事情が必要である。原状回復特約については、通常損耗部分に関する特約の効力を否定する。

② 賃借人のミニキッチン、押入れ、トイレの使用に関する注意義務違反を認容し、損害賠償すべき範囲を以下のとおりと判断し、損害賠償額は約20万円と認定する。

- ミニキッチン　撤去費用、壁解体工事、巾木撤去および巾木設置）
- 洋室　なし
- 押入れ　床解体工事、巾木撤去、収納棚撤去、床工事、内壁工事
- トイレ　クロスおよびクッションフロア

― 交換
③ 明渡し後の賃料相当損害金につき、被告らの支払義務は否定する。

2　執務にあたっての工夫・反省点

(1)　依頼者との信頼関係の構築時の工夫――代理権の範囲との関係から考える依頼者満足――

筆者は、受任時に、依頼者である賃貸人に、簡易裁判所で出された判決に不服があって、仮に控訴することになった場合には、控訴審では司法書士は代理人にはなれない旨をよく伝えておいた。また、不動産訴訟では、裁判所の職権で移送される場合もあり、地方裁判所に移送された場合にも代理人にはなれないことを説明し、了解をとった。

その後、簡易裁判所での判決取得後には、依頼者からは、控訴はしないとの返事をもらった。依頼者に対しては、裁判期日ごとに詳細な報告をし、依頼者が本件訴訟の進捗状況を確認し、納得できるよう説明を行っていたが、控訴をしない理由は、簡易裁判所で十分主張してもらえたので納得できたからであるということであった。しかし、控訴をしないと決めた理由には、もう一つの要因があったのではないかと思われる。それは、筆者に最後まで代理人を引き受けてもらいたいが、控訴審では代理人になれないというのであれば控訴を諦めるといった理由である。結果、司法書士の代理権の範囲が原因で、依頼者に多少不満足が残った可能性も否定できないのではないかと考える。一方で、この紛争を長引かせ、控訴審でまで争うことによる依頼者への負担を考えたときに、控訴しないことで簡易裁判所の判決をもって気持の整理をつけ、結果を受け入れるということにも意味があったのかもしれない。

いずれにしても、代理人として最後まで依頼人の紛争解決に尽力できないことは、代理人にとっても依頼人にとってもメリットが少ないと思われるが、司法書士の簡裁訴訟代理等に関する制度が、このような制度である以上、そのできる範囲で依頼人の利益のために働くことが求められるのであり、この点、依頼人との信頼関係を強固なものとする努力は欠かせないと感じている。

(2)　賃貸人の要望に対する工夫・反省点

本事例において、依頼者である賃貸人は、賃借人にはいっさい面会したくないし、和解をする意思はないと強く希望していたが、その理由は、前述のとおり、本件訴訟前になされた調停において依頼者が感じた不信感や失望による。本件訴訟においても、前述のとおり、裁判所から再三原告を裁判所に連れてくるよう要請されたが、それに対し、筆者は拒否し続けた。依頼者との関係では、代理人が依頼者である賃貸人の要望に応えるのは当然であり、その点では適切な対応であったとは思うが、裁判所との関係では、頑なな原告（賃貸人）とその代理人という印象を与えた可能性があり、裁判官の心証を悪くしたことは、否定できないのではないかと思っている。

また、事前に、依頼者から和解は希望しないと聞いていたことから、訴訟提起前から弁論終結に至るまでの間、被告代理人といっさい訴訟外での話合いをしなかった。しかし、今になってみれば、最終的に裁判所による判決を求めるにしても、期日内外において被告代理人と何らかの接触をもつことで、得られたものもあったのではないかと考えることができ、この点は、反省すべき点であったと感じている。

(3)　訴訟書類作成時の工夫

本事例では、修繕特約および原状回復特約の成否が争点となることが当初から想定されていたため、原告（賃貸人）の請求を明確にする意味で、訴状には、本件貸室の損傷部分を個別具体的に記載し、損傷状況等の一覧表と損傷による損害の修繕工事等の一覧表を作成して添付した。

また、準備書面では、損傷による損害の修繕工事等の一覧表中に、特約が認められた場合に認められる損害の範囲と法的義務に基づく損害の範囲を示したうえ、それぞれの賠償額を記載した。

その結果、この一覧表は、最終的に賠償の対象となった損傷および賠償額の特定のため、判決にも引用された。

3 事例を通してみえた問題点

(1) 制度の問題点

(A) 調停の問題点

(a) 審理姿勢

本事例は、前述のとおり、貸室賃貸借契約の終了後に、賃貸人が賃借人および保証人に対し、賃貸借契約に基づいて原状回復費用等の支払いを求め、一度は、不動産仲介業者を通じた話合いにより、賃貸人請求額約100万円の60％相当額を賃借人および保証人らが支払うことで合意しかけたという経緯があるが、その後、調停を申し立てた賃借人は、当初「敷金（11万円）を超えては原状回復費用をいっさい支払わない」という主張していたものの、調停委員の仲介により、敷金プラス10万円までならば支払うという譲歩をしてきた。

調停委員の立場からみれば、裁判所に申し立てられた過去の事件の統計から、同程度の賃料の物件に関する事案を参考にしたうえで、賃借人やその保証人の支払可能額を斟酌し、紛争の早期解決という点にも配慮して、賃貸人に譲歩を求めたと思われる。

一方で、賃貸人の立場に立てば、賃借人は自らの否を認めたからこそ、一度は賃貸人請求額約100万円の60％相当額を分割で支払うことを受け入れたのだという思いがあり、調停の席上において敷金プラス10万円を支払うと賃借人らが提案したのは、現に損害額を支払う段階になり、少しでもその額を減らしたいという思惑があったと考えるであろう。そして、調停での結論についても、調停委員らが法的根拠を優先するよりも、むしろ実現可能性の高い金額、すなわち、賃借人側が一括で支払うことのできる21万円という金額で話をつけたのではないか、という疑念をもつことになってしまったものと考えられる。

(b) 別席調停制度

また、本件調停でも用いられた別席調停という制度では、調停委員が両当事者に対しどのような提案をしているかについて、双方に明らかにならないことから、さらに賃貸人の不信感に拍車がかかってしまったと思われる。そして、これらの蓄積が、一般人の感覚に照らして通常の使用では考えられないほどの状態のまま退室しておきながら謝罪の一言もないばかりか、その損害賠償について一方的に賃借人の支払可能な額を支払えば許されてしまうのかと、調停制度への失望を賃貸人に与えたことは想像にかたくない。

(c) 小 括

もちろん、訴訟経済を斟酌すれば、裁判所の提案ももっともであろうが、賃貸人としては、単に自己の主張する損害額を認めてもらいたいというよりは、むしろ、損害の認定に関して、本事例が通常の使用では考えられない状態で退室したという特殊性、調停の席で十分精査してくれなかったという印象をもったことから、通常訴訟での解決を望むに至ったと考えられる。

もし、調停における調停委員からの提案について、調停委員が賃貸人の感情や言い分にも配慮を示してくれた、本事例の特殊性に十分配慮してくれたと賃貸人が最終的に感じることができていたならば、調停による解決ができた可能性もあったと考えている。

しかし、本事例では、賃貸人は、調停委員の提案は、他の同程度の賃料の物件に関する事案を参考にした定型的なやり方で、賃借人やその保証人の支払可能額の押付けだとの印象をもつに至ったことから、訴訟提起という道へ進むことになったのである。

(B) 裁判所での審理の問題点——和解勧告についての権威モデルの裁判官の存在——

本件訴訟では、裁判官から、期日ごとに賃貸人本人を連れてきて和解に応じるよう勧告され、本人をなぜ連れてこないのかと執拗に迫られた。

(a) 和解の趣旨・目的

そもそも、和解とは、原告被告双方による互譲であるが、日常事件の中で和解に適さない事件は、ほとんどないといってよいであろう。和解による解決のメリット、つまり、判決による解決よりも優れていると思われる点には、簡易・迅速な解決ができること、互譲による解決によって互いに後日へのしこりを残さず、その後の取引等の継続に資すること、履行の確保が容易であることがあげ

Ⅳ 司法アクセス拡充の実践事例と司法制度の現代的課題

られる。その意味では、本事例も当然和解に適する事件であったといえる。

しかし、本事例は、すでに賃借人が貸室から退去しており、今後も賃貸借契約が継続される場合とは異なり、以後の人間関係を重視しなければならない事情はなく、賃借人にも代理人がついていたため履行の確保という点からも不安のない事案であったと考える。

また、何よりも賃貸人は、前述のとおり、訴訟前になされた調停における話合いによる解決（和解）につき不信感をもっており、和解という解決方法ではなく、裁判所の判断を仰ぎたいがために訴訟提起をしたのである。筆者としても、毎回、裁判官から和解を勧告されるたびに、その旨を裁判官に説明したが、担当裁判官からは理解が得られなかった。

結果的に、裁判所の判断は、当初、調停で調停委員が提案した金額を損害賠償額と認定するというものであったから、代理人である筆者が、賃貸人に和解をするよう説得していれば、賃貸人の受けた経済的利益は同等で、かつ、早期解決というメリットを享受できたことになる。しかし、筆者には、裁判官が賃貸人を連れてくるよう強く要請した合理的な理由は、裁判所が和解をさせたいという理由以外に存在しなかったように感じられた。というのも、仮に、賃貸人の立場に立って和解を勧めていたのだとすれば、もっと違ったアプローチの仕方があったのではないかと思う。

（b）裁判官の審理方針

本件訴訟において、期日が重ねられてくると、裁判官からは、このような事件で本人尋問までやる気なのか、といった発言も出るようになり、代理人である筆者としてはこのまま裁判を進めることに不安を感じるようになった。代理人でさえも、このような裁判官の態度には審理のたびに威圧的なものを感じていたのであるから、仮に裁判官の求めに応じて一般人である賃貸人を連れて行けば、なおのこと威圧感を受けたはずであり、その本心とは別に、裁判官の要求を受け入れざるを得なくなった事態は容易に想像できた。

このような裁判官の審理姿勢を受け、筆者は、裁判官が執拗に本人を連れてくるように代理人に迫るのは、代理人が賃貸人に対し和解に応じるよう説得する努力をしないので、裁判官が直接賃貸人に対して、賃貸人の主張どおりの判決を書くつもりはないから、裁判所の和解勧告を受け入れるよう威圧的に説得するつもりなのではないかとの不信感をもつことになり、ますます和解の可能性は失われていったように感じている。

(c) **事件数・類型等からみた簡易裁判所における審理**

平成24年度の司法統計では、同年度の全簡易裁判所の第1審通常訴訟既済事件数42万4368件のうち、判決によるものが16万8324件（対席6万6868件、欠席10万1427件）、和解によるものが5万1161件、その他が20万4883件となっており、これらその他の事由で終了した事件は、既済事件の約48％であるが、その余の判決または和解による終了事件数21万9485件（既済事件の約52％）のうち46％が欠席判決である。おそらく、これら欠席判決のほとんどは、貸金業者やクレジット会社、携帯電話会社等の業者が原告となって訴えた事件、いわゆる業者事件であると推測される。また、既済事件総数のうち97％強にあたる41万2881件が金銭を目的とする事件である。もちろん、これら金銭を目的とする事件が、すべていわゆる業者事件であるとはいえないが、ほとんどが業者事件であると推測される。加えて、既済事件のうち、口頭弁論を経ないで終了した事件、つまり、取下げにより終了したものは11万3041件であるが、1回の期日で終了した事件は24万7777件であり、口頭弁論が開かれた事件のうち約70％が1回で終了している。これに2回期日（6万4693件）と3回期日（2万0211件）で終了した事件を合わせると、実に94％強の事件が3回期日以内で終了している。さらに、原告または被告の双方あるいは一方に代理人がついた事件数を引いた当事者本人によるものは、既済事件の67％強を占める。これらのことから、簡易裁判所では、裁判所の主導で既済にもちこめる事件が、少なくても8割以上はあるように思われる。

簡易裁判所においては、当事者本人が代理人を

3　簡易裁判所における和解勧告の現状と課題

付けずに訴訟する割合が多く、また、いわゆる業者事件のように法的な判断を求められることの少ない事件の割合も多いことから、多くの事案では事件の早期解決という側面が優先され、裁判官や司法委員の描いたシナリオどおりに訴訟が進行されて事件の解決が図られているように思われる。また、業者事件において被告が争わない事案ならば、ある程度裁判所主導で和解を勧めることはありうるとしても、本件訴訟のような市民間の紛争にまで、裁判所の考えに基づく和解による解決を強行しようとするのは問題であろう。

(2)　実務的な問題点
(A)　賃貸人側からの原状回復請求の問題点
(a)　「貸主＝強者、借主＝弱者」の構図の存在と予断

正確なデータに基づくものではないが、代理人として裁判実務に携わる筆者の感覚として、司法書士に相談や依頼がくる事案は、賃貸人からというよりは賃借人のほうからもちこまれることが多いのではないだろうか。つまり、賃貸人が賃借人に原状回復費用を求めるというケースよりも、賃貸借契約終了後の敷金の返還に際して、賃借人が賃貸人から過大な原状回復費用を請求された結果、敷金が戻ってこないために、賃借人が賃貸人に対して敷金返還請求を求めるケースのほうが多いのではないかということである。独立行政法人国民生活センター等では、相談窓口に賃借人からの敷金や原状回復費用にかかる苦情や相談が増加したことで、行政や司法の現場では一般的に、「貸主＝強者、借主＝弱者」という考えがもたれているように思う。

裁判例においても、賃借人の原状回復義務につき、「通常の使用収益に伴つて生ずべき自然的損耗は別としていやしくも賃借人の保管義務違背等の責に帰すべき事由によつて賃借物に加えた損害について原状に復せしむべき義務ある」(東京高判昭31・8・31判タ62号71頁)とされ、また、賃借人が修繕義務を負担する旨の特約については、「賃貸人において修繕義務を負わないという趣旨に過ぎず、……賃借人が義務を負う趣旨ではない」(最判昭43・1・25判時509号34頁)としており、最近の判決においては、基本的にこの考え方を踏襲している。この考え方に基づいて、原状回復費用は賃借人に限定的に負担させる旨の裁判例が多数蓄積されている。そして、国土交通省もこれらの裁判例を考慮して、原状回復の費用負担のあり方等について、トラブルを未然に防止する観点から「原状回復をめぐるトラブルとガイドライン(再改訂版)」(以下、「原状回復ガイドライン」という)を出しており、それらに関する書籍も多数出版されている。

実際、筆者も本事例の相談を賃貸人から受けたとき、物件の状況を確認する前は、これほどの高額を賃借人に請求をするのは無茶ではないだろうかと回答した記憶がある。もともと、原状回復の費用負担については賃借人を保護する考えが根底にあるところ、賃料の滞納や未払いもなく、用法違反があったと断定できるような証拠もないまま退去した本事例のようなケースでは、裁判所とはいえ、より「借主＝弱者」という考えをもってしまうことはあり得ないだろうか。

(b)　賃貸人保護の検討の必要性

毎月の賃料には、通常損耗に係る投下資本の減価の回収が含まれているといわれるが、実際には、地域や物件によっては、必要以上に家賃の値下げ等を強いられているような場合もあり、現状の賃貸市場が実際にそうなっているかについては疑問なしとしない。また、仲介する不動産業者においても、原状回復ガイドラインにしたがって契約書を作成し、賃貸人に対し原状回復費用の負担を求めるようになっている。

このような状況下において、賃貸人から原状回復について相談を受けた場合には、そのような事情の有無をよく検討したうえで、賃貸人の主張を裁判所に認めてもらうための材料を提供する必要がある。そのためには、賃貸人側に立って賃貸人を保護する理論の研究を行う必要があるのではないかと強く感じた事案でもあった。

ほかにも、賃貸人の保護に関していえば、最近では、捨てられた電化製品や廃材等さまざまなものを室内に持ち込んで、貸室をゴミ屋敷のようにしてしまうようなケースも少なくないようであ

Ⅳ 司法アクセス拡充の実践事例と司法制度の現代的課題

り、そのようなケースで賃貸人側から依頼があった場合の対処についても研究すべきではないかと思われる。

(B) 賃貸人に課された主張立証・事実認定の問題点

本事例に関する要件事実と立証について、正確な知識をもつことと同じくらい重要なのは、本事例における立証はどの程度尽くせば勝訴できるかという事実認定に関する妥当な経験則をもつことである。だが、この点につき裁判官から、「原告代理人は司法書士という法律の専門家であり、弁護士と同様の能力が担保されているはずであるから、裁判所が後見的な役割はいっさい行わない。代理人として、これで主張立証は十分なのか、立証に不十分な点はないのか」と、期日ごとに言われたことで、主張すべき要件事実に不足があるのか立証が不十分なのではないかと、常に不安な気持を抱き続けることとなり、担当裁判官に対して嫌な感情をもつことになった。

通常の賃貸借契約において賃貸人は、その契約が更新されている間は、賃借人からの報告がない限り賃貸物件がどのような状況になっているかを詳細に確認することは困難であることから、社会一般的に賃貸人の想定できる使用方法を逸脱した賃借人の使用方法に起因する汚損等について、汚損・毀損等の原因である賃借人の具体的行為・内容等を明らかにすることは困難である。

賃借人の支配領域というべき賃借建物内の出来事について、どの程度、賃貸人が賃借人の具体的行為を明らかにしなければならないのかという立証責任については、賃貸人が賃借人の占有・使用する建物内での賃借人の行動・態度に起因するものと目される客観的事情下で、賃借建物に汚損・毀損等が発生したことを立証すれば、それだけをもって賃借人において建物の保管につき善良な管理者の注意義務を怠ったものと認められてしかるべきであり、この程度の事実を賃貸人が立証した場合に、賃借人に具体的反証を要求することは、いささかも賃借人に過大な負担を求めることにはあたらず、かえって立証上公平にかなうところであると考える。

なお、立証や事実認定に関する訴訟技術の習得については、OJTで民事訴訟の実務経験を積むことによってしか得られないものであろうが、訴訟実務における司法書士にとっての課題であると感じている。

(C) 和解における代理人のあり方等

(a) 真の依頼者の利益の把握・解決方法の検討

代理人は、事実関係を正確に把握したうえで、現実に起きている紛争には必ず背景があって経過や事情が存することを踏まえ、むしろその部分に紛争の本質がある場合も多いことを念頭において、和解による解決の方法や内容、時期について常に検討をすることも求められているといえる。

しかし、筆者としては、本事例を受任した経緯が、賃貸人が調停での提案内容に納得できず、賃借人の不誠実な態度に憤りを感じていたため、裁判により決着を付けてほしいと強く希望したことにあったことから、代理人として判決を得ることにこだわりすぎてしまったきらいがあり、「真の依頼人の利益とは何か」をもっと冷静に考察する沈着さに欠けていた部分があった。

相手方にも代理人として専門職がついていたということは、すなわち、当事者同士で話合いをするよりはるかに訴訟外でまとまる可能性が高いケースであったにもかかわらず、あまりにも真正面から訴訟で対立してしまったと感じている。たとえば、状況に応じて、通常の使用では考えられない状態の貸室内を相手方代理人にも確認してもらうなどして、当方の主張を相手方に再検証してもらえば、別の決着方法もあったように思う。

(b) 裁判官の心証づくりを踏まえた訴訟活動

また、訴訟上の和解においては、裁判官の心証づくりをすることや裁判官の個性や発言を踏まえた訴訟活動を行うということ、言い換えれば、裁判官を味方につけるということも、代理人として十分に配慮しなければならない重要な点であった。にもかかわらず、裁判官から、期日のたびに、原告本人を連れてきて和解をするよう何度となく和解を勧告され、これに対して代理人が原告は和解する気がないことを告げても、なぜ連れてこ

ないのか、連れてくるようにと執拗に迫られたことで担当裁判官に嫌な印象をもってしまい、素直に裁判所の提案に耳を傾けることができなかった。また、前述のとおり、司法書士は、弁護士同様法律の専門家であるから、裁判所としては後見的な役割は行わないが、代理人としてこれで主張立証は十分なのかなどと、期日ごとにいわれたこととも相まって、代理人として感情的になってしまうこともあり、結果的に、担当裁判官の心証を悪くしてしまったのではないかと感じている。

(c) 小 活

依頼者の気持に寄り添いながらもおもねることなく、考えうる解決方法や内容に関して賃貸人に説明をするという点に心を砕けば、訴えの提起前に解決の可能性を探れた可能性もあり、和解を視野に入れた準備活動をすることも考えられた。

また、訴訟提起後も、期日外・期日内での和解を模索することや、和解を意識した書面を作成することなど、代理人として、もっと工夫できることがあったのではないかと思う。

このように依頼人の解決してほしいこと、納得したいことは何なのかを理解することに努めながらも、当該紛争の解決の方法を考え、立証についても検討しつつ、依頼人である賃貸人に和解を勧めていれば、最終的には、時間的にも経済的にも、判決を得たということ以上の利益を依頼人にもたらすことができたのではないかとの反省もある。

4 展 望

(1) 訴訟上の和解の意義

和解による解決は、判決による解決に比べて優れている点が多いといわれる。前述のとおり、日常事件の中で和解に適さない事件はほとんどないであろうし、和解のメリットを十分に活用したい場合、つまり、事件の早期解決が優先される場合、当事者双方の感情の融和を重視する場合、履行の確保が万全でない場合には和解による解決が望ましい。また、判決による解決では具体的妥当性を欠く場合や紛争の一部分しか解決できない場合にも、和解による解決が適切となる。

訴訟上の和解と訴訟外の和解との一番大きな相違点は、和解調書が債務名義となる点であろう。訴訟上の和解の要件は、訴訟が係属していること、訴訟の期日においてすること、当事者が訴訟を終了させる目的で互譲により争いを解決させる合意をすることであるが、主張整理後の証拠調べ前や証拠調べ途中における和解では、勝敗の行方がある程度見込めるため、当事者が納得して和解しやすいという側面もあるであろう。

訴訟代理人として、訴訟内外で和解をどのように適切に行うかということは非常に重要であり、訴訟代理人としての力量を発揮する部分でもある。依頼者の感情だけでなく相手方の感情にも配慮しながら、履行を確保しつつ和解を成立させることが代理人に求められると思われるが、容易ではない。代理人としての和解する力も、立証や事実認定に関する訴訟技術と同様、OJTによる実務経験を積むことによって得られるものであろう。しかし、簡単には実務経験を積むことはできないため、司法書士が進めているADRの手法を活用したり、実務経験豊かな先輩の指導を受けながら和解に関する研究を行って、訴訟技術だけでなく和解の技術にも磨きをかけていくことも必要であろう。その意味で、研修を行うことはもとより、研究にも力を入れる必要があるのではないか。

(2) 情報の集約と改善への取組み

司法書士の訴訟代理業務の質の向上には、全国各地で活躍する司法書士からの生の事案の報告から、訴訟代理業務の現場での司法書士の悩みを集めて、司法書士側と裁判所（裁判官）側双方における改善点を分析し、自らの問題点にはその改善に真摯に取り組むことが重要である。また同時に、日本司法書士会連合会や各単位司法書士会が、裁判所と対等に意見交換、情報交換する等して関係を強化しながら、市民に使いやすい裁判所であるかという視点で裁判所に対して改善を求めていくことも必要である。司法書士と裁判所の双方が、そのような視点で民事裁判の担い手としてその改善に尽力することが市民の裁判をする権利に貢献することになり、同時に、われわれ司法書士への信頼につながり、ひいては代理業務の推進、増加にもつながっていくのではないかと考える。

Ⅳ 司法アクセス拡充の実践事例と司法制度の現代的課題

❹ 司法書士による家事調停事件関与の現状と課題

司法書士　荻原　世志成

1　事例の概要

(1)　本稿の目的

司法書士法3条1項4号は「裁判所への提出書類作成」を司法書士の業務として規定している（注1）。1949（昭和24）年1月1日に創設された「家庭裁判所」への提出書類作成についても、司法書士の固有の業務であり、これまで多くの裁判実務に携わってきた（注2）。本稿は家事調停事件の現状につき具体的事例を基に報告をした後、家事事件実務の全容について解説を行ったうえで実務上の課題および制度上の問題点につき筆者の私見を論述することとする。

（注1）　司法代書人法（大正8年4月10日法律第48号）1条で「本法ニ於テ司法代書人ト称スルハ他人ノ嘱託ヲ受ケ裁判所及検事局ニ提出スヘキ書類ノ作製ヲ為スヲ業トスル者ヲ謂フ」と規定されている。

（注2）　司法書士の主要業務である不動産登記業務においても、たとえば「特別代理人選任申立書」「相続放棄申述書」等、家庭裁判所に提出する書類を作成する機会は多い。

(2)　事例の概要

本稿では、以下、三つの事例を取り上げる。

----- 事例①　（養育費請求調停申立事件）-----

本件は申立人（30歳代女性）が相手方（30歳代男性）に養育費の支払いを求めた事件である。

申立人は9年前に離婚。離婚原因は相手方の不貞行為であった。離婚当時、二人の未成年の子供がいた。親権者は申立人と定め、申立人が二人の子供を引き取り監護してきた。近年は申立人の健康上の事情により申立人の母（子供らの祖母）が二人を引き取り監護している。離婚時に養育費や慰謝料の支払い、財産分与、面接交渉（面会交流）についていっさい取決めはしなかった。

その後、相手方が海外に移住したため、不定期（1年～2年に1回程度）ではあるが、帰国時に「養育費」として、1回あたり10万円程度を受け取った。最近は子供らとの面接交渉はいっさいない。

昨年、相手方が帰国し、実家で暮らしていることが偶然に判明する。また、先日、事情により、これまでどおりの経済的な援助を申立人の母から受けられる見込みがなくなり、未成年である子供らの今後の生活と健やかな発育のために、相手方による相応の養育費の支払いが必要であると考え調停を申し立てた。

----- 事例②　（離婚後の紛争調整調停申立事件）-----

本件は申立人（40歳代女性）が相手方（40歳代男性）に対して、共有関係にある不動産の権利関係および住宅ローンの義務関係につき、話合いによる解決を求めた事件である。

申立人は相手方（元配偶者）と1993（平成5）年に結婚した。1997（平成9）年に相手方と共有名義で土地建物（住宅）を購入、購入のための住宅ローンは申立人および相手方の連帯債務であった。2005（平成17）年に離婚成立し、未成年の3人の子供らの親権者は申立人である。養育監護も申立人がしたが、養育費の支払い、慰謝料、財産分与、面会交流等についてはいっさい協議しないまま離婚した。

4　司法書士による家事調停事件関与の現状と課題

また、離婚時に共有財産であった住宅の所有権の帰属および住宅ローンの今後の負担についても協議なく、その後も別段取決め等は交わしていなかった。住宅には申立人と子供らが居住し、住宅ローンも申立人が相手方名義の預金口座に入金する方法により支払いを継続した。一方で相手方からの養育費の支払いはいっさいなかった。

その後、2007（平成19）年に申立人は再婚し、子供が生まれた。現在は申立人と現配偶者と子供ら4人で住宅に居住している。申立人は相手方との間で、住宅の所有権および住宅ローンの支払いについて協議をしたく、司法書士を介して相手方に対して所有権移転登記手続への協力を求めたが、相手方からは回答を得ることはできなかった。

そこで住宅および住宅ローンの権利義務関係につき、相手方と話合いによる解決を求め調停を申し立てた。

---- 事例③（扶養請求調停申立事件）----

本件は申立人（60歳代男性）が相手方ら（申立人の子供）に対し扶養請求の調停を申し立てた事件である。申立人は1977（昭和52）年に前配偶者と結婚し、1978（昭和53）年、1980（同55）年に二人の子供（相手方ら）が生まれた。その他、2001（平成13）年に前記配偶者と離婚した。相手方らはすでに成人して独立しており、申立人は一人暮らしを始めた。なお、離婚後は相手方らとは全く交流がなく、音信不通の状況にあった。

その後、2006（平成18）年に申立人は持病が悪化し仕事を辞めるも、再就職することは困難であり、2007（平成19）年から生活保護を受給するようになった。本件当時は持病の発作により、一年に2、3回、救急車を呼び病院に搬送されることがあったが、親族の支援が全くないために非常に不便していた。

申立人は相手方らに対して、発作時を中心とした金銭的、肉体的、精神的な支援を要求したいと考え、民法877条に基づく扶養請求の調停を申し立てた。

2　執務にあたっての工夫

(1)　はじめに――家事事件にあたる心がまえ

(A)　相談にあたって

生活や人生に自分自身だけでは抱えきれないほどの大きな困難を抱え、煩悶の末に「法律家への相談」という「重く冷たい扉」を開けた相談者にとっては、その抱えている悩みにつき「家事事件」「民事事件」「刑事事件」の違いなどは明確に意識されていない。

司法書士として相談を受ける際に必要な点は、「要件事実」や「手続選択」「法律構成」などの法的な思考につき、いったん留保し、相談者の切実な訴えをまずは受容しつつ、信頼関係を構築し、相談者の表面的な要求の背後に隠された、時には相談者自身でも自覚していない「本音」に耳を澄ませることである。

また、耳を澄ませるだけでは聞こえてこない「本音」を相談者とともに見つけだす作業が必要なこともあるだろう（注3）。

(B)　手続選択にあたって

相談者の「本音」＝「本来的なニーズ」を見つけだすと、次はそのことを実現するために必要な手段を検討し（手続選択）、その手段に合わせた理由づけ（法律構成）を行うことである。

相談者の意識レベルだけではなく、現実的な法実務上においても「家事事件」と「民事事件」の境界はあいまいな部分もあり、またクロスオーバーしている部分も少なからず存在する（注4）。

簡易裁判所での代理権のある司法書士としては、紛争の目的の価額が140万円以内であれば簡易裁判所での訴訟や民事調停申立てを代理人と行うことも視野に入れるだろう。しかし、後記する「家庭裁判所の理念」に沿った事案については、筆者は可能な限り家庭裁判所での手続を選択すべきであると考える。

また、家事事件としての申立てを選択した場合であっても、具体的にどのような調停・審判を申し立てるべきかが問題となり、その場合には調停

Ⅳ 司法アクセス拡充の実践事例と司法制度の現代的課題

の場合、申立ての内容によって合意不成立後の手続が大きく変わってくることに留意する必要がある。

仮に複数事件（たとえば夫婦関係円満調整、離婚、婚姻費用分担等）を同時に申し立てた場合には、夫婦関係円満調整は調停のみで終了する一方、離婚については終局的には人事訴訟に移行し、婚姻費用分担については審判手続に移行する。

依頼者に対しては、その後の手続の流れについても十二分に説明し、その手続のメリット・デメリットを勘案したうえで、依頼者の本来的なニーズに即した「手続選択」がなされるべきであろう。

(2) 家事事件に関する基礎知識──制度理解を通じて──

それでは、前記した事例につき具体的な検討等を行う前に、まずは家事事件おける実務の全容につき簡単ではあるが解説を行い制度理解を深めるとともに、代理権が認められていない中での司法書士実務につき、その留意点につき解説したいと思う

(A) 家事事件の種類──家事事件手続法等施行下における「五つの事件」──

家庭裁判所の家事事件は「調停」と「審判」に分けられる。このうち、2013（平成25）年1月に新たに施行された家事事件手続法（以下、「家事法」という）39条によって同法別表第1および別表第2に審判が可能となる事項が掲げられている。この別表第1に掲げられている事件（以下、「第1事件」という）は同法施行以前の家事審判法時代において「甲類審判事件」と呼ばれていた事件に相当する。対立当事者を想定しない事件であり、当事者間の合意による任意処分はありえず「調停事件」として申し立てることはできない事件である（注5）。

次に、家事法別表第2に掲げられている事件（以下、「第2事件」という）は同じく以前、「乙類審判事件」と呼ばれていた事件に相当し、家事審判の対象となる事件ではあるが、第1事件とは異なり基本的に対立する当事者が存在する。原則的には対立当事者間での話合いによる合意が望まれるため、家事調停に適しておりその対象となる。

その他、人事訴訟法（以下、「人訴法」という）2条（注6）に定められている人事に関する訴訟事件のうち、「離婚および離縁」については対立する当事者間の自由意思に基づく処分が可能であり家事調停が可能であるが、それ以外の事件については当事者間の協議で自由に決定することは許されないと解されており、「合意に相当する審判」（家事法277条）という手続が用意されている。

また、人事訴訟および家事審判の対象とならない事件（第1事件・第2事件以外の事件（注7））の中で終局的には民事訴訟による解決が見込まれている家事調停事件については、上記「離婚及び離縁」の調停事件と合わせて「一般調停事件」と呼ばれている。

さらに、家事審判や民事訴訟の対象とならない事件（注8）であっても、家庭内の人間関係調整が必要をする事件ならば調停を行うことができる（家事法244条）。

以上をまとめると家事事件は、次の五つに分類される。

---
① 家事審判事件（審判で完結し調停は不可＝第1事件）
② 家事調停・審判事件（調停・審判ともに選択可・調停不成立の場合に審判に移行＝第2事件）
③ 離婚と離縁を除く人訴法2条事件（調停前置・合意に相当する審判・人事訴訟）
④ 一般調停事件（調停前置・人事訴訟・民事訴訟）
⑤ 審判・訴訟の対象外調停事件（調停のみ）

(B) 申立てにあたって

家事法施行により手続の円滑な進行を妨げるおそれがあるときを除き「調停（審判）申立書」の副本が相手方に送達されることとなった（注9）。これまでは、調停（審判）期日までに相手方に対しては調停（審判）期日呼出状に記載ある申立人の名前と申立事件名のみが与えられていた情報であり、具体的な調停（審判）申立ての内容やその理由については期日当日にならないと判明しなかったため、相手方は話合いのために必要な準備や

4 司法書士による家事調停事件関与の現状と課題

心構えができなかった。

家事法下での家事調停については「公正かつ迅速」な手続の下で当事者の主体的な手続関与が求められており（注10）、法律上の義務ではないが、実務上相手方は申立書に対して「答弁書」（同法施行以前の家事審判法時代は「回答書」であった）の提出を求められており、相手方の期日への出席意欲を確保しつつも、第1回調停期日の充実を図るための工夫がなされている（注11）。

なお、原則として申立書には申立人を特定するための住所を記載する必要があるが、相手方に申立人の住所を知らせるべきでない事案（たとえばDV被害案件等）もある。申立人の現在の住所を秘匿する必要がある場合には、申立書には知られても差し支えない住所を記載し、秘匿すべき連絡については別途「連絡先等の届出書」に記載のうえ家庭裁判所に提出することが可能である。

住所、電話番号等の連絡先のうちマスキング処理（黒塗り）できるものについては、処理を施したうえで提出すれば足りるが、マスキング処理では対応できないものについては、非開示の理由を記載した「非開示の希望に関する申出書」を作成したうえで、提出する資料を合綴してする必要がある。ただし、この場合でも「第2事件」につき調停から審判に移行した場合には、原則として当事者の閲覧謄写請求は裁判所によって許可されることを事前に説明しておく必要がある。

また、相手方に送付される申立書とは別に、申立人の言い分や、意見対立が予想される事項、その他当事者や関係者等の基礎的情報を記載した「事情説明書」を合わせて提出することを求められる。家庭裁判所に各事件類型によって異なった書式が用意されており、基本的にそれらに対応する事項について書類作成をすることとなる。

「事情説明書」は相手方に送付することが予定されていないため、申立書に記載しにくい事項について詳細に調停前に説明することができるが、申請があれば閲覧・謄写が許可される可能性があること、また審判手続に移行した場合には相手方に送付されることに注意すべきであろう。

そのほか、申立てにあたっては、事前協議の有無、相手方の出頭見通し、希望曜日、警備の要否の判断に必要な情報（たとえば相手方による暴力行為等の事実の有無やその内容）について記載した「進行に関する照会回答書」を提出する必要がある。

⒞ 調停（審判）期日において

民事事件（一部簡裁事件を除く）と同様、家事事件に関しても手続代理人となることができるのは原則として弁護士のみであり、当然ながら申立書等の作成をした司法書士は「調停（審判）」の場に同席することはできない。

期日当日の司法書士による当事者支援については裁判所に同行する、または事務所で待機する等の方法が考えられるが、最低限、自らが作成した書面に関する相談について、すぐに受けられるような状況をつくり出しておく必要がある。

なお、長野県弁護士会上田在住会から長野県司法書士会上田支部あてに送られた「司法書士法に関する業際非弁問題」という資料によると日本弁護士連合会業際・非弁・非弁提携問題等対策本部では、「調停の当事者待合室で司法書士が待機しその都度助言を与える行為」について「脱法行為として許されない」との見解を有しているといわれるが、当事者支援に携わる司法書士としてはこのような見解を是認できないことはあらためていうまでもない。

⒟ 調停不成立の場合

前述のとおり、仮に調停不成立の場合には、その事件類型によってその後の手続が大きく異なってくるため、その後の支援も変わってくることに注意すべきである。

審判に移行する場合や、家庭裁判所や地方裁判所での訴訟提起となる場合には、書面作成による当事者支援を継続すべきか、弁護士による代理人訴訟を選択すべきかについては、最終的に当事者本人に判断をしてもらう必要があるだろう。

⒠ 調停成立の場合

調停の合意事項に関する履行に関して、申立書類作成に携わった司法書士として関心をはらうべきであろう。

家事事件における債務については、任意に履行

Ⅳ 司法アクセス拡充の実践事例と司法制度の現代的課題

されることが望ましいとの観点から、強制執行制度とは別に履行を促すための「履行確保」制度が設けられている。

家庭裁判所は権利者からの申出により、家事債務の履行状況を調査して義務者に対して履行を勧告することができる（家事法289条）。申出に関しては方式が定められていないため、電話による申出も可能であり費用も要しない。また、養育費や婚姻費用分担金等の金銭債務だけでなく、子の引渡しや面会交流などの非金銭債務についても利用することができる制度である。

その他金銭債務については「履行命令」（家事法289条）制度があるが、あまり利用はされていない。

また、養育費、扶養料、婚姻費用等の扶養関係の確定期限付定期金債務については債権者保護の観点から、民事執行法（以下、「民執法」という）において以下の特例が設けられている。

① 一部に不履行がある場合には期限到来前の将来分についても執行することができる（民執法151条の2第1項2号）。
② 差押禁止債権の範囲が4分の3ではなく「2分の1」まで減縮される（民執152条3項）。
③ 支払いがない場合に「間接強制」が認められる（民執167条の15第1項）。

(3) 個別事件ごとの実務上の留意点──具体的事例を基に──

(A) 養育費請求調停申立事件（事例①）

(a) 養育費とは──概要とその実態

養育費とは子どもを監護・教育するために必要な費用のことを指す。一般的に未成熟子（経済的・社会的に自立していない子）が自立するまで要する費用で、衣食住に必要な経費、教育費、医療費等を「監護費用」または「養育費」という。親権者は監護教育の義務（民法820条）があり、親権者でない親も扶養義務（民法877条1項）がある。親の未成熟子に対する扶養義務は、「生活保持義務」（親と同程度の生活水準を保持していくのに必要な費用を負担する）であると解されており、「生活扶助義務」（義務者の生活を犠牲にすることなく支払うことができる費用を支払えばそれでよい）と比較すると強い扶養義務を負っている。

2003（平成15）年4月改正された「母子及び寡婦福祉法」では児童を監護しない親は養育費を支払うよう努めるべきこと、児童を監護する親は養育費を確保できるよう努めるべきことが明記され（注12）、また2012（平成24）年4月改正された民法では協議離婚時の具体的な協議事項が明記された（注13）。しかし、離婚時の養育費の支払いについて、司法書士や弁護士等の法律家に相談するケースは極めて少なく、「相手に支払う意思や能力がない」と考え、特に協議離婚の際には取り決めない割合が多い（注14）（注15）。

(b) 申立てにあたって

本件については両親の離婚時に養育費の取決めはもとより、慰謝料の支払い、財産分与、面接交渉等についていっさいの取決めをしていなかったケースである（注16）。

また、事実上の監護は申立人（相談者）の母（子供らの祖母）が行っており、離婚後これまでの間、公的扶助以外の監護費用（養育費）のほとんどを祖母が負担しており、相手方（父）は9年間で合計約50万円の養育費を負担しているのみであった。

申立人からは①過去の養育費の支払いや、②財産分与、③慰謝料の請求等についても可能かどうかについて相談を受けたが、①については養育費分担の始期は通常支払請求の調停・審判の申立て時であり、累積した過去分を一括して請求できないことを説明し、②、③については法的な根拠および時効について説明をした。何よりも、快く養育費を支払ってもらうためには、過大な請求額は心理的に逆効果であると考え、調停申立書の申立ての趣旨は「相手方は、申立人に対し、未成年者らの養育費として、未成年者らが成年に達するまで、相当額を支払う」とし、具体的な金額を明示せずに「相当額」の支払いを求めることとした。

前記のとおり、家事法の施行に伴い「申立書」の送付が原則になったことにより、申立書の記載事項については相手方を必要以上に刺激しないために「最小限度」にとどめるべきとの指摘もあるが（注17）、「養育費の支払請求」については申立人側（子供）の申立てに至った現在の事情（子供の

4 司法書士による家事調停事件関与の現状と課題

困窮状況）について、ときに疎遠になっている相手方に、より具体的かつ正確に理解してもらう必要があり、「親としての心情」や「親としての責務」といったエモーショナルな部分に訴えかける必要があると筆者は考えている。事例①のケースでは、相手方に送達される「最初の手紙」と考え、申立人側の切実な気持ちをこめて、「申立の理由」を詳細に記述した。

ただし、本件について申立人は現在の住所等連絡先を相手方に知らせたくないとの希望があり、申立書には「祖母」の住所・電話番号を記載し、別途「連絡先届出書」を提出した。

また、本件の「養育費の支払請求調停」の場合には、当事者双方の収入の認定を含めた実情の把握、確認のために「収入や所得に関する疎明資料」の提出を求められるが、これらの資料は相手方が求めた場合には原則として閲覧・謄写が家庭裁判所により許可される可能性があるため、前記した「非開示の希望に関する申出書」を提出した。

　(c) 申立て後について

申立書の送達を受けた相手方から申立人に対して「裁判所には行きたくないから裁判外で話し合いたい。養育費は必ず支払うから調停を取り下げてほしい」との依頼があり申立人も取り下げることには抵抗がない意思を表示したが、養育費以外の事項に関する話合いの必要性や合意後の履行確保のことを考慮し調停上で合意する必要があることを説明して理解を得た。

　(d) 調停期日と調停の結果

現在、初回調停期日冒頭の調停手続説明については、申立人と相手方の双方が同席したうえでなされる取扱いとなっているが、本件について申立人はどうしても相手方と顔を合わせたくない旨を説明し、個別に行ってもらうこととした。

前記のとおり養育費の具体的金額について「相当額」とし具体的な請求額は示さなかったが、これは裁判所ホームページにも公開されている「養育費・婚姻費用算定表」（注18）が調停実務上利用されており、申立人の提出した収入に関する資料と相手方提出資料を基に金額が試算されることを事前に説明し、また算定表を申立人に渡しておいた。さらに、調停不成立の場合には「調停に代わる審判」がなされるか、審判に移行する旨も事前に説明をしておいた。

本件において、相手方の養育費支払いの意思は明確であり、争点はその具体的な金額と支払方法であったが、申立人は相手方から提出された収入に関する資料を確認したうえで、また審判に移行した場合のことも考慮して、上記算定表を基準とした金額で納得したため、比較的速やかに調停が成立した。あわせて、子供と相手方の面会交流についても合意が成立した。

(B) 離婚後の紛争調停申立事件（事例②）

　(a) 本件調停申立ての狙いと申立ての工夫

本件は、自宅の所有権移転と住宅ローン債務の連帯債務者の変更（相手方から申立人の現配偶者への免責的債務引受け）が相談者の真に求めていた事項であった。

離婚時に財産分与等の取決めがいっさいなかったので、当初は「財産分与による所有権移転請求」を申し立てることを検討したが、離婚成立からすでに8年が経過しており、仮に請求権が認められる場合であっても消滅時効が完成しているため、時効を援用される可能性があることを説明した。

「財産分与」「請求」というような、相手方の態度を硬化させるような調停文言をなるべく使わないような配慮をした結果、「離婚後の紛争調整調停申立」を選択した。この「離婚後の紛争調整調停申立事件」とは「一般調停事件」とよばれる類型であり、調停が成立しない場合には紛争の実態が民事紛争であれば、民事訴訟手続等で解決する必要がある。

本件は所有権移転登記請求権について申立人が確定的に有しているとは考えられない事案であり、どうしても調停成立が必要であった。

　(b) 申立て後の工夫と調停の結果

調停初回期日に相手方は不出頭であった。離婚後現在に至るまで申立人と相手方は没交渉であったため、相手方は本件調停の意図を理解していないと予想された。

そこで、申立人は相手方にこれまでの事情や現在の状況、調停申立ての意図を説明するために、

個別に「手紙」を書き、普通郵便で相手方に送付した。

この手紙の送付が功を奏したのか2回目の期日には相手方は出頭し、所有権の持分移転および住宅ローンの支払方法についても変更することに合意が成立した。

なお、住宅ローンの債務者変更（相手方の債務からの離脱と新たな債務者の追加）については金融機関の理解が得られなかったために変更することはできなかったが、支払方法を相手方名義から申立人名義に変更したため、相手方の将来の求償権の行使を心配する必要がなくなった。

(C) 扶養請求調停申立事件（事例③）

(a) 本件調停申立ての狙い

本件は10年以上音信不通であった父親と子供らをめぐる調停事件であった。申立人（父親）は生活保護を受給しており、仮に金銭的な援助を受けられた場合であっても、生活扶助費がその分減額されるだけであり、経済生活自体に大きな影響はない。

しかし、申立人は自身の健康面における不安から、肉親による精神的な支援がぜひとも必要であると考え、父子間の関係回復を求めるための話合いの場を設けることを切に希望していた。

本件調停申立ての真の狙いは、金銭的援助の請求ではなく父子間の関係回復にあった。

(b) 扶養請求調停

扶養とは、さまざまな理由により自分の資産や収入で生活することが困難な要扶助者を他者が援助することをいい、経済給付（現金または現物給付）が原則である。扶養には、公的機関が行う公的扶養（生活保護等の経済給付）と親族間等で行う私的扶養があるが、原則として民法等によって規定されている私的扶養義務が優先される。

私的扶養の義務者は民法887条1項「直系血族及び兄弟姉妹は、互いに扶養をする義務がある」および民法887条2項（注17）によって規定されているが、その扶養義務の程度は、要扶助者と扶養義務者の関係によって前記のとおり「生活保持義務」（親と同程度の生活水準を保持していくのに必要な費用を負担する）と「生活扶助義務」（義務者の生活を犠牲にすることなく支払うことができる費用を支払えばよい）に大別されるところ、本件調停における扶養義務の程度は後者の「生活扶助義務」であると解される。

また、扶養義務の内容については法律の定めに関係なく、扶養の順位や程度、方法について当事者間の協議で自由に定めることができるが、協議が整わないときは調停申立てが可能であり、調停が不成立の場合には審判に移行する第2事件である。

(c) 申立て後の工夫

初回期日には二人の子供のうち一人だけが出頭した。もう一人は出頭意思があったが仕事上の都合で出頭できなかった。

二人の子供との関係回復を願う申立人は、子供が二人とも揃った調停で今後について話し合いたいと希望したため、初回は実質的な調停は実施せず、子供が二人とも出頭できる第2回期日に話し合うことを決めた。

1ヵ月後に実施された第2回期日においては、申立人、相手方らの希望により当事者3名が一堂に会して話合いを行う「同席調停」が実施された。10年以上音信不通であったため、それぞれの近況については「風の噂」程度しか知らなかった申立人と相手方らだったが、直接面と向かって話合いができたことで、お互いに対する理解が深まったようであった。

話合いの中で、相手方らも自らの家族を扶養することで精一杯な経済状況であり、申立人を金銭援助することは困難な状況であることを申立人は理解した。一方、申立人の健康状況を説明された相手方らは、緊急時の支援や精神的な支援の必要性について理解を示したとのことであった。結果的には調停は取り下げることとなったが、緊急時の支援、精神面での支援については調停の中で約束が交わされた。

申立人は、本調停申立てにより途絶えていた父子の関係が回復したことを何よりも喜び、調停の結果に大いに満足をしていたことが印象的であった。

（注3）家事事件のみならず、法律家が行う「相談」

に関する技法については、これまでも、いわゆる「リーガル・カウンセリング」として数多くの研究および実践の提言がなされている。たとえば中村芳彦＝和田仁孝『リーガル・カウンセリングの技法』。

(注4) なお、家事法246条1項は家庭裁判所の管轄に属する場合であっても職権による任意的移送を規定している。

(注5) たとえば「後見開始申立て」「特別代理人の選任申立て」「氏の変更申立て」「相続放棄の申述」等があげられる。

(注6) 人訴法2条参照。

(注7) たとえば「遺留分減殺請求等」、「離婚後の紛争調整申立事件」等である。

(注8) たとえば「夫婦関係円満調整」、「親子間親族間円満調整事件」等である。

(注9) 家事法256条参照。

(注10) 本多智子東京家庭裁判所判事は、「家事事件手続法制定を契機とした東京家庭裁判所の取組み——離婚調停手続における手続説明と書式の概要」市民と法82号29頁以下において、「当事者と家庭裁判所とが手続進行や話合いの内容に関する重要な情報を共有し、当事者双方が問題状況を理解したうえで主体的に手続活動を行うとともに、家庭裁判所が司法的機能を有効/適切に行使することを通じて、当事者双方が納得のうえで合理的な合意を形成することができるような家事調停手続の進め方の枠組みを構築する必要があると考えられる」としている。

(注11) なお「答弁書」については、本多智子「家事事件手続法制定を契機とした東京家裁の取組み——離婚調停手続における手続説明と書式の概要」月報司法書士498号12頁によると、従前の回答書と比較すると相手方の期日出席率や返送率（回答書と比較）に特段の変化はないが、調停委員会にとってもおおよその争いの有無等を把握したうえで第1回調停期日を進めることできるため早期解決につながっているのでは、との指摘がなされている。また「答弁書」の意図は「民事訴訟に沿った手続運営を指向したり、紛争の対立構造を明確化する趣旨ではない」ことも明言されている。

(注12) 母子及び寡婦福祉法5条参照。

(注13) 民法766条1項参照。

(注14) 厚生労働省「平成23年度全国母子世帯等調査結果報告」同省ホームページ。

(注15) 上記民法改正を受け、離婚届の様式中「面会交流」と「養育費の分担」についてのチェック欄が設けられた。

(注16) 厚生労働省・前掲調査結果報告によると、母子世帯の母では、「取り決めをしている」が37.7％のみである。特に協議離婚の場合は30.1％に止まり、調停離婚、審判離婚および裁判離婚の場合の74.8％と比較すると極端に低い割合である。また、同結果報告中の表17－(3)－7「母子世帯の母の養育費の受給状況（離婚の方法別）」では、離婚した父親からの養育費の受給状況は、上記「取り決めをしている」世帯を含めて「現在も受けている」が19.7％と極めて低い割合である。なかでも「取り決めをしていない協議離婚の母子世帯」747世帯中、現在受給中はわずか総数10世帯のみであるとしている。

(注17) 梶村太市『新版　実務講座家事事件法』30頁。

(注18) 裁判所ホームページ「養育費・婚姻費用算定表」。

(注19) 民法877条参照。

3　実務を通してみえた問題点

(1) 司法制度改革と司法書士の家事事件実務の関係

前記のとおり、現在のところ家庭裁判所における各手続の手続代理人となれるのは原則として弁護士のみである(注20)が、これまでも日本司法書士会連合会（以下、「日司連」という）は家事事件における「代理」について、その必要性を繰り返し主張してきた。

1999（平成11）年7月から2001（同13）年6月まで開催された「司法制度改革審議会」において日司連は、「国民が利用しやすい司法の実現」を目標として、「国民が利用者として容易に司法へアクセスすることができるようにする」ためには、「司法と国民を繋ぐアクセスポイントとしての法律実務家の整備・拡充は、今次司法制度改革の必須の要件」としたうえで、その中心的な役割を担う弁護士について、「弁護士過疎に表象されるように、その現状は、弁護士の地域的偏在や少額な事件の敬遠等による司法へのアクセス障害が認めら」れるとし、「国民の最大の要求は、少額な事件についての権利の実現や救済、日常・家庭生活から生じる法律問題についての適切・迅速な処理の担い手

Ⅳ 司法アクセス拡充の実践事例と司法制度の現代的課題

としての法律実務家が身近に存在すること」であり、私たち司法書士を「その国民の要求を充たす対象」と位置づけ、司法書士を活用するために下記4点につき真剣に検討されるべきであると主張した（注21）。

① 法律相談に応じることのできる制度的保障
② 簡易裁判所における民事訴訟、調停・和解事件の代理
③ 家事審判事件・家事調停事件の代理
④ 民事執行事件の代理

司法制度改革審議会の最終意見書では上記のうち「② 簡易裁判所における民事訴訟、調停・和解事件の代理」のみの提言となったが（注22）、その後の国会における司法書士法改正審議の際にも、北野聖造日司連会長（当時）は「家事事件や民事執行事件においても、将来、代理人としての役割を担わせていただけますよう、精いっぱいの努力をしてまいることをここにお誓い申し上げる」と明言し、また改正法案の附帯決議として「司法書士に対する家事事件及び民事執行事件の代理権付与については、簡易裁判所における訴訟代理権等の行使による司法書士の実務上の実績等を踏まえて早急に検討すること」が可決成立した（注23）。

(2) 司法書士法改正に向けた動き

その後、2011（平成23）年2月23日に開催された日司連第73回臨時総会で承認された「司法書士法改正大綱」でも、司法書士の業務として「家事に関する事件につき代理すること」の規定を新設することも求め、その理由として①簡裁代理業務や研修の実績、②高齢者に対する法的支援の実績と今後の需要増、③家事事件、特に成年後見をはじめとした財産管理業務や不動産登記に関係する家事事件関与の実績、をあげている。

確かに、現状では「法律相談に応じることのできる制度的保障」も十分でなく、裁判所への提出書類作成のみを業務とする司法書士は、現状では家事事件に関する一般的な相談も受けるだけで「非弁行為」として厳しく非難されるような状況にある。

すでに述べたが、調停期日当日の控室での依頼者との会話も「脱法行為であり非弁行為」との見解も日本弁護士連合会内部であるため、真に支援を必要とする市民に対して適切な支援をしがたい状況にあることはたしかである。

(注20) 家事法22条では、ただし書以下で例外規定を置いているが、司法書士が家庭裁判所の許可を得て手続代理人として選任されるケースは皆無であると考えられている。また、家事法27条で民事訴訟法60条の裁判所許可の補佐人制度を準用しているが、民事訴訟法同様、ほとんど利用されていない規定であると考えられ、司法書士が同条規定による「補佐人」として選任されるケースもほぼ皆無であると考えられている。

(注21) 司法制度改革審議会「第24回会議（2000（平成12）年7月7日）日司連提出資料」首相官邸ホームページ）。

(注22) 司法制度改革審議会「士法制度改革審議会意見書——21世紀の日本を支える司法制度」(2001（平成13）年6月13日）首相官邸ホームページ司法制度委改革審議会意見書）。

(注23) 「第154回国会法務委員会第7号議事録」(2002（平成14）年4月9日開催）国会図書館ホームページ。

4 展望

(1) 弁護士人口の増加と家事事件の法律専門家関与

司法制度改革審議会において司法書士への簡裁代理権付与が議論されていた当時、弁護士と司法書士はほぼ同数であったが（注24）、その後、司法書士数は微増に留まる中で、法科大学院制度導入に伴う弁護士人口増加政策の結果、現在では弁護士人口は司法書士と比較して1.6倍となっている（注25）。

たしかに2000（平成12）年と現在を比較した場合、弁護士の地域的偏在は多少解消傾向にあるものの（注26）、弁護士と比較した場合では依然として人口数で劣る司法書士の方が全国に「散在」しており、こと家事事件における「司法アクセス障害」が解消したとは到底いえない状況にある（注27）。

一方、2000（平成12）年は56万935件（新受事件数）であった家事事件総数は2012（平成24）年に

は85万7234件（新受事件数）に激増しており、家事審判事件、家事調停事件ともに大幅に増加している（注28）。

家事事件は、家庭裁判所における弁護士の手続代理人関与数および司法書士による書類作成関与数の実数は統計上不明ではあるが、非常に多くの手続が法律専門家に上る実質的関与のないまま進められていると予想される。

(2) 家庭裁判所の理念と司法書士の役割

戦後の新憲法施行（1947（昭和22）年5月3日）に伴う民主化諸施策の一環として、地方裁判所の一機関であった「家事審判所」を独立させ、行政機関であった「少年審判所」を併合したうえで、独立した裁判所として「家庭裁判所（Family Court）」は1949（昭和24）年1月1日に誕生した（注29）。

家庭裁判所創設に先立ち施行された家事審判法（1948（昭和23）年1月1日）（注30）は「第一条　この法律は、個人の尊厳と両性の本質的平等を基本として、家庭の平和と健全な親族共同生活の維持を図ることを目的とする」とされており、戦後の新憲法24条や民法2条に高らかに謳われている「個人の尊厳と両性の本質的平等」を実現するための、すなわち「戦前の封建的家制度を廃止して近代的家族を創造する」ための機関として家庭裁判所が期待されていたことがうかがえる（注31）。

他の裁判所と比較した場合、その理念の中に①独立的性格、②民主的性格、③科学的性格、④教育的性格、⑤社会的性格を有していた家庭裁判所であるが（注32）、その理念を実現するための市民参加制度（調停委員や参与委員）も準備されており、昨今の司法制度改革の議論にもつながる先見性に満ちた「裁判所」であったことがうかがえる。また、家事調査官制度を中心として、地域社会との連携や安定したつながりを重視し、福祉的な視点から問題解決を図ることを実践してきた独自な機能は、現在のわが国の司法制度においても極めて重要な位置を占めていると考えられる。

稲村厚司法書士は、このような家庭裁判所の独自機能と社会的な要請、そして司法書士のこれまでの本人支援を中心とした業務を重ね合わせたうえで、司法書士の今後のアイデンティティとして、相談者本人の特性を理解し、生活面までの支援ができる「福祉的な法律家」を提唱しているが、筆者もその見解に全面的に同意するものである（注33）。日司連がいうところの「くらしの法律家」（注34）という概念も、まさにこのような意味で定義されるべきであろう。

- （注24）　司法書士会員数は1万7034名（2000（平成12）年4月1日時点）、弁護士会員数は1万7126名（2000（平成12）年3月31日時点）。
- （注25）　司法書士会員数は2万979名（平成25年4月1日時点）、弁護士会員数は3万3624名（平成25年3月31日時点）。
- （注26）　日本弁護士連合会は平成23年12月8日「地方裁判所支部単位での弁護士ゼロワン地域が解消された」と公表している（「『弁護士ゼロワン地域』の解消に関する会長談話」同連合会ホームページ）。
- （注27）　支部、出張所を含め全国で323ヵ所存在する家庭裁判所管轄別に分布状況をみると、「弁護士ゼロワン地域」はいまだに50ヵ所以上あると考えられる。
- （注28）　「司法統計〔平成24年度版〕」裁判所ホームページ。
- （注29）　野田愛子『家庭裁判所制度抄論』1頁。
- （注30）　家事法施行（2013（平成25）年1月1日）に伴い廃止。
- （注31）　もっとも、戦後の民法改正議論の中で、家制度廃止反対論者に対する妥協として「親族共同生活を現実に則して規律する」趣旨が盛り込まれ、その精神を活かす手続として家事審判法1条に「健全な親族共同生活の維持を図る」との文言が定められた（野田・前掲35頁）。
- （注32）　井上博道「家庭裁判所調査官の歴史と役割」月報司法書士420号14～19頁。
- （注33）　稲村厚「家庭裁判所の役割と司法書士のアイデンティティ」市民と法80号64～71頁。
- （注34）　「司法書士は、地域の市民が頼れる身近な『くらしの法律家』として活躍の場を広げ、司法アクセス充実の一翼を担っています。法律の『掛かり付け医』のように地域への密着を目指しています」（日司連ホームページ）。

❺ 滞納賃料請求と建物明渡請求からみた司法書士代理権の考え方と課題

司法書士 八 木 貴 弘

1 事例の概要

司法書士法（以下、「法」ともいう）の平成14年改正から約10年が経った現在においても、裁判業務の執務を行ううえで、また、司法の担い手として市民の司法アクセスを向上させていくうえでも、多くの課題を残している。本稿では、簡易裁判所の訴訟代理権について、滞納賃料請求事件と建物明渡請求事件の顛末をみながら、司法書士の訴訟代理権の考え方とその課題をみていきたい。

なお、事例は実際に筆者が経験したものを基にしているが、若干の修正を加えていることをご了解願いたい。

A社は、2009（平成21）年2月1日、Y（被告）に対し、建物（以下、「本件建物」という）の2階部分を以下のとおりの約定で賃貸した。

賃貸借の目的物	横浜市○○区○○町○丁目○○番地○○ 家屋番号　○○番○○ 1階80.00m² 　2階80.00m²
賃貸期間	2009（平成21）年2月1日から2011（平成23）年1月31日までの2年
賃料	1カ月　金15万円
支払方法	毎月30日限り翌月分を支払う
損害賠償	明渡しが遅滞した場合の損害金を賃料の倍額相当額とする
使用目的	居住用
契約解除事由	次に掲げる事項の事由に一つでも該当した場合には何らの催告を要しないで直ちに本契約を解除することができる ①　賃料等の支払いを2カ月以上怠ったとき ②　賃料未払いのまま1カ月以上長期不在により賃借権の行使を継続する意思がないものと賃貸人が認めたとき　　など

その後、2012（平成24）年2月10日、A社は、A社の役員であるX（依頼人・原告）に対し、本件建物を売却し、同日Xは賃貸人たる地位を承継した。賃貸借契約締結から今まで、Yは賃料を滞納することなく約定どおりの支払いを行っていたが、2012（平成24）年4月分の支払いを最後に、賃料の支払いが滞ってしまい、2013（平成25）年2月の時点で、賃料の滞納額は150万円となっていた。（相談時、Xは賃貸借契約書と不動産登記事項証明書のみもってきた）。

Xは、Yに対し、再三にわたり賃料支払い催促のため、電話をかけたり、本件建物に赴くも、常に電話には出ず、不在であったため、これ以上賃貸借契約を継続していくことは困難と考え、賃貸借契約を解除し、本件建物の明渡しと滞納賃料の支払いを求める訴えを提起することを希望した。

… 5 滞納賃料請求と建物明渡請求からみた司法書士代理権の考え方と課題

2 執務にあたっての工夫

(1) 相談から受任まで

(A) 相談・訴訟形態の選択

まず、どのような執務を行ううえでも、相談からはじまるものであり、Xは司法書士に対してどのような業務を望んでいるのか確認する必要がある。つまり、Xは賃貸借契約を解除し、本件建物の明渡しと滞納賃料の支払いを求める訴えを提起することを希望しているが、司法書士が行う裁判業務には、法3条1項4号の裁判書類作成業務(いわゆる本人訴訟支援業務。以下、「裁判書類作成業務」という)と法3条1項6号の簡裁訴訟等代理権業務(以下、「訴訟代理業務」という)があり、当然この業務の違いを理解している市民の方はそう多くはなく、それぞれの手続のメリット・デメリット(本人の訴訟手続関与の具合・司法書士の関与の程度・手続にかかる報酬の違い等)を明確に説明したうえで手続を進めていくべきであると考える。Xは、平日に裁判所へ行くことが難しいため、司法書士に訴訟代理人として手続を行ってもらうことを希望した。

次に、本事例に関して、訴訟代理権の有無を検討する必要があるが、当初面談時、Xは賃貸借契約書と不動産登記事項証明書のみ持参して相談に来所したため、本件不動産の価格が不明であり、またXから聴取した事実から、滞納賃料額が140万円を超えていることが判明した。Xは、Yには早期に本件建物から退去してもらい、新たな賃借人と契約したいと考え、本件建物の明渡しと滞納賃料の支払いを求める訴えを提起することを希望しており、この場合、目的不動産の価格の2分の1が訴額とされているため(昭31・12・12民事甲412号民事局長通知)、紛争の目的の価額が140万円以内かどうか判然とせず、とりあえず、法3条1項7号による相談業務として相談に応じた(注1)。

(B) 訴額の算定

後日、Xに不動産の価格がわかる資料を持参してもらったところ、本件不動産の価格は500万円であった。よって、本事例のケースでは、2階建てのうちの2階部分であるため、

500万円÷160㎡×80㎡（2階部分）＝250万円（不動産の価格）

さらに、250万円×1／2＝125万円となり、訴額は125万円と判明し、司法書士が訴訟代理人として事件を受任できることがわかった。この時点で、Xとは訴訟委任契約を締結した。なお、滞納賃料額は150万円であるが、建物明渡請求とともに提起される滞納賃料請求は、訴訟の附帯の目的となるため、訴額には算入しない(民事訴訟法9条2項)。

(C) 委任契約時の説明

受任時に依頼人に話すべき内容としては、受任の範囲や報酬等の委任契約の内容、手続の流れ、勝敗の見込みは当然のことであるが、民事訴訟法18条の裁量的移送、民事訴訟法19条2項の必要的移送、訴額140万円を超える反訴の提起、弁論の併合により訴額が140万円を超えることになる場合などにより、当事者の意思に基づかないで訴訟代理権を喪失する可能性があることおよびその際の対応については受任時に説明すべきであると考える。

たとえば、本事例は不動産に関する訴えであるため、いざ代理人として訴訟を提起したとしても、被告が弁論をなす前に地方裁判所での審理を求めれば必要的に地方裁判所へ移送され、司法書士は代理権を失うことになる。

代理権が消滅した以上、委任契約は終了し、相手方・関係先等へ業務終了の通知を出さなければならない。司法書士の業務は終了しても、依頼人の裁判手続は何ら影響なく続行されるため、このような不測の事態から生じる損害を未然に防ぐためにも、代理権喪失の可能性、弁護士との連携の可能性、打切り時の報酬等について事前に説明しておく必要がある。

(2) 手続の検討

(A) 保全手続の検討

終局的な権利の実現を図るために、最初に、滞納賃料請求の権利の実現を保全するための仮差押えおよび建物明渡請求権を保全するための係争物に関する仮処分をする必要があるかどうか検討することになる。

仮差押えについては、仮差押えを行う不動産・

Ⅳ 司法アクセス拡充の実践事例と司法制度の現代的課題

預金口座等が不明であったこともあるが、Xとしては、滞納賃料回収よりも早期に明け渡してほしい意向と立担保の負担を避けたいとの意向から仮差押えは行わなかった。係争物に関する仮処分については、建物の占有が第三者に移転されるおそれがある場合、占有状態の現状維持のために、占有移転禁止の仮処分を行う必要があるが、聴取りの結果そのようなおそれはないと判断し、また、こちらも立担保の負担から（居住用建物の場合、賃料の3～6カ月分とされている）、仮処分は行わなかった（注2）。

(B) 主張立証の検討

次に、訴訟提起のための準備に入ったが、賃料債務の不履行による契約解除を終了原因とする建物明渡しを求めるために、原告が主張立証しなければならない要件事実は、①賃貸借契約の締結、②目的物の引渡し、③一定期間の経過、④支払期日の経過、⑤履行の催告、⑥催告後相当期間の経過、⑦契約解除の意思表示である。

本事例では、賃貸借契約中に無催告解除特約が定められており、この特約を使って要件事実を組み立てる場合は、上記⑤⑥に代えて、⑤'無催告解除特約の存在、⑥'借主の背信性の評価根拠事実、を主張立証することになるが、無催告解除は催告後解除の場合と比較して、要件事実の立証や借主の背信性に関する裁判官の評価の点で、訴訟進行の見通しが立ちにくい傾向があるため、まずは催告のうえで解除をする方針をとった。

なお、催告する金額は150万円であり司法書士の訴訟代理権を越えるので、本人名義で催告書を作成した。

(C) 催告書の送付

いざ催告書の送付を行ってみたものの、当初事情聴取したとおり、Yはつねに電話には出ず、不在であったため、催告書は「保管期間経過」により戻ってきてしまった。催告書がYに届かないため、結局、催告してから解除という方針をとることはできなかったが、事前の現地調査の段階で、水道メーターの変化・郵便物の受領の形跡がみられたことから、付郵便送達手続（書留郵便に付する送達手続）を念頭において、訴状の請求の原因欄において賃貸借契約の無催告解除の意思表示を行うこととなった。当然、この訴状については、司法書士が代理人として作成することができる。

なお、余談であるが、訴え提起の前に本契約の解除の意思表示をしておかなければならないか、という点については、本事例では、訴訟行為の性質に関して、訴えの提起という訴訟行為に契約の解除という私法行為の効果をも認める両行為併存説または両性説に立ち、本契約を解除する旨を訴状・請求の原因欄に記載することにより、訴状送達の時に解除の効果が発生する、との構成で訴状を作成した。訴訟行為に私法行為の効果を認めない説では、被告が出席した期日に被告に対し訴状の記載事項を陳述するという形で解除することになる。両説の違いは、解除の翌日から明渡済みに至るまでの損害金（本事例においては、賃料の倍額相当額）の計算で違いを有する（注3）。

(3) 訴え提起後の流れ

(A) 送達段階

私が訴状を提出した横浜簡易裁判所が行う送達手続については、まず、被告の住所等あてに訴状副本の送達をし、「保管期間経過」で不送達になった場合には、就業場所が判明しない場合もしくは就業場所が判明している場合であっても就業場所送達を試みる前に、住所等にあてて休日指定での再度の特別送達を試みる場合があり、また、就業場所が判明しない場合には、再度の特別送達を試みることなく付郵便送達手続に移る場合もある。なお、「転居先不明」、「あて所に尋ねあたらず」という理由で不送達になった場合は、公示送達手続を念頭に進めていく（注4）。

付郵便送達・公示送達を行う際には、どちらの手続にも、調査者、日時、場所、調査内容等が記載された調査報告書や現地写真、住民票等の添付を必要とするが、付郵便送達は、裁判所の判断により裁判所書記官が実施するのに対して、公示送達は、こちらも裁判所書記官の指示の下に行うことにはなるが、司法書士代理人として申立をする必要がある（民事訴訟法110条）。

結局、休日指定なしに被告の住所地に送達したところ、Yの同居人が受け取ったとのことで、補

5 滞納賃料請求と建物明渡請求からみた司法書士代理権の考え方と課題

充送達により完了した。

本事例においては、占有移転禁止の仮処分を行っていなかったが、万が一、転借人等であった場合を考えると少し冷や汗が出た。事前の現状の把握、現地調査の難しさを感じた。

(B) 審理段階

訴状副本はYへ届いたものの、第1回期日が指定され1週間を切った後も答弁書が提出される気配はなかった。私は、Yが当日も出廷せず擬制自白が成立し早々に結審することを期待して裁判所へ行ったが、現実はそううまいことにはいかず、あれだけ連絡がとれないままでいたYが出廷していた。

本件の審理が始まり、Yの主張を聞いてみると、こちらの主張をほぼ認めていたが、信頼関係破壊の事実につき争う姿勢をみせ、Yは、入院および拘置所留置が続いたため賃料を支払うことができなかったが、これからも賃貸借契約を継続したい旨、仮に明け渡すのであれば立退料を支払ってほしい旨を主張した。Xとしては、Yの債務不履行が原因で賃貸借契約を解除することになりYとの信頼関係はすでに破壊されており、早期に明け渡してもらいたい旨、入院および拘置所留置の事実は証拠となる資料も終始提示してこなかったことからYの発言には信用性が欠ける旨、Yは年金受給者であり、たとえ入院および拘置所留置の期間があったとしても毎月の収入には影響を与えず、家賃を支払うことができたのに今まで怠ってきた旨を主張した。

第1回期日、第2回期日ともに司法委員の同席の下審理が行われ、第2回期日において裁判官より和解を試みるよう指示があった。Yは何ら証拠を提出しないまま、立ち退きたくない旨を主張し続けるのみで、こちらとしては、早期の明渡しを第一に希望していたため判決を望んでいたが、相互の信頼関係を基礎におく賃貸借契約の性質もあり、司法委員関与の下、和解に向けての協議を行うことになった。

(C) 和解段階

別室にて行う和解に向けての協議は、原告代理人・被告が交互に入室する形式ではなく、円卓にて、司法委員・原告代理人・被告の3者間で協議が行われた。和解の内容としては、大まかに分けて、賃貸借契約を継続する場合と賃貸借契約を終了する場合があるが、司法委員としては、賃貸借契約を継続し、Yに今一度チャンスを与えてはどうかと考えており、一定の猶予期間を設けて建物を明け渡す内容は受け入れてもらえなかった。Yの主張には根拠がないことは、司法委員も承知しているはずであったが、Yのどうしても立ち退きたくないとの主張を考慮したうえで、双方に納得のいく内容の和解にしようと努めたのだと考える。

ただ、再び賃料を滞納されてはかなわないので、滞納賃料または賃料の支払いを2回分以上怠った場合は何らの催告を要せず当然に賃貸借契約は解除される旨(失権特約)、明渡しとなった場合には、残置物の所有権を放棄する旨、Yが不法に占拠している本件建物敷地内の物置を明け渡す旨の条項を入れることを要求した。

以上の追加条項に関してはYも承諾してくれたが、1回目の和解の協議の際には、Xの意思を確認することはできず、後日和解期日を入れることになった。Xに対し、裁判への同行は求めていなかったが、同行していれば直ちに和解が成立した可能性があり、和解協議の席上には本人出席の必要性を感じた。

後日、和解協議の席で行われた話合いをXに伝えたところ、追加条項があれば、賃貸借契約継続でも構わないとのことであったので、和解に応ずることになった。

(4) 強制執行

(A) 申立てまでの流れ

和解期日に無事、予定どおりの和解が成立し訴訟手続は終了したが、ほどなくして、Yは賃料満額を支払うことができなくなり、半年経過後には一銭も支払われなくなってしまったとの連絡がXから入った。

その後、Xが支払いの催告を行うも、あっという間に2回分の延滞が生じ、Yに対しては任意の明渡しをお願いするも、さまざまな理由をつけて頑なに明け渡そうとはしなかった。こんなことで

Ⅳ 司法アクセス拡充の実践事例と司法制度の現代的課題

あれば、和解協議の中で、早期の任意の建物明渡しを強く求めていくべきだったと感じながら、半年間は滞納賃料と毎月賃料分を回収できたと前向きに考え、やむを得ず、建物明渡しの強制執行の手続に入った。

民事執行手続については、少額訴訟手続に基づく強制執行（少額訴訟債権執行）以外、司法書士は、代理業務を行うことができないため、裁判書類作成業務として進めていかなければならない。

強制執行の流れとしては、債務名義に、執行力が現存することおよび執行の内容を証明する執行文を付与し、強制執行の開始に先立って、または執行開始と同時に債務者に送達されていることが必要である（民事執行法29条）。本事例においては、裁判上の和解により訴訟が終了しているので、和解調書に執行文の付与を受ける必要があるが、調書には確定という概念はなく、確定証明書は不要である。

なお、本事例において、横浜地方裁判所にて、建物明渡しの強制執行を申し立てた際は、申立書とともに、予納金7万円および執行力ある債務名義正本1通、送達証明書の原本、目的物が所在する場所の略図（住宅地図等）1通、当事者目録6通、物件目録7通、執行場所が建物の一部の場合であったので建物の図面7通、を提出した。予納金については、債務者の数、不動産の数によって予納額が変わってくるため、申立て前に執行裁判所に確認する必要がある。

(B) 断行までの流れ

申立ての翌日には担当執行官からXあてに連絡があり（代理業務ではないので、連絡・送達書類の受取りはXとした）、申立てから10日後の日付で明渡催告の期日が決定された。明渡催告とは、断行（明渡し）の前に、引渡期限（原則、明渡催告があった日から1カ月を経過する日（民事執行法168条の2第2項））を定めて、債務者に任意の明渡しを促すという執行官の処分である。明渡催告がされると当事者肯定効が生じ、明渡催告後に不動産の占有の移転があった場合でも、承継執行文を要しないで承継人等に対する明渡執行を行うことができる（民事執行法168条の2第6項）。

明渡催告日当日は、執行官が建物内に立ち入り、建物内にある目的外動産の把握・同居人の事情聴取・残置物の処理の判断等を行うため、債務者が不在である場合に備えて、合鍵の用意もしくは解錠業者の手配を要する。また、断行にかかる費用の見積りをしてもらうため、依頼する執行補助者（引越業者等）に立ち会ってもらう必要がある。本事例においては、明渡催告日にYは不在であり、Xが用意していた合鍵で解錠して、建物内を確認し、玄関ドアに公示書を貼って完了した。

結局、Yは任意の明渡しに応じず、とうとう断行日を迎えてしまった。断行日においては債権者の出頭が義務づけられているため（民事執行法168条3項）、明渡催告時と同様にXに執行場所に来てもらうよう話し、私とXは、搬出作業を見守った。

搬出した荷物等は、いったん別の場所で保管手続がとられたが、必要なもの・価値のあるものは事前にYが搬出しており、価値のない動産のみであったため、Xが廃棄処理をして、手続は終了した。

なお、断行日には執行官の職務執行が適正かどうかを見守る者として、証人の立会いを要する。上記の証人の職責から、債権者本人、その身内、債権者の代理人、執行官の補助者等は証人として不適当であり、裁判書類作成業務としてかかわった司法書士もまた同様である。横浜地方裁判所では、「証人名簿」なるものから証人となる者を選び、当日の立会いを行ってもらっているようである。

以上、私が経験した滞納賃料請求事件と建物明渡請求事件の顛末をみてきた。手続を進めるうえで稚拙な判断等あったと思われるが、一つの事例として参考にしていただければ幸いである。

（注1） 小林昭彦＝河合芳光『注釈司法書士法〔第3版〕』99頁。
（注2） 大阪青年司法書士会編『建物明渡事件の実務と書式』82頁。
（注3） 大原英記「通常訴訟における実務状況と課題」市民と法11号30〜37頁。
（注4） 岩田和壽「ある日の簡易裁判所——送達手続編」月報司法書士473号86〜95頁。

5 滞納賃料請求と建物明渡請求からみた司法書士代理権の考え方と課題

3 事例を通してみえた問題点

(1) 制度的な問題

(A) 司法書士代理権の解釈（保全・訴訟・執行）

以下では、滞納賃料請求事件と建物明渡請求事件の依頼を受けてから終了するまでの間に、訴訟代理権の範囲が問題となった場面をみていきたい。具体的には、①民事保全手続の場面、②催告書作成の場面、③裁判上の和解締結の場面、④強制執行の場面である。また、事例とは離れるが、⑤控訴後に裁判外にて和解をする場面も若干の検討をしていきたい。

(B) 民事保全手続の場面

本事例では、仮差押えと占有移転禁止の仮処分が考えられるが、民事保全手続に関しては、保全命令に関する手続と保全執行に関する手続が規定されている。

仮差押えについては、滞納賃料債権が150万円であり、被保全債権が140万円を超えているため、司法書士が代理人として手続を行うことができず、裁判書類作成業務として、保全命令・保全執行に関する手続を行わなければならない。

一方、占有移転禁止の仮処分については、被保全権利は、建物明渡請求権であり、本案の管轄裁判所は簡易裁判所であるため（民事保全法12条1項）、代理人として保全命令の申立てをすることができる。しかし、保全執行の申立てに関しては、申立てを目的地の所在地を管轄する地方裁判所の執行官に対して行わなければならず、司法書士は代理業務権限を有していないため、裁判書類作成業務として行わなければならない。

なお、執行官がする手続については、裁判所の許可を要せず、代理人を選任することができると解されている（民事執行法13条の反対解釈。民事保全法46条で準用）。つまり、代理人の資格に制限はなく、弁護士以外の者も代理人となることができるが、司法書士の場合は、司法書士法上、代理権の範囲に含まれていないため、司法書士が業として代理人になることはできないであろう。

(C) 催告書作成の場面

本事例の手続の検討内において、催告してから賃貸借契約を解除する方針をとっている。この催告書の内容としては、たとえば「滞納賃料150万円を催告書到達の翌日から7日以内に支払わない場合は、何ら催告なく賃貸借契約は解除される」（停止条件付契約解除の意思表示）等となるが、140万円を超える催告となるため、この催告書の作成については司法書士の代理権を越えており、解釈上、裁判所へ提出する書類を作成する際の付随業務として、X本人名義で催告書を作成する必要があることに注意を要する。

(D) 裁判上の和解締結の場面

裁判上・裁判外を問わず、認定司法書士が140万円を超える和解をした場合は、超えた部分についてのみではなく、和解契約の全部が無効になるとされている。本事例のように、訴訟物以外の権利関係を和解条項の内容にすることについて、訴訟物以外の権利関係が明らかに140万円を超えている場合や、140万円を超えているか不明の場合には、司法書士の訴訟代理権を越えるのではないかとの疑義が生じる。

しかし、訴訟物以外の権利関係を和解条項の内容とする場合であっても、司法書士の代理権限の範囲が訴訟の目的の価額によって画されるため、当該訴訟に関して訴訟の目的の価額が140万円以内であれば、その訴訟物以外の権利関係によって受ける利益のいかんを問わず、司法書士が代理することができると考えられている。

たとえば、本事例において、原告が被告に本件不動産の2階部分を250万円で売る旨の和解が成立するとしても、訴訟の目的の価額に変更がない以上、司法書士は、その訴訟上の和解について代理することができるものと解される。

ただし、訴訟物以外の権利関係と訴訟物との関係等事情によっては、司法書士が訴訟代理人として訴訟物以外の権利関係を和解条項の内容とする和解を成立させることについて、司法書士の品位保持義務に問題が生じる場合があろう（注5）。

(E) 強制執行の場面

民事執行手続については、事例の中で触れたとおり、少額訴訟債権執行以外、司法書士は、業として代理業務を行うことができないため、裁判書

Ⅳ 司法アクセス拡充の実践事例と司法制度の現代的課題

類作成業務として進めていかなければならない。

建物明渡しの強制執行は、不動産等の所在地を管轄する地方裁判所の執行官に対し書面で申立てを行うが、先に述べた占有移転禁止の仮処分の保全執行の申立ての時と同じく、執行官がする手続となるので、代理人の資格に制限はなく、弁護士以外の者も代理人となることができるが、司法書士の場合は、司法書士法上、代理権の範囲に含まれていないため、司法書士が業として代理人になることはできないであろう。

(F) 控訴後に裁判外にて和解をする場面

司法書士は、自ら代理人として手続に関与している事件の判決、決定または命令について上訴の提起をする場合を除き、「上訴の提起」を代理することはできない。

本事例において、仮に和解ではなく判決まで争い、不本意な結果となった場合、第1審の簡易裁判所に当事者および法定代理人、第1審判決の表示およびその判決に対して控訴を提起する旨を記載して（民事訴訟法286条2項）、代理人として控訴状を提出することができるが、控訴理由書は控訴裁判所に提出しなければならないため（民事訴訟規則182条）、140万円以下の事件であっても、司法書士が代理することはできない。もちろん、その後の控訴審における手続について代理することは認められない。

では、仮に本事例において、控訴審に移り司法書士の訴訟代理権が消滅した後、Yが当該司法書士に対して和解の提案をしてきた場合、司法書士はXの代理人として交渉を行い、和解を締結することができるのか、つまり、控訴審に移り訴訟代理権が消滅した後も、司法書士法3条1項7号の裁判外の和解代理権（以下、「裁判外の代理権」という）は消滅しないのか、それとも訴訟代理権が消滅した場合には裁判外の代理権もこれに伴い消滅するのか、問題となる。

この点については、いまだ解釈の統一は図られていない。訴訟代理権が消滅した場合には裁判外の代理権もこれに伴い消滅するとする立場からは、訴訟代理権が消滅した以上、権限の統一を図るために司法書士に裁判外の代理権を認めるべきではないとし、一方、訴訟代理権が消滅した後も、裁判外の代理権は消滅しないとする立場からは、訴訟代理権と裁判外の代理権はそれぞれ別の規定として定められており、相互に連動するような規定にはなっておらず、また訴訟継続中に裁判外で和解協議を行うことは民事調停に類似し、訴訟と調停は二重起訴の禁止に該当せず両者は並立しうるものであるため、訴訟代理権が消滅した後も裁判外の代理権を認めるべきであるとする。

筆者は、訴訟代理権と裁判外の代理権は、その依頼の趣旨を異にし、当初依頼のあった訴訟代理業務が消滅した後でも、Xから新たに、裁判外の和解手続を受任すれば代理可能と考えるが、司法書士が主導で動き、控訴により訴訟代理権が消滅したから裁判外の和解に切り替えたのだと外形的・実質的に思われるような行動にならないよう、注意すべきであると考える。

また、裁判外の和解や民事調停の中で、控訴審に係属している訴訟手続について、司法書士が代理人として訴えの取下げや控訴の取下げの合意をすることができるかという点になると、司法書士法上、控訴審に係属している事件の訴えの取下げや控訴の取下げは訴訟代理業務の権限外であるため、上記の合意をすることはできないであろう（注6）。

(2) 執務上の課題──受任中の依頼者とのかかわり方

(A) 裁判書類作成業務

これまでみてきたように、司法書士が行う裁判業務は、裁判書類作成業務と簡易裁判所の訴訟代理業務があり、本事例の建物明渡請求事件・滞納賃料請求事件においても、どちらの業務で行うか選択することになるが、この二つの業務は取扱いを全く異にする。大きく分けて、訴訟代理権の有無ということになるが、この点は大いに注意して業務を行わなければならない。

裁判書類作成業務については、①司法書士には、国民一般としてのもつべき法律知識が要求されているにすぎず、依頼の趣旨に沿うように法律的な整序をするまでにとどまり、いかなる趣旨内容の書類を作成すべきかを判断することは、司法書士

5 滞納賃料請求と建物明渡請求からみた司法書士代理権の考え方と課題

の固有の業務範囲には含まれない（注7）、という考え方と、②裁判書類作成業務は1通の書類をもって終了するといったものではなく、その書類が基礎となって次の訴訟行為へと発展していく連鎖的な性格を有するものであり、全体的視野の下に格別の書類を作成する必要があるため、いかなる目的を達成するためであるかを把握し、窮極の趣旨に合致するよう法律判断を加えて完備した書類を作成することに業務の意義がある（注8）、という考え方がある。

①のように解することは、司法書士法2条において法令および実務に精通しなければならない旨規定され、これに反したときは懲戒処分を受ける旨が規定されている中で、多様な要因で変化しうる「国民一般としての持つべき法律知識」を基に裁判書類作成業務を行うことは現実的に不可能を課しているものであり、また、現行法上、代理訴訟と本人訴訟が想定されている中で、憲法32条の裁判を受ける権利を充実させていくために、本人訴訟において司法書士の十全な支援を確保する必要があることから、①の考え方では業務の実態に合わず、立脚することは相当でないと考える。②の考え方のもと裁判書類作成業務を行うべきであり、裁判書類作成業務においても法律判断権があることの明文化を求めていくべきであろう。だが、当然、訴訟代理人として業務を行いうるものではなく、実質代理であると疑われることがないよう、依頼者の主体性を大切にし、また依頼者にも強く意識させて業務を行っていく必要がある。この点、依頼者本人が裁判において主張立証活動ができるかどうか、裁判所へ行く時間をとれるかどうか等、依頼者が本人訴訟を望み、かつそれに耐えうるものであるか、時には法律から離れた身の上話や雑談をする中で信頼関係を築きながら判断しなければならない。

(B) 訴訟代理業務

裁判書類作成業務については上記の点に留意して、業務を行っていくことになるが、対する簡易裁判所の訴訟代理業務についてはどうだろうか。

この訴訟代理業務はその名のとおり、依頼人からの委任を受けて、依頼人の窮極の利益を実現できるよう自ら法律判断をし、一連の業務を行うものであり、この点については弁護士と異なるところは全くない。しかし、本事例をとおしてみてきたように、一度、司法書士が訴訟代理業務として依頼を受けた後も、外部からみれば一つの目的に向かって業務行っているだけにもかかわらず、手続によって代理できる業務とできない業務が入り乱れており、訴訟代理権の範囲外になればそのつど、裁判書類作成業務、つまり依頼者を主体とした業務として行わなければならない。

また、移送により代理権が消滅する可能性もあり、代理権を越える事件となってしまった場合には、その時点で訴訟代理業務を打ち切ることになり、原則、訴訟代理業務から裁判書類作成業務へ「切り替え」をすることはできない。訴訟代理業務は終了し、弁護士へ引継ぎを行うことが必要になる。かりに、依頼人が訴状等の書類の作成を依頼するのであれば、訴訟代理業務を終了させたうえで、新たな業務として受託することになろう（注9）。

このように、訴訟代理業務においては、常に裁判書類作成業務を意識しなければならず、依頼者にも司法書士に任せてすべて丸投げという姿勢ではなく、逐一、現在の手続の進行状況・手続のもつ意味・今後の方針等をできるだけ詳細に伝えて、二人三脚で進めていることを意識させて、不測の事態が生じないよう努める必要がある。

（注5） 小林＝河合・前掲74頁。
（注6） 「座談会 裁判外の和解に関する代理権の範囲と本人訴訟支援のあり方について」司法書士論叢 THINK110号107～114頁。
（注7） 昭29・1・13.民事甲第2554号民事局長回答、高松高判昭54・6・11判時946号129頁。
（注8） 松山地西条支判昭52・1・18判時865号110頁、松永六郎『書式 本人訴訟支援の実務〔全訂六版〕』25～40頁。
（注9） 小林＝河合・前掲119頁。

4 展望

(1) 市民ための司法書士制度であるために

司法書士の簡易裁判所の訴訟等代理業務は、地域的・社会的な偏在による弁護士過疎状況、共同

IV 司法アクセス拡充の実践事例と司法制度の現代的課題

体的な制度や関係が崩壊する中で変容するリーガル・ニーズ等に応えるために付与されたものであるが、司法書士は、長年にわたり登記・供託業務を中心として予防司法、つまり法的紛争を未然に防ぐ法律業務にかかわり、また、裁判書類作成業務を通じて、本人訴訟を望む市民のニーズに応えてきた。さらに、昭和53年司法書士法改正の際、司法書士の使命は「国民の権利の保全」にあると明記され、以降、司法書士は公共性の観点からつねに市民によって検証される存在になった。

登記・供託業務、裁判書類作成業務、あるいは人権保障の活動の中で、閉鎖的なイメージのある司法制度と市民をつなぎ合わせる作用を担ってきたのである。そして、平成14年司法書士法改正により簡裁代理権が付与され、透明な競争への出発点に立ったことで、これまで補完的なかかわりの中で全体像をなかなか把握しきれていなかった司法行政に対して新たな風を起こした。

代理訴訟か本人訴訟か、という選択肢のほかにも、司法書士訴訟か弁護士訴訟か、というオルタナティブを市民に提供し、より市民が身近に感じる司法となるための一翼を任されている。また、司法試験から法曹三者になるのとは別の試験制度から司法に携わる者を輩出することにより、お互いの監視としての機能も有している。山野目章夫早稲田大学教授の言葉を借りると、江戸時代の東海道と中山道のように、あるいは、現代の東名高速道路と中央自動車道のように、第一国土軸のほかに第二国土軸を設けて国土管理を行うことに似た役割が、司法の場面において司法書士に課されているのではないだろうか(注11)。

司法書士制度は、歴史上、市民のニーズに合わせて、また社会システムの補完をするために、常に変化をしてきており、現在においても完成されていない成形中の法律家制度である。今後、市民の中での司法書士の役割をよりたしかなものにするために何が必要であるのか、最後に、少額訴訟債権執行制度創設の経緯から、司法書士の訴訟代理権をどうすべきか考えていきたい。

(2) 少額訴訟債権執行制度創設の経緯からみる司法書士の簡裁代理権

簡易裁判所は、少額・軽微な事件を処理する裁判所として、簡易かつ迅速に事件を処理することが期待されていたが、少額訴訟手続・少額訴訟債権執行手続創設前の簡易裁判所においては、現実には、簡易裁判所における訴訟手続は、特則による例外はあるものの、地方裁判所のそれと大して変わらないものであり、単に事物管轄を地方裁判所と分配し合い、少額・軽微な事件を取り扱うにすぎない、いわばミニ地方裁判所と化し、当初期待されたような機能を果たすものとはなり得ていなかった。それゆえ、少額請求であっても、当事者にとっては、その手続負担は通常の請求と大差なく、少額債権をめぐる紛争を訴訟により解決することは割に合わないものとなっていた。

このような事情を受けて、1996(平成8)年の民事訴訟法改正により少額訴訟手続が創設され、さらに、2003(平成15)年、前記意見書を受けて訴額の上限を60万円に引き上げられることになり、一般市民のための訴訟手続として、権利の確定の場面に関しては、債権額に見合った訴訟手続が用意されることになった。

しかし、強制執行手続については特別の手当てがなされることはなく、任意履行を促進するための制度を用意していたものの、従来の執行手続に委ねられたままであった。一般市民の司法へのアクセスを考慮して、簡易裁判所において簡易・迅速に債務名義を獲得することができるようにとの制度設計の下、創設された少額訴訟手続は、権利の現実的実現という観点からみれば、いわばその後ろ盾を欠く不完全なものにとどまっていた。少額訴訟を利用した市民は、強制執行を申し立てるにあたり、少額訴訟の受訴裁判所であり、最も身近な裁判所である簡易裁判所ではなく、地方裁判所へ赴かなければならないという負担を強いられていた。そこで、「少額訴訟執行手続」というような独自の執行体制を敷くべきであり、執行の困難さを取り除くべく、観念形成(訴訟)と事実形成(執行)の機構的分離という伝統的な建前を修正して、強制執行を判決手続の付随手続として手続的結合を図り、裁判所のイニシアティブによって機動的な少額債権の取立てができるようにする必要

があるとの声が大きくなってきたのである。

　そして、平成16年民事執行法改正により、少額訴訟債権執行手続が創設されたことで、少額訴訟手続の受訴裁判所である簡易裁判所をそのまま債権執行の管轄裁判所とすることで、債権者が簡易かつ迅速な権利の終局的な実現を図ることができるようになり、1996（平成8）年に少額訴訟手続が設けられた趣旨がようやく貫徹されるに至った（注12）。

　この経緯を踏まえて、司法書士の簡裁代理権をみると、140万円の基準で画された現在の訴訟代理権は、市民が司法書士をその意図に合わせて利用するうえで、手続の入り口としての代理権は用意されたものの、終局的な権利の実現・依頼者の本来の目的を達成するためには不完全なものにとどまっているといわざるを得ない。

　依頼を受けた、同一の目的に向かった裁判業務にもかかわらず、その権利の保全・権利の確定・権利の実現の手続毎に、訴訟代理権の有無・他士業との職域の問題を考えることは、依頼をする市民にとって足かせ以外の何ものでもなく、訴額に合わせた保全から執行までの一連した訴訟代理権の取得、また、法律文書作成権限の明文化が必要であると考える。

(3) おわりに

　私は、司法書士に訴訟代理権が付与された後に司法書士試験に合格した者であり、司法制度改革前後においてその改革の一当事者として体験することはできなかった。しかし、今回、本稿執筆にあたって過去の文献を調べていく中で、訴訟代理権取得前の裁判業務の葛藤、司法制度改革の中でのさまざまな業界からの意見、司法書士に訴訟代理権を与えることの利点・問題点等々の議論をあらためて時間の流れに沿って学ぶことができた。

　2002（平成14）年に司法書士法が改正されてから約10年が経過した現在、なぜ司法書士に訴訟代理権が必要かをあらためて考え、声をあげ、市民がそれを求めるようにならなければならない。そのためには、市民のための法律家として、登記ないしこれに関連した法律事務しか取り扱わないというのではなく、経済的にペイしない仕事に対しても、どこまで真剣に取り組めるかが、法律家としての司法書士の未来像を市民が判断するための一つの試金石になるだろう。

- **(注10)** 司法制度改革審議会「司法制度改革審議会意見書」中、「第3　弁護士制度の改革」の「7．隣接法律専門職種の活用等」以下参照。
- **(注11)** 「司法書士制度140周年シンポジウム」司法書士論叢 THINK111号9〜43頁。
- **(注12)** 小林秀之編著『Q&A 平成16年改正民事訴訟法・民事執行法の要点』134〜144頁。

Ⅳ 司法アクセス拡充の実践事例と司法制度の現代的課題

❻

司法書士業務への
メディエーション技法の応用

司法書士　稲村　厚

1　事例の概要

本稿は、「ADR」議論に伴って広まった対立当事者の仲介を行う「メディエーション」を、ADR機関における「調停」ではなく、司法書士の日常業務に活用する事例を紹介し、法律家としての新たな方向性を検討するものである。

本事例の登場人物は、下記（図）のとおり、Aを中心に、B、C、D、E、Fである。最初に相談があったのは、Aの姉Fからだった。弟Aがギャンブル（パチンコ・パチスロ）で借金を作り、家を出てしまったため、Aの妻Bと子供Cの生活が脅かされており、どうしたらよいか、との相談であった。

Aは、高卒で50歳、大手会社に勤めており現在も会社には通っているらしい。Aは、これまでも二度、ギャンブルで借金をつくり、Aの両親であるD、Eに300万円ほど肩代わりしてもらっていた。今回、また借金が発覚し、両親に肩代わりを頼みに行ったが断られ、家を出たという。Aの自宅には住宅ローンが残っており、パートタイムで働く妻Bと大学3年生の息子Cが住んでいる。

（図）　本件家族関係図

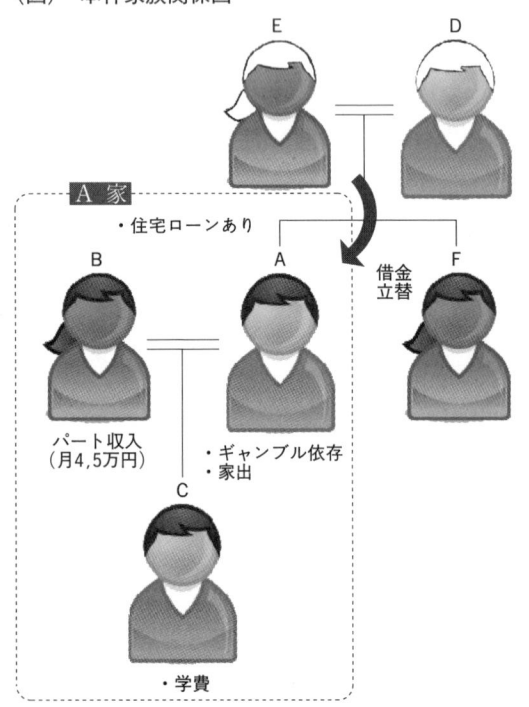

E　D

A家
・住宅ローンあり
B　A　F
借金立替
パート収入（月4,5万円）
・ギャンブル依存
・家出
C
・学費

2　実務上の工夫

(1)　関係者への聴取り

(A)　相談者F自身の問題整理

相談を受けた筆者としては、Aの給料は誰が、どのように管理しているのか、などAとB、Cの生活状況が気になるところだが、まずは相談者であるF自身の問題を整理するのが順序である。

そこで、まず現在FがAの問題にどの程度かかわっているのかを確認した。AはFに対し子供の頃からコンプレックスをもっているようで、Fに対してはお金の無心などはしてこない。Aの出ていったA宅には、Aあての封書が送られてきており、Bは開封や保管することがストレスだと感じているため、Fに預けている。そのことにつき、Fとしては、特に負担ではないとのことだったので、そのまま続けてもらうことにした。そのうえで、次回はBの話を聞くことにした。

(B)　相談者Bの問題整理

6　司法書士業務へのメディエーション技法の応用

2回目の相談は、BとFの二人で来所いただいた。Bの話では、以前はAの給与が振り込まれる通帳とカードをBが保管してやりくりをしていたが、半年ほど前からAが自分で管理し、住宅ローンと生活費として、毎月14万円をBに渡す形に強引に変えられたという。Bはパートタイムで働き、月に4、5万円稼ぐのがやっとで、住宅ローンまで支払える状況にない。したがって、今月、AからBへ何らかの方法で費用を渡してもらわないとBたちの生活が破綻することになる。なおかつ数カ月後には、Cの学費の支払いもあり、Bは途方にくれていた。

これまでのAの借金返済の経過を考えると、Aの両親D、Eに相談して、BとCへの支援が可能かどうかを確認する必要がありそうである。また、Aが現在、家を出ているということは、A自身、金銭的にもかなり追い込まれており、再度、両親へお金の無心をする可能性も高いため、その時の対処方法についてもD、Eと打ち合わせなければならないと考えた。

そこで、Fに次回はE、Dと面談したい旨を伝えてもらうことにした。

(C) Aの両親D、Eの問題整理

3回目の相談は、Aの両親D、EにFが付き添ってきた。D、Eに、BとCの現状を話し、このままだとCの学費が支払えず、二人の生活もままならないので、何らかの支援をお願いできないか尋ねた。D、Eは、Cの学費については支援してもよいが、B、Cの生活費までは支援したくないということであった。理由は、今回の出来事は自分たちの子供であるAが悪いが、Bもこのような事態になってフルタイムで働くなどの努力をしないのでは、支援する気にならない、とのことだった。

これまでD、EとBとの間はあまり親しい関係にはないようであったため、筆者はむしろ、直接B、CとD、Eが会って話合いをもつことを勧めた。ぜひそうしたいということになり、筆者の事務所で、家族会議を行うことになった。

(2) 司法書士を進行役とする家族会議の実施

(A) 家族会議の手順・現状の理解

家族会議の当日は、B、C、D、E、Fと進行役の筆者、つまり当事者であるA以外の全員が集まって話合いをすることができた。

まず、筆者からこの話合いの手順を説明した。①最初に全員が現状を正しく理解すること、②次にその現状を踏まえて、Cの学費をどうするか、BとCの生活費をどうするか、を話し合い、③最後に、今後のAへの対処の確認をするといった手順であった。

現状は、Aは家を出たままであり、一度、自分の荷物を取りに自宅に戻ったが、自分の居所は明かさないままで、もちろん生活費を支払うこともなかった。DとEのもとには2日前に電話があり、お金の無心があったがDとEは断った。

Bの元にはお金が送金されることはなく、今月の住宅ローンは支払えない可能性が高い。Cの学費は2週間後に半期分の支払いがあるが、これまでのBの蓄えでは25万円足りない。学費が支払えないと大学を退学せざるを得ない。Bのパートタイムの仕事での収入は、月に4～5万円で生活費を賄うこともできない。あと1カ月で生活費は枯渇しそうである。

筆者からは、住宅ローンは延滞があっても数カ月程度であれば事故扱いにならず、支払いを再開すれば信用を取り戻せる可能性があること、今後ずっと支払いができないといった最悪の場合でも、すぐには競売にならないこと、たとえ競売になっても購入者が決まってから退去すればよいので1年近くはこのまま住んでいられる可能性が高いこと、Aの居所が判明すれば、Bは婚姻費用の分担請求調停を申し立てることができ、生活費を確保することができることを説明した。

(B) 諸費用をめぐる検討とB・Cの心の声

以上の現状を参加者全員が確認したところで、次の課題である、緊急避難としてのCの学費、B、Cの生活費の確保の話合いへと移った。参加者全員一致で、優先すべきはCの問題であることがまず確認できた。そこで、Cの学費については不足している25万円をCの祖父であるDが支援することが決定した。Cが卒業するまでに今後、半年ごとに2回、学費の支払いがあるが、その時点ごと

Ⅳ 司法アクセス拡充の実践事例と司法制度の現代的課題

に今回のように、その時の状況を確認して支援については考えることにした。

次にB、Cの生活費であるが、これについてはDから意見が述べられた。「今回のことはAがすべて悪いし、私の育て方が間違っていたと思っている。しかし、BもAと結婚した以上は、こうなる前にちゃんと話し合えたのではないか。それに現在、このような状況のときに自らもっと働いて何とかしようと努力すべきではないか。何の努力もしないで人の支援を受けようというのは虫がよすぎるのではないか」。

Bは、もともと無口な人のようだったが、Dの意見を受けて、何も言わず、つらそうに筆者のほうを見た。これを受け、筆者は、「Bさん、この場、何を言っても誤解を受けないように私が修正できますから、思っていることを正直に口にしてみたらいかがでしょう」と投げかけた。すると、Bは頷いて「私の正直な気持を言います……。私はもう、Aと別れたい……」と言ったきり、あとは涙で言葉にならなかった。Bが落ち着いてから、筆者が「Bさん、いつ頃からそう思っていましたか」と尋ねると、「もう数年前から決意していました。ただ、この子が大学を出るまではがまんしようと思っていました……。私の実家にも話をして子供たちといっしょに戻ってきてもよいと言われています……」とBは話した。

「それならば、なぜ、もっと早くそういうことを私たちに話してくれなかったのか。私たちはBのことも子供だと思っているのに……」とDが口を開くと、その言葉に、それまで黙っていたCが、「おじいちゃんは知らないからそんなことが言えるけど、お父さんは都合が悪くなるとお母さんに罵声を浴びせ、ときには暴力をふるったこともある。そんなことをおじいちゃんに話せるわけがないじゃないか」と叫んだ。

Cの発言で、参加者は皆、しばらく沈黙した。ことにDは、下を向いたままだった。これを受けて、筆者は、ここで結論を出すより落ち着いてからそれぞれが答えを出してほしいと思い、次のように言った。「Bさんの生活費は、あと1カ月は大丈夫なようですから、Cさんの学費についてはD

さんから出していただくことにして、BさんとCさんの生活をどうするかを、3週間後、もう一度お集まりいただき話しませんか」。筆者は、全員が頷くのを確認して、さらに続けた。「それまでに今日ご参加の皆さんは、それぞれ何ができるかを考えてきてください」。

(C) Aに対する対応の検討

家族会議参加者から異議が出なかったので、筆者は、この家族会議を次のように締めくくり、次回の日程を決めた。

「以上は、緊急措置としての態勢づくりの話です。Aさんの様子をお聞きする限りでは、かなり金銭的にも苦しいようなので、近いうちにAさんが動き出す可能性があります。これまでの関係性から考えて、Aさんのお母さんのEさんに連絡が入る可能性が高そうです。そこで、Eさんに限らず、もし、Aさんから何らかの連絡が入った際には、『お金の支援は、まずAが司法書士の筆者のところへ相談に行ってから』と誘導してください」。

(3) ギャンブル等依存問題の対処方法

(A) 借金の原因をみつめることの大切さ

繰り返されるギャンブルや買い物により何度も借金を繰り返すといった依存の問題を抱えているクライアントへの対応につき、債務整理等の借金問題以外について法律実務家はほとんど気にかけていない。借金の理由がギャンブル依存や買い物依存であっても、「法律実務家の仕事は法的債務整理である」と淡々と法律事務を行うか、なかにはクライアントにお説教をすることが役割であると考えるのが関の山だ。お説教くらいで問題が解決するのであれば、依存問題は深刻にはならない。まさか、自分のお説教がクライアントに対して効果があるものだと考えている法律実務家はいないと信じたいところであるが……。

借金の問題は、その原因の克服がなければ繰り返される。したがって、債務の整理だけではなく、その原因の克服のためにクライアントとともに、じっくり取り組む必要がある。

(B) 相談者の問題と認識することの大切さ

ギャンブル等の依存問題は、何度も借金を繰り返し、家族に借金の肩代わりを頼むために家族も

6 司法書士業務へのメディエーション技法の応用

いっしょに、その問題に巻き込まれていく。最初は、問題を深刻に受け止めずに肩代わりをするが、何度も繰り返されるうちに、家族はその異常性に気づくことになる。したがって、多くのケースで、最初の来談者は、家族である。本事例においてもそうであった。

法律実務家が陥りがちなことは、この相談を、相談に訪れた家族の問題ではなく、「本人の法的債務」の相談ととらえてしまい、本人を連れてくるようにいって終了してしまうことだ。本人が自ら相談に行かないから家族が相談しにきている事実を見過ごしており、なおかつ肝心な目の前にいる家族が困っていることすら見えていないのである。

(C) 家族からの相談への対応

家族の相談に対しては、次のような順序で助言する。まず、巻き込まれた状態の家族を守ること、具体的にはこれ以上、本人のお金の無心には絶対に応じないことである。本人の収入で家族が生活している場合には、緊急避難として本人の収入に頼らないで生活できる環境を整えることが求められる。そのうえで、本人を相談に来させるために、家族へ本人からお金の無心があったときには、「お金での支援はできないが、ここ（司法書士）へ相談に行くのであれば別の支援はする」といって促すよう助言するのである。

本人が来談した後は、具体的な法的債務整理をする前に、ギャンブル等に依存しないで日常生活の心のバランスがとれるように慎重かつ詳細に粘り強く検証しながら生活環境を整える。もちろん、そのためには地域でさまざまな社会資源と連携する必要がある（注1）（注2）。

(4) 相談者と相談員の心理と信頼関係

人間は、自分の都合の悪いことが語られ始めるとその話を最後まで聞くことができずに途中で遮ってしまう。これは無意識に自分を守るために起こることで、本人は全く気づいていないことも多い。専門家が、相談者は筋道を立てて話ができないとか、話が飛んでしまう、と嘆く場面を分析すると、少なからず上記のような心理状態が働いていることが多い。専門家の質問に答えるとき、なぜ自分がその行為を行った（あるいは行わなかった）かを、説明してから結果を述べるなどの現象がこの状況である。これは、誰にでも生じる心理状態である。私は、相談の中のやりとりで、相談者のこのような状態に気づいたときには、まずはいっさい口を挟まず、話が途切れるまでにこやかに聴き続けるようにしている。それが伝わったとき、私と相談者の間に一定の信頼関係が生まれ、その後の言葉のやりとりも直接的になり、よりスムーズになる。最初の段階で、相談者の話を聴き続けることができずに、結論を促すような口の挟み方をしてしまうと、その後、相談者との信頼関係を築くのには相当な時間を要し、場合によっては最後まで築くことはできない場合もある。

本事例のような相談者たちにとって、聞かれたくない話の場合は、まず相談者と信頼関係を築くことができなければ、その次の段階で、他の関係者との話合いの間に入ることはこちらが提案しても受け入れられることはない。目に見えない信頼関係の構築こそが、本事例で最も基礎になる関係性であり、それを可能にするのは、相談者と相談員の心理の理解である。

- （注1） 稲村厚「依存症者とその家族の回復に向けて──司法書士事務所での対応を中心に──」月報司法書士412号23～28頁。
- （注2） 中村努＝高澤和彦＝稲村厚『本人・家族・支援者のためのギャンブル依存との向き合い方──一人ひとりにあわせた支援で平穏な暮らしを取り戻す──』参照。

3 事例を通してみえた問題点

(1) リーガル・カウンセリング

(A) 日本における「リーガル・カウンセリング」の提唱

心理職の場合は、もともと、相談に関して、理論構築され、トレーニングも積まれてきたが、法律専門職に関しては、1997年に、伊藤博弁護士が発表した「リーガル・カウンセリングの基礎技術」（注3）が、おそらく、わが国で相談技法について論じたはじめての論文であり（注4）、以後、同論文のタイトルで使用された「リーガル・カウンセリング」という言葉が用いられて、法律相談研究

Ⅳ　司法アクセス拡充の実践事例と司法制度の現代的課題

が進められていった。伊藤は、法律家と利用者の間のコミュニケーションに着目し、カウンセリングの手法あるいはカウンセリング・マインドの法律家の面接技法への応用を検討した。法律家と利用者の間のコミュニケーションの問題を詳細に分析しながら、対応策としてカウンセリング技法を提示したのである。

続いて、2002（平成14）年に、波多野二三彦弁護士（注5）は、訴訟（法廷紛争）業務中心の弁護士に対し、市民の日常的な紛争解決のために裁判外で活動するためのスキルとして「リーガル・カウンセリング」を提唱し、「リーガルカウンセリングで最も大切な基本原則は、『クライエントの尊重』ということです。いまはやりの言葉に置き換えれば、『主体性の尊重』です。C・ロジャースの言葉に従っていえば、『来談者中心＝Client-Centered Approach』にほかなりません」と述べ、「以下お話しするリーガルカウンセリング技法の全てに、クライエントの主体性を尊重しつつ面接する、という原理原則が、その大前提になっていると、ご理解ください」とし、面談技法の解説を行っている。このような、より実践的な技法紹介は、弁護士の世界だけでなく司法書士界でもさかんになった（注6）。

(B)　「クライアント中心アプローチ」とは

ここで、「来談者中心」の考え方を前提としているが、日本でのリーガル・カウンセリングの論議の基となったのは、米国ロースクールの教材でもあるバインダーらの著作（注7）からであり、同書においてサブタイトルとして示されているように、「クライアント中心アプローチ」について解説されている。そこで、クライアント中心アプローチとは何であるのかを、明らかにしておく必要があろう。そのためには、クライアント中心アプローチの原点であるともいえる、カール・ロジャースの著述からこの哲学をさぐりたい（注8）。

この哲学の中核になるのは、クライアントが自分自身で自覚・認識することを目的としており、「クライアントの認知や行動の力学を完全に知る可能性をもつものはクライアント本人のみであ」り、「認知の変化、自己再編、再学習をもたらす建設的な力は、主としてクライアントに内在し」ていると信じることであるとロジャースは述べている。ロジャースは、クライアント中心アプローチの技術を使うことにより、他人を尊重することができ、その尊重の程度はその尊重が自分の人格形成上不可分になっている範囲に限定される。したがって、他人の意義や価値に対して、心から尊敬を感じる方向に進んでいる人は、クライアント中心の技術をよりたやすく促進することができるとしている。

そして、カウンセラーの役目として、クライアントがみているままの世界を認知し、クライアント自身の気持を理解し、その間は外部的な視点に基づくいっさいの認知を排除し、クライアントにこの共感的な理解を伝達することが必要だとしている。このクライアントの態度の「内側」に入る、クライアントの心の内側に立つ、という誠実な努力こそ、人間の能力を尊重し信頼するというこの考え方の中核的な仮説であるとしている。

さらに、クライアントの力や可能性を心から信頼すればするほど、ますますその力を見出すということもロジャース自身が体験してきたことであると述べている。ロジャースは、クライアント中心療法の本質的な要素として、クライアントが一般的に次のように変化するといっている。まず、クライアントは自分自身をより価値があり、人生を満たす可能性をもった、より社会に適応した人間として認知する。次に、体験的なデータが意識に入り込むことをますます許容し、それゆえ自分自身や自分の関係、そして環境をより現実的に評価できるようになる。自分自身の内側に価値基準の基礎を据え、体験あるいは認知の客体に対する「善」あるいは「悪」はその客体に内在するものではなく、自分自身によって据えられた価値であると認識すると説明する。さらに、クライアントが価値判断を下す際に基礎となるよりどころが、自分自身の感覚や自分自身の体験によって与えられるということを徐々に理解し、他人の発言をあてにせず、自分自身の体験を考察することにより、短期および長期にわたる満足感を実感できるようになる。価値体系は必ずしも外部から押し付けら

れるものではなく、体験されるものである。

人間は、体験に基づいた証拠事実を検証し、長期にわたって自分自身を向上させるもの（他人の自己を向上させることも必然的に伴うもの）を決定する能力を、自分の内に備えていることに気づくようになるとする。そして、クライアントは以前よりも、成熟度を増し、自ら決定した、責任を伴った行動をしようと考え、またそうした行動を実行に移したことを報告するようになる。クライアントの行動は防衛的でなくなり、自己および現実という客観的見地にしっかりと根ざすようになる。クライアントの行動から心理的緊張が緩和されるとしている。

(c) 小　括

クライアント中心アプローチとは、本人自らが自分の問題について決断し、主体的に問題解決を図れるように、本人を支援するアプローチであるとまとめることができよう。そのために、支援者には、本人の世界を理解し、本人を信頼し、時間をかけて寄り添っていくことが要求されることになる。すなわち、一人ひとりを尊重するアプローチである。その結果、クライアントは自らの潜在的な力を存分に発揮できるようになることが期待できるのである。

(2) 本事例におけるメディエーションの応用

まず、「メディエーション」につき、ここ、紛争当事者自らが主体的に問題解決を図り、調停人が当事者の対話を促進することを役割とする調停の方式を、「メディエーション」とよぶことにする。そして、メディエーションの基本原理は、リーガルカウンセリングと同様、クライアント中心アプローチであると考えることができる。

本事例においては、相談から複数当事者間の話合いを主宰する役割を果たすことになった。ギャンブル等の問題をもつ方々の支援をしていると、問題当事者とその家族の今後の生活をめぐる話合いの間に入ることが多い。このようなときには、問題当事者を一方的に家族が責め、実行不可能な約束がなされてしまうことが多い。筆者がめざしている話合いの到達点は、問題当事者の特性を理解し、今後ギャンブル等で大崩れさせない環境を

つくり上げることを前提にして、それぞれの家族で優先すべき順位を決定し、最後は心の中で相半ばする感情を、お互いへの恨みや憎しみではなく、愛と信頼へ向かうように方向性を変化させることである。そして、このような話合いを可能にさせたのが、メディエーションとの出会いとその後の学習だったといえる。メディエーションとの出会いは、ADRとの出会いとほぼ同時であった。

(注3) 伊藤博「リーガル・カウンセリングの基礎技術」判時1596号3～10頁。

(注4) 法律相談そのものではなく、法律家と利用者の関係性について論じたものには、和田仁孝『民事紛争処理論』などがある。

(注5) 波多野二三彦「弁護士面接相談の改革——リーガルカウンセリングのすすめ」判タ1102号25～34頁。

(注6) 司法書士界では、稲村厚『「聴く」ことの力』月報司法書士376号8～13頁等。

(注7) David A. Binder Paul Bergman Susan C. Price Paul R. Tremblay(2004). LAWYERS AS COUNSELORS—A Client-Centered Approach—Second Edition West, a Thomson business 1991.WEST PUBLISHING CO.U.S.A.

(注8) C.R.ロジャーズ（保坂亨＝諸富祥彦＝末武康弘訳）『クライアント中心療法』。

4　今後の展望

(1) 日常業務におけるメディエーション——ADRの哲学と技法——

司法制度改革のころから注目された「メディエーション」は、ADR促進法における認証制度の中では当初の期待を反映できていない。しかし、ADR機関を立ち上げる過程で、調停人養成講座がさかんに行われてきたことの影響はさまざまなところへ広がりをみせている。

家事調停や民事調停といった裁判所の調停が、「メディエーション」の要素を取り入れ、柔軟で当事者主体のものに変化していると感じているし、事実、家庭裁判所では自主研究会なども行われているようである。ADRやロイヤリングのカリキュラムが組まれている法科大学院も多い。司法書士会においても、新人研修においてADRや法律相談のカリキュラムが組まれるようになった。こ

Ⅳ 司法アクセス拡充の実践事例と司法制度の現代的課題

のような動きは、いまだに既存の法律家にとって一定の抵抗があると思われる「メディエーション」にとって、その理解者を飛躍的に増大させる基盤になると考えられる。

メディエーションに関しても、正確には、さまざまな哲学や手法があるが、司法書士等弁護士以外の士業がさかんにトレーニングを積んできたものは、「当事者中心」の哲学をもち、それを実現するための理論として、一般意味論・コミュニケーション論・集団力学について基礎づけられた技法である（注9）。この技法は、ADRに用いられる特殊な技法ととらえられがちだが、司法書士の日常業務に広く利用できるものである。

前述のように、本事例においては、相談の場において、この哲学と技法を用いている。そして、利益の一致しない、あるいは反する複数当事者を仲介するときにこそ、メディエーションの技法が活かされる。これまで、裁判事務においては、一方当事者との関係のみが意識されてきたが、実際には本事例のように、複数当事者の意見や利害の対立を調整する場面に遭遇することは珍しくない。そのときに、何を大事にして、どのようにふるまうかはメディエーション・トレーニングで養われているはずである。

問題解決を一番望んでいるのはその事件の当事者たちであり、問題の背景や事情を一番わかっているのも当事者たちである。誤解や思い込みを解消するような働きかけをして、当事者たちのもつ資源や能力を引き出すことで、解決の支援をするのが、私たちの役割であり、その技法を学んできたのである。もっと積極的に日常業務に活かすべきではないだろうか。

(2) メディエーシェンの手法の社会的な展開

本事例は、純粋な法律事務とはいえないかもしれない。しかし、調停・話合いは、法律問題だけに必要とされているわけではない。現代社会は複雑化し、家族は仮に同居していても十分なコミュニケーションがとれずにいることも多い。本来、プライベートの領域であった家族の関係性が、必ずしも内部の人間だけでは問題解決が進まないように変化しているのではないだろうか。家族の中に社会的な不適応が生じ、何らかの生活の危機がある場合には、家族間においても特に第三者の介入が必要であろう。

イギリスでは、家出した少年少女を保護する福祉団体が、たとえば、少年とその親との間に話し合いの必要が生じた場合に、福祉活動の一環としてメディエーションを実施している。また、筆者が所属していた生活困窮者支援の場では、当事者同士で行うと常にけんかになってしまうアスペルガー障害をもつ親子の話合いに相談員が立ち会い、あたかも二人の会話を通訳するような役割を果たしているのを目の当たりにした。

「メディエーション」は、わが国では司法制度からスタートしているが、今後、高度情報化し複雑化された社会で生きづらくなっている方々の生活支援の場面で、関係者間の調整などのソーシャルネットワーク（注10）で活かされていくことが、急務ではないかと考えており、福祉の現場での活用を視野に入れた研究を期待するところでもある。

おわりに──エピローグ──

本事例の話合いの後、Aは案の定、Eにお金の援助を頼んできた。Dは、話合いでの打合せどおりの対応をし、Aは私の事務所に相談に現れた。

私は、彼の話を十分に聴いた。そして、Aもまた、Cの大学卒業まで何とか支えたいという強い希望をもっていることを確認できた。Aの債務については、筆者が司法書士として介入することの前提として、まず、AとBの夫婦の話合いをもつことになった。もちろん筆者が話合いの仲介者となる。

(注9) 山口真人「自主交渉援助型調停と人間関係トレーニング」JCAジャーナル54巻3号8～15頁。

(注10) クリストファー・W・ムーア（レビン小林久子訳編）『調停のプロセス──紛争解決に向けた実践的戦略』38～40頁。

Ⅴ 司法書士制度をめぐる現代的課題と展望

1 司法書士のADRの議論の整理と展望

司法書士 稲村 厚

1 日本におけるADR

現在、「ADR」をめぐっては、制度づくりの議論と運用にあたっての理念・具体的なADR手法をめぐる議論とが一体となってなされており、その結果混乱が生じている感を受けている。そこで、本稿では、まず、ADRをめぐる議論の混乱の元である「制度」と「手法＝哲学と技法」の言葉の定義について整理したいと考えている。そして、この「ADR」が司法書士制度に対し与えうる影響について考察し、今後どのように活かしていくかを検討するものである。

わが国のADRの議論は司法改革から始まっている。1990年代には、それまでの法曹三者による司法改革論議ではなく、経済界からの規制改革要請と相まって、司法の利用者である市民をも巻き込んだ改革運動に発展した。当時、全国の若手の司法書士は、「裁判ウォッチング」と命名された裁判傍聴運動をリードしていた。この運動は、それまで一生のうちに特別な事情がない限りかかわることがないため、司法制度に無関心であった市民を、裁判傍聴という誰でも参加できる形で司法に関心を向ける役割を果たした。各地の裁判ウォッチング市民の会は、裁判傍聴した市民の意見をまとめ、裁判所等に要望書を提出し、なかには裁判官の採点をするグループもあった。これらの市民の会には、司法の利用者からもさまざまな情報が寄せられた。多くは裁判所や弁護士などに対する、それら利用者からの司法に対する苦情で、彼らは「司法被害者」ともよばれていた（注1）。

このような声は、司法改革の議論にも徐々に影響を与え、いわば「アンチ司法的な手法」に期待が寄せられるようになった。同様に、民事調停や家事調停に対する不満も表明されてきた。たとえば、「調停委員に強引に結論を押し付けられた」、「調停委員が話を聞いてくれない」、「弁護士が勝手に合意してしまった」、「足して2で割るような結論になった」などの利用者の主体性を無視されたことに関する不満が多かった。

そのような中で、米国の調停に関する情報が紹介され始めたのである。「米国では調停は両当事者同席で進められ、調停人は調停案を示さず、当事者の話合いを進めるだけである」、「調停には、弁護士がかかわらないことが多い」、「当事者は傾聴を心がけている」など、当時の日本の調停に対する不満への処方箋が示されていた（注2）。この米国式の調停が紹介されたことで、司法書士をはじめ、弁護士以外の士業の中でその技法が普及していった。司法書士は、弁護士と同じ歴史をもちながら、司法制度に明確に位置づけられず「法廷に入れない法律専門家」であり続けていたために、この時期の司法改革に関しては、アンチ司法的な手法を歓迎し、米国式の調停を抵抗なく受け入れていったのである。

（注1） 稲村厚「裁判ウォッチング市民の会と司法改革運動」（大出良知ほか編著・裁判を変えよう──市民がつくる司法改革）130～134頁。
（注2） レビン小林久子『調停ガイドブック──ア

メリカのADR事情——』。

2 ADRをめぐる制度・哲学・手法の混乱と整序の必要性

(1) ADR促進法の登場による混乱

　2007（平成19）年に「裁判外紛争解決手続の利用の促進等に関する法律」（以下、「ADR促進法」という）が施行された。私が所属する神奈川県司法書士会（以下、「神奈川会」という）は、2008（平成20）年6月13日、全国で14番目の紛争解決事業者として法務省に認証された（注3）。司法書士会では全国初であり、また認定司法書士のみを手続実施者とする140万円以下の民事紛争を、取り扱う紛争の範囲とした、弁護士の助言措置のない組織としても初めての認証事業者となった。神奈川会では、2000（平成12）年から本格的にADRに関しての研究を開始し、米国における民間調停についての情報を集め、いわゆる「米国式調停」を司法書士が担うことを実践的に検証していた。同様な研究は、他の地域でも行われており、この動きが司法書士会全体を引っ張っていったために、全国の司法書士会は、「米国式調停」を指向することになっていったと考えられる（注4）。

(2) ADR促進法6条と「ADR」制度と手法をめぐる混乱

　2004年ADR促進法制定後、司法書士会全体は、「米国式調停を行う司法書士ADR」の設立に向けて大きな期待をもって活動を始めたが、いくつもの困難に出会うことになる。認証司法書士のみを手続実施者とする限り、司法書士会は自らの意思で認証事業者になることは可能であるが、対象とする紛争は「金140万円以下の民事事件」にとどまることになる。司法書士の日常業務からは不動産登記に絡んだ遺産分割や離婚に伴う財産分与などの家事事件への市民のニーズを最も感じていたこともあり、弁護士の助言措置を伴う紛争全般を取り扱うADRをめざしたいというのが司法書士会の正直な欲求であった。日本司法書士会連合会（以下、「日司連」という）は、日本弁護士連合会（以下、「日弁連」という）と「ADR法第6条の『弁護士の助言』等に関する協議」（注5）を行ってい

た。日弁連は、独自に作成した「日弁連ガイドライン」に基づいて、隣接法律職種団体とは同様の協議を行い、組織設立時からその枠組みを事実上支配していた。

　司法書士会内には、「『ADR』に紛争の範囲の制限があるのはおかしい」、「ADRは誰が行ってもよいはず」、「自らの専門性を否定する」等の反論が渦巻き、議論は混乱していった。この混乱は、「ADR」を、「ADR促進法」上の「ADR」なのか、「米国式調停の手法」を「ADR」と論じているのか、定義がまちまちのまま議論されていったことに由来する。

　日弁連との組織的な協議の主たる内容は、当該ADR機関が取り扱う紛争の範囲であり、その範囲に対し専門的な知見があるかないかであり（注6）、手法についての協議ではない。「米国式調停」か、否かという当該ADR機関の手法については、助言弁護士との個別的な協議に帰する。つまり、日弁連との協議はADR機関の枠組みの話であり、手法に関しては具体的な助言弁護士との協議の話であり、この二つはレベルの違う問題であり、分けて議論する必要がある。

（注3）　かいけつサポートホームページ。
（注4）　稲村厚「ADRにおける司法書士の役割」市民と法18号23～28頁。
（注5）　裁判外紛争解決手続の利用の促進に関する法律6条5号「手続実施者が弁護士でない場合（司法書士法（昭和25年法律第197号）第3条第1項第7号に規定する紛争について行う民間紛争解決手続において、手続実施者が同条第2項に規定する司法書士である場合を除く。）において、民間紛争解決手続の実施に当たり法令の解釈適用に関し専門的知識を必要とするときに、弁護士の助言を受けることができるようにするための措置を定めていること」。
（注6）　裁判外紛争解決手続の利用の促進に関する法律6条1号「その専門的な知見を活用して和解の仲介を行う紛争の範囲を定めていること」。

3 制度としてのADR

　ADR促進法は、2001（平成13）年に出された「司法制度改革審議会意見書——21世紀の日本を支え

る司法制度——」において提示された内容を基にしている。この法律は、司法制度改革をその誕生のきっかけとしており、ADRを紛争解決手段の一つと位置づけているため、結果的に法律事務独占を規定する弁護士法の例外規定という性格をもつことになった。

この弁護士の法律事務独占は、1933（昭和8年）年に、法律事務取扱ノ取締ニ関スル法律が制定され、その後、現弁護士法72条に受け継がれている。弁護士の法律事務独占は、世界的にみると極めて珍しい規定であるとされている。ことに司法書士は、これまで個別に扱う裁判関係業務はおろか、無料で行う会の法律相談まで、弁護士会から非弁活動の疑いをかけられることもしばしばであった。それが司法制度改革の経過の中で、1998（平成10）年の債権管理回収業に関する特別措置法（以下、「サービサー法」という）によって、ついに弁護士の法律事務独占が一部破られることになった。職能法としても、2002（平成14）年司法書士法改正により、140万円以下の民事事件について風穴が開けられた。

このような情勢の中、ADR促進法が成立した。その内容は、弁護士が関与することによって弁護士の法律事務独占の例外を認めるというサービサー法と類似したものになったのである。

歴史的に、司法書士は、司法制度に明確に位置づけられることを制度的な命題としてきた。そして先達の不断の努力により簡易裁判所における代理権が認められるまでになった。これは制度誕生以来140年の悲願であったといえよう。しかし、これですべてが達成されたわけではなく、今後も司法制度における制度的な基盤を着実にしていく努力を続けなければならない。制度としてのADRは、前述のように弁護士の法律事務独占の例外規定である以上、いまだに達成されていないが、司法書士会はまず例外なくADR促進法上のADR、それも弁護士を関与させ、司法書士の簡裁代理権を越える紛争の範囲のものを機関として運営すべきであり、それによって近い将来、司法制度の中で、次のステップを踏み出せるのである。ADRを制度として考えた場合は、司法制度上の司法書士の立場を常に意識する必要がある。

4　司法書士調停センターの展望

(1)　簡裁代理権を越える紛争への対応化

2013年10月21日現在、全国各地の23司法書士会が法務省の認証を受けた民間事業者として登録されている（注7）。うち、19会が弁護士の助言措置のない「紛争の価額が140万円以下の民事事件」を取り扱う紛争の範囲としている。残り4会は弁護士の助言措置を設けており、東京司法書士会と福岡県司法書士会は、民事に関する紛争（全般）であり、京都司法書士会は、民事に関する紛争（全般。ただし、登記手続関連の家事事件以外の家事事件を除く）、愛知県司法書士会は、民事に関する紛争（紛争の価額が140万円以下のものに限る）・不動産賃貸借に関する紛争・相続に関する紛争、を取り扱う紛争の範囲としている。前述したように、司法書士の司法制度上における宿命を考慮すれば、今後、司法書士の簡裁代理を越えた紛争の範囲を取り扱うことができるセンターを増加させることが急務である。現在、司法書士会内で、この議論があまり活発に行われていないのが気にかかる。

(2)　取扱事件数増加への取組みの促進

また、各地の司法書士会の調停センターにおける取扱事件数は、多い会で年間10件前後であり、他の認証ADR機関同様、有意義に機能しているとはいいがたい状況である。わが国の社会におけるADRに関する状況は、いまだに萌芽期であり展望も不透明であるとの指摘もあるが（注8）、事件がくるのを待っているだけという体制も問題だと思われる。

社会には、常に話合いを必要とする場が存在しており、いわば、その場を調停センターへ誘導させるような方策を考えてもよいのではないだろうか。なお、神奈川県司法書士会調停センターでは、2013（平成25）年10月、外国人の住まいのサポートを行っているNPO（NPO法人かながわ外国人すまいサポートセンター）と共同の相談会を開催し、連携を深めている。調停案件は突然やってくるものではなく、事前に長い相談期間があり、話

合いの機会が生じたときに機能的に開催できるほうが、市民にとって使い勝手がよいはずである。事件数の伸び悩みは、司法制度改革の理念が社会に還元できないことにつながり、極めて深刻な事態である。やるべき工夫は、無限に存在するはずである。

　たとえば、140万円以下の民事事件であっても、前述の賃貸住宅のトラブル以外にも、歯科医師への損害賠償事件やクリーニング店・美容院への損害賠償事件などが想定できる。その場合には、その業界の地域の組合等と接触し、苦情相談窓口の充実とともに最終手段として、話合いによる紛争解決の場として司法書士会調停センターを位置づけてもらうことも可能であろう。さらに踏み込めば、調停センターの利用料は、その業界団体が負担するシステムとすることにより、当該業界の社会的信用を守ることができる。これらは、各調停センターが積極的に業界団体などに働きかける必要がある。

　また、同じく少額の金銭トラブルとしてインターネットオークションにおける金銭の不払いや品物の欠陥などの問題が放置されている現状がある。これらは、トラブル当事者が遠隔地であることが多く、金銭的にも少額なために泣き寝入りしている方々も多く存在しているようだ。その際に、司法書士会の調停センターは、全国各地に設置されているという利点をもっている。そこで、日司連がリーダーシップを発揮し、全国の司法書士調停センターで協定を結び、インターネットオークションをめぐるトラブルへの相談窓口と調停による解決スキームを提供することを考えるべきである。司法書士会は、いわば外部への「営業」が必要な時代であることをもっと自覚すべきである。

5　まとめ──制度と技法の区別──

　以上、わが国のADR制度について司法書士制度との関連で、考察してきた。最後にいまだ議論の混乱がある、制度と技法の区別についてまとめたい。

　司法書士会では、いまだに「ADR」を制度の意味だけでなく「調停技法」の意味で使用する場合がある。これは、ADR促進法の議論が始まったころ、英米でさかんになっていた「調停」が紹介された際に、その理論や技法がさまざまな形で導入されたためである。英米の「調停」として、導入されたものは「自主交渉援助型」とよばれる紛争当事者の自主的な交渉の場を設定し、当事者の話合いを促進するのが調停人の役割であるとする手法である。

　しかし、実際には米国においてもさまざまな手法のメディエーションが存在し、法律家が主導的に解決案を提示するものも当然存在している。わが国の調停文化になかった、「自主交渉援助型」の技法は多くの関係者の賞賛をもって迎えられ、この技法が「ADR」の技法だと語られるようになったと思われる。しかし、司法書士会においても「自主交渉援助型」を取り入れながらも日常的な法律家としてのかかわり方も活かした手法が育ちつつあると感じている。よって現在、調停技法としての司法書士ADRを考えると、ADR技法即、司法書士が用いている技法とはいえなくなりつつあるのである。

　今後は、いわばこの「司法書士型調停」を確立していくことが組織として取り組むべきことの一つだと思われる。そのためにも、ADRを議論するときには、制度的な議題か、調停の手法の議題か、を明確に分けていく必要がある。

（注7）　かいけつサポート一覧＜http://www.moj.go.jp/KANBOU/ADR/jigyousya/ninsyou-index.html＞。
（注8）　入江秀晃『現代調停論──日米ADRの理念と現実』204頁。

Ⅴ 司法書士制度をめぐる現代的課題と展望

あるべき後継者養成の姿
——研修制度からみた司法書士の展望——

司法書士 池 亀 由紀江

1 はじめに

「後継者養成はプロフェッショナルとしての責任である」と、ある裁判官から聞いたことある。また、「後継者を養成しない資格者団体は衰退していく」ともよくいわれるところである。

筆者は、2000（平成12）年12月～2005（平成17）年6月の間、約4年半を日本司法書士会連合会（以下、「日司連」という）中央研修所新人研修部において中央新人研修の企画運営に携わり、2005（平成17）年～2008（平成20）年の4年間は関東ブロック新人研修の企画運営を、そして2009（平成21）年7月～現在まで再度日司連中央研修所新人研修部において中央新人研修の企画運営に携わっている。また、特別研修については、その実施前の段階から、財団法人日弁連法務研究財団（当時）の教材研究会のメンバーとして特別研修の教材の作成にかかわり、現在も引き続きその作成並びに改訂にかかわっている。さらに、現在は日司連特別研修部部員として、特別研修における運営上その他の問題について改善策を検討している。

司法書士制度がこれからも社会から必要とされる制度であり続けるために、われわれがその職責を全うすることと同程度、これからの司法書士制度を担っていく後継者の養成に尽力することは重要である。本稿では、そのために、われわれは何をしてきたのか、そしてこれから何ができるか、現状の新人研修および司法書士特別研修が抱える問題を再確認しながら、あるべき後継者養成の形を模索しつつ、司法書士制度の維持発展に寄与し続けてきた研修制度について考察する。

なお、意見にわたる部分については筆者の私見によるものである。

2 後継者養成の現状

(1) 後継者養成としての日司連の研修制度の概要

現在、日司連が、後継者の養成のために行っている事業には、大きく分けて司法書士新人研修と司法書士特別研修の二つの研修（以下、それぞれ、「新人研修」・「特別研修」という）がある。正確には、特別研修は、日司連の事業ではなく、法務省（国）が法律に基づいて行う研修であり、その実施を日司連に委託して行っているが、簡裁訴訟代理等能力認定、いわゆる「簡裁代理認定」を取得するにはこの特別研修を受講することが義務づけられており、この研修の修了認定を受けなければ、簡裁訴訟代理等能力認定考査を受験することはできないとされている。

一方、新人研修は、日司連が実施している司法書士試験合格者（司法書士となる資格を有する登録前の者）を対象とした実務研修であり、その受講は受講者の任意となっている。

この二つの研修の実施時期は、新人研修が毎年12月～翌年1月、特別研修が1月下旬～3月上旬となっており、司法書士試験の合格者の約9割が、合格した年度に開催されるこの新人研修と特別研修を受講している。

Ⅴ 司法書士制度をめぐる現代的課題と展望

(2) 新人研修——司法書士試験合格者を対象とした実務研修——

(A) 新人研修実施の趣旨・目的

現在、日司連が行っている新人研修事業は、平成元年から始まった新入会者研修事業がその前身であるが、その後、平成8年に日司連が制定した「司法書士研修制度基本要綱」に基づく司法書士となる資格を有する登録前の者を対象とする新人研修へと必要に応じて改善が重ねられ、現在の新人研修の形がつくられた。

平成25年度日司連の事業計画には、「新人研修は、これから司法書士業務を行おうとする者に、司法書士としての職責、倫理を理解させ、司法書士が業務を通じ社会においてどのような役割を果たし、市民（社会）と係わっているかを伝えることにより、自己の司法書士像を描く機会を与えるとともに、業務を行うにあたっての最低限必要な知識を習得させることを目的とする」とあり、この新人研修事業は、司法書士の後継者養成の一環として行われているものである。

(B) 研修の概要

新人研修は、約2ヵ月間にわたって行われており、①中央新人研修、②ブロック新人研修、③司法書士会研修（配属研修）の三つの研修からなっている。各研修の概要は以下のとおりである。

① 中央新人研修
  ⓐ 前期
  ・東西2ヵ所の会場に集合し、講義形式で実施（計16時間30分）。
  ・研修内容は、司法書士の歴史、司法書士の職責、司法書士業務（不動産登記、商業登記、裁判関係業務、成年後見）と司法書士の役割等。
  ⓑ 後期
  ・全国8ヵ所の会場に集合し、グループディスカッション形式で実施。
  ・研修内容は、登記事件と民事訴訟事件の各事例ごとに司法書士倫理についてグループ討議（計10時間）。
  ・民事訴訟実務・要件事実についてDVD視聴（計7時間40分）と要件事実に関する起案解説を講義形式で実施（計2時間）。
② ブロック新人研修（実施時間・研修内容は、ブロックにより多少相違がある）
  ・各ブロックごとの会場に集合し、基本的に講義形式で実施（合計でおよそ45時間）。
  ・研修内容は、不動産登記実務（売買・相続・本人確認・周辺業務）、登記にかかわる税務、商業登記実務（会社・法人）、企業法務、債務整理、成年後見実務、家事事件、消費者事件、ADRにみる相談技法、民事執行・民事保全事件等。
③ 司法書士会新人研修（配属研修）
  ・各司法書士会に所属する司法書士事務所においてOJT形式により実施（6週間）。

(C) 使用されている教材

研修で使用している教材は、講義形式の場合は講義を担当する講師が作成しているが、一部、中央新人研修の後期日程の司法書士倫理に関する事例研究については、日司連司法書士中央研修所（以下、「中央研修所」という）が作成している。

また、ブロック新人研修において均質化した研修内容を実施する目的として「ブロック新人研修講義要綱」を中央研修所において毎年度作成しブロック会へ配布しているが、その教材の使用は義務とされていない。各ブロックにおける教材は、地域特性のある業務分野もあるため、講師が、自らの経験に基づき、実務的な視点を取り入れるなどの工夫を加えてレジュメや講義資料を作成している。

さらに、配属研修は、その研修の特性上、日司連が作成した統一的な研修教材はないが、日司連から配属研修履修項目が示されている。研修方法・研修資料については、配属事務所においてそれぞれ工夫され研修が実施されている。

(D) 受講対象者の実態と新人研修に課された使命・責任

平成24年の新人研修受講者に対する合格前の職業に関する調査では、約12％が何らかの形で司法書士事務所に関与していた。したがって、新人研修の受講者のうち司法書士の実務経験のない者は85％を超えていることになる。新人研修受講者のアンケートからも、「実務経験がなかったので不動産取引に司法書士がどのように関与するか全体のイメージができた」、「もっと実務的な内容を聞き

2 あるべき後継者養成の姿

たい」という意見が散見される。新人研修は、実務研修と位置づけられているが、司法書士業務の経験がないために業務のイメージをもちにくい受講者に、どのようにすれば効果的に実務的な研修を行えるかという工夫が重要となっている。

また、司法書士試験に合格すれば、司法書士登録をして当然に司法書士業務を行うことができるため、全く実務経験のない者が、登録後、すぐに司法書士業務を行うとすれば、さまざまな場面で問題が発生するであろうことは容易に想像できる。

当然、実務経験のない合格者自身もすぐに司法書士登録をして業務を行うことには不安があり、その不安を少しでも解消できるような研修を実施する必要がある一方、日司連には、そのような問題の発生を防止するためにも、最低限、開業した場合に必要となる司法書士としての心構えや実務知識を習得するための研修を、司法書士試験合格者を対象として、司法書士登録をする前の時期に実施しなければならない使命と責任がある。

(E) 新人研修の歴史

(a) 法曹懇による波紋と新入会員研修の実施へ

昭和53年の司法書士法改正を契機に司法書士界内において高まった組織的研修の必要性への認識を背景に、以後、日司連は、組織的な研修の実施へ取り組むようになった。

昭和62年、将来におけるわが国の法曹のあるべき姿からみて現在の司法試験制度に改革すべき点はないかを検討することを目的として、法務大臣の私的諮問機関として法曹基本問題懇談会(以下、「法曹懇」という)が設置された。このとき、「司法書士は法曹ではない」との見解によりその議論の対象から外された(法務省「法曹基本問題懇親会における意見」(昭和63年3月)参照)。

司法書士が自ら「法律家」を標榜していても、それは法曹界においては認められておらず、この法曹懇での議論に司法書士制度が取り上げられなかったことが大きな契機となって、日司連は、それまでほとんど力を入れていなかった裁判事務の研修を、とりわけ新人司法書士向けの研修において実施することにした。今後、司法書士制度を支える試験合格者が、司法書士として裁判事務に取り組み、民事訴訟の分野で活躍できるようにすることによって、名実ともに司法書士が「法律家」となることをめざしたものと考えられる。

それらの思いから、平成元年、研修期間を1週間として、裁判事務を中心としたカリキュラムに基づいた「新入会員研修」が開始されることになった。

この「新入会員研修」は、司法書士登録後の各司法書士会への新入会者を対象とした研修であるが、すでに司法書士業務を行っている者に、1週間事務所を休ませて研修に参加させることは、容易なことではなかったと推測できる。また、同じカリキュラムで平成2年までは年2回、平成3年～4年までは年3回、平成5年～8年までは年4回開催されたが、未受講者を対象とした特別セミナーも開催されていた。現在のように、司法書士試験合格者の9割が受講するような研修ではなかったことから、中央研修所では、対象者の全員受講をめざして未受講者に働きかけをしていたことがうかがえる。

(b) 新人研修の実施へ

その後、平成8年には、司法書士研修制度基本要綱が日司連定時総会において承認され、今の新人研修の基本的な形がつくられた。同要綱には、「新人研修は、法律専門職能としての素養を身につけることを目的とする」とある。そして、その対象者については、「司法書士法第3条に定める司法書士となる資格を有する者とする」とあり、司法書士登録後の新入会者を対象とする研修から、登録前の司法書士試験合格者を対象として行われる「新人研修」へと移行することになった。

このようにして、後継者養成制度としての新人のための研修は、当初新入会者向けに全員受講をめざして始まったが、司法書士会員になってから1週間にわたり事務所を空けて研修を受講することが困難であること、また、すでにブロックによっては試験合格者を対象としたブロック新人研修も実施されていたことから、登録前の司法書士試験合格者を対象とした研修へと姿を変えていっ

Ⅴ 司法書士制度をめぐる現代的課題と展望

た。

また、司法書士研修制度基本要綱では、研修実施の財源について、「研修事業特別会計から支出する」と定められているが、この時、研修事業特別会計は、制度として恒常的に実施すべき研修事業を、今後、安定的・継続的に実施することを目的として創設されたのである。平成8年の司法書士研修制度基本要綱を皮切りに、日司連は、会員研修はもちろんのこと、新人研修の重要性に鑑み、ますますその実施に力を注いでいくこととなった。

(c) 新人研修の実績と研修内容の推移
(ア) 新人研修の実績

受講対象者である司法書士試験合格者の数は、新人研修開始当時、毎年400名程度で推移していたものが、平成6年に440名となったのを機に、その後も受験者数の増加と相まって毎年数十名程度増加し、平成22年には947名となった。平成23年以降、受験者数の減少の影響から合格者は年々数十名ずつ減少しているが、平成24年度では合格者838名のほぼ9割が受講する研修となった。

(イ) 平成14年法改正前の研修内容

平成14年の司法書士法改正によって司法書士に簡裁代理権が付与される前の平成14年度までに実施された中央新人研修は、民事訴訟に関する科目を中心にカリキュラムが組まれ、2週間にわたって実施されていた。

研修内容としては、①現職裁判官による要件事実論、②元裁判官による民事訴訟演習、③司法書士講師による模擬相談と即日訴状起案、④弁護士による民事保全・民事執行実務解説が主な科目であるが、これらはいずれもそれぞれ1日かけて実施されていた。また、従前から司法書士が行っていた裁判所へ提出する書類の作成業務に関する「本人訴訟と司法書士の役割」との科目も実施されており、そのほか、倒産法概論、民事再生法、破産法のほか、司法書士の過失責任論といった科目も実施されていた。

(ウ) 平成14年法改正後の研修内容

その後、平成14年の司法書士法改正を経て、平成15年から簡裁訴訟代理認定のための特別研修が実施されるに至り、民事訴訟を中心に研修を行っていた中央新人研修は、カリキュラムと実施期間の変更を余儀なくされた。

民事訴訟に関する研修科目は特別研修に譲ることとし、研修期間を1週間に短縮するとともに研修内容も民事訴訟以外の司法書士業務を中心に実施することなり、現在の形へと至っている。

このように、中央新人研修は、受講者の増加や属性の変化等に伴ってさまざまな修正を重ねてきたが、常にその根底にあるものは、司法書士試験合格者に対して、登録前の時期に、開業に際し必要最低限の実務研修を行うことにより、リーガルサービスを受ける利用者が安心して依頼できるようにすることを目的としていることである。これには新人研修を実施することは、司法書士制度としての義務であり、また、質の高い新人司法書士が増えることは制度の発展につながるのだという思いがあるのだろう。後継者を養成するという目的を達成するため、安定的・継続的に新人研修が実施できるよう、研修制度のための特別会計を創設して、これを実施してきたのである。

(3) 特別研修——簡裁訴訟代理等能力認定のための100時間研修

(A) 特別研修実施の趣旨・目的

平成14年改正司法書士法が平成15年4月に施行され、司法書士は簡裁訴訟代理等関係業務を行うことができるようになった。特別研修は、前述のとおり、この簡裁訴訟代理等関係業務を行うのに必要な能力を修得するために、日司連がその実施機関として国(法務大臣)から指定を受けて実施する研修である。

平成25年11月現在、司法書士会員(2万1241名)のうち認定司法書士の占める割合は70%を超えた。新入会者を除く既存の会員を対象として特別研修が実施された平成16年当時の同割合は50%弱であり、特別研修が実施されて以降、司法書士試験合格者が特別研修を受講後、考査に合格して認定を受けたことによって増加したとみることができる。

(B) 研修の概要

研修時間は100時間であり、研修内容、実施方法は多岐にわたるが、その概要は以下のとおりであ

2　あるべき後継者養成の姿

- DVD視聴（憲法・要件事実論・簡裁民事事件の特有事項・事実認定・立証・尋問技術）
- 訴訟類型別要件事実に関する事例検討・起案作成・グループ討議
- 弁護士講師による講義形式により、要件事実に関する講義・事例起案講評・事例解説
- 模擬記録による訴訟書類起案・尋問・和解に関する準備・グループ討議
- 弁護士講師による模擬裁判（交互尋問・和解ロールプレイ）
- 簡易裁判所・地方裁判所の係属事件の法廷傍聴・傍聴記録作成
- 簡易裁判所の担当者による裁判所基本事務・簡裁法廷活動等に関する講義
- 弁護士講師による訴訟代理人の倫理・司法書士の業務範囲に関する講義

　仮に司法書士試験に合格した年度に合格者が新人研修と特別研修を受講するとした場合には、11月上旬の同試験合格発表後、およそ12月上旬〜翌年3月上旬までの約4ヵ月間は、毎日ではないにしろ研修の受講が継続している状態である。

(C)　使用されている教材

　特別研修で使用されている教材は、裁判所提出書類作成業務を行っている既存の司法書士会員が特別研修を受講することを前提として作成されたが、日司連はこの教材作成を公益社団法人日弁連法務研究財団へ委託している。新たに始まる司法書士特別研修の実施に際して、弁護士・裁判官・大学教授・有識者・法務省担当者・裁判所担当者らを構成員とする特別研修教材検討会が設置され、司法書士特別研修制度の基本方針・特別研修制度のあり方、履修方式についての基本的な考え方と具体的な履修方式、カリキュラムおよび具体的履修科目、講師および教材、研修の修了基準等の検討が行われ、同検討会から報告書が提出された。その後、財団法人日弁連法務研究財団（当時）の中に、司法書士特別研修教材研究会が設けられ、司法研修所の民事弁護教官の経験のある弁護士らが中心となって、同報告書に基づき、特別研修で使用される教材が作成され、現在も、同研究会に

おいてこの特別研修教材につき、継続的に改訂作業が行われている。

(D)　受講者の実務経験とチューターの役割

　特別研修の受講者はほぼ新人研修の受講者と同一であり、実務経験のない者がほとんどである。特別研修では、事案の検討、起案作成や模擬裁判の準備作業について、実務経験を有する司法書士会員がチューターとなってグループ研修が行われているが、特別研修の受講者の大半が実務経験のない司法書士試験合格者になってからは、特別研修を受講する前提として当然に知っているべき基礎的な知識を、グループ研修において補完する進行がチューターに求められている。

　つまり、チューターは、会員向けに作成された研修教材には示されていなくてもそれらを理解する前提として、民事訴訟実務や要件事実の基礎についてある程度教えるという役割も要求されるようになっている。

3　現行の後継者養成（研修制度）を通してみえた問題点

(1)　新人研修における問題点

　新人研修においては、①受講者をめぐる環境に関する問題点、②特別研修との関係に関する問題点、③ブロック新人研修や配属研修に関する問題点の、大きく分けて三つの問題点が考えられる。

(A)　受講者をめぐる環境に関する問題点

　平成25年の司法書士試験合格者は794名である。平成24年は838名、平成23年は879名と3年連続で合格者が減少している。日本の人口のうち、10代〜30代の人口が減少していることからすれば、合格者数の減少傾向は今後も続くものと推測されるが、現在東西2ヵ所で開催している中央新人研修の受講者数はそれぞれ400名を超えている。400名規模を収用する研修会場となると、いわゆる「講演を聞く会場」となり、受講者が六法を広げたうえで筆記が可能となるスペースを有する会場を確保することは容易ではない。また、受講者のほとんどが実務経験のない状況の中で、400名の受講者を相手に一人の講師が実務的な内容を講義することによって、どの程度研修の効果が上がっている

Ⅴ 司法書士制度をめぐる現代的課題と展望

のかについても疑問なしとはいえないであろう。

さらに、司法書士試験合格発表後、すぐに研修が始まり、特別研修をそのまま受講すると3月まで研修が続くことになり、十分な予習・復習を行う時間も与えられていない。

新人研修は実務研修という位置づけであるが、受講者に司法書士の実務経験がないために司法書士業務を具体的にイメージしてもらうには、研修内容や実施方法において工夫を行う必要がある。しかし、現実には、適切な会場の確保が困難なことや他の新人研修や特別研修との関係で研修時期・研修期間を変更することができないこと、費用の問題等を理由に、その点においては十分な実務研修が実施されているとはいえないだろう。

(B) 特別研修との調整から生じる問題点

司法書士試験に合格した年度に合格者が新人研修と特別研修を受講する場合には、12月に始まって1月下旬に終わる新人研修を受講し、1~2日間の期間を空けてすぐに特別研修を受講することになる。

双方の研修を受講する受講者は、特別研修への対策が十分にとれないまま、特別研修の受講が始まってしまうため、中央新人研修では、その直後に行われる特別研修を視野に入れて、後期日程において民事訴訟実務の基礎、類型別要件事実と即日起案・解説を履修させている。

しかし、民事訴訟の代理人を養成するには、民事訴訟実務について基礎から体系的に習得すべき科目を学べる環境が必要であるのに、特別研修は既存の司法書士会員向けに作成された教材とカリキュラムで構成（司法書士は裁判所に提出する書類の作成業務を行うにあたって必要な知識は有していることが前提）されている。これを現状の受講者である司法書士試験合格者向けに変更し、新人研修と一体として実施するには、司法書士法または司法書士法施行規則等の改正が必要となるため、現状では、上記のように中央新人研修の後期日程に補完的な役割を担わせ対応しているが、中央新人研修本来の目的である実務研修という側面からは離れてしまっている。

(C) ブロック新人研修・配属研修が有する問題点

新人研修は、前述のとおり、平成8年に日司連が制定した司法書士研修制度基本要綱に基づき、中央新人研修・ブロック新人研修・司法書士会研修（配属研修）を司法書士となる資格を有する登録前の者を対象に、一つの新人研修として実施するに至ったが、ブロックによっては、日司連の行う中央新人研修に先行して独自に新人研修を行っていたところもあったため、ブロック新人研修は必ずしも全国で統一されたものとはなっておらず、研修の均質化が図られているといえない。また、中央新人研修もブロック新人研修も基本的には実務研修であり、研修内容は司法書士業務に関するものを扱うことになるので、研修内容の重複は避けられない部分がある。

新人研修の最後の仕上げとして、司法書士会における配属研修を全員が受講することになっているが、適切な指導員事務所を確保することが困難であること、指導項目が多岐にわたり6週間では履修できないことが大きな問題となっている。比較的小規模な司法書士会では合格者が少ないため、司法書士会役員および会員の努力によって配属研修が実施されているが、大規模な司法書士会では実施が困難な実情がある。たとえば、合格者を300人としたときに、その全員について適切な指導員事務所を確保することは不可能であるため、希望者のみが配属研修を受けているというのが現状である。加えて、司法書士の業務範囲が過去に比べて広がったことにより、一つの事務所で6週間配属研修を行ったからといって、開業できるような実務を習得することは容易ではない。今後、先輩事務所における配属研修を新人研修の一環として必須の研修とするには、この二つの問題点を解消しなければならないだろう。

(2) 特別研修における問題点

特別研修においては、①カリキュラムや教材等が抱える問題点、②チューターをめぐる問題点の二つに分けられる。

平成25年6月2日に実施された簡裁訴訟代理等認定考査の認定者（合格者）は1196名であり、その認定率は69.4％であった。認定者の平均点は70点満点中41.58点であるところ、法務省からは40点

2　あるべき後継者養成の姿

以上の者を認定者とするという基準が示されているが、認定者の得点は高得点とはいいがたい。必ずしも、現行の特別研修における問題点がこの数字の背景にあるとばかりはいえないが、現行の特別研修には、以下の問題点があると考える。

(A) カリキュラム・教材等の問題点

カリキュラムや教材がかかえる問題の一つ目は、当初既存の司法書士会員向け、つまり、司法書士として裁判所に提出する書類の作成業務を行うにあたって必要な知識は有していることを前提として作成された教材が、現行の特別研修受講者である司法書士試験合格者に適していないのではないかという問題である。現行教材は、司法研修所の民事弁護修習の起案問題に倣って作成されている。司法試験においては民事訴訟法が論文試験の科目となっているため、この論文試験に合格するには条文の立法趣旨だけでなく、重要判例の理論構成についても深い理解が必要となる。一方、司法書士試験科目にも民事訴訟法があるが、司法試験の論文対策に比べれば、その差は認めざるを得ないであろう。

民事訴訟の代理人となるための特別研修においては、要件事実の習得が重要であるといわれるが、その前提として民事訴訟の基本原理について基本的な理解がなければならない。司法書士試験は昨今非常に難しくなっており、合格者のレベルは過去に比べて高くなっているとはいえ、将来同じく民事訴訟の代理人や裁判官となる司法試験合格者と比較すると、この点については十分ではないと推測され、民事訴訟法と民事訴訟実務を体系的に履修できるような研修内容とすべきである。

しかし、教材の改訂にとどまらずカリキュラムに影響を及ぼすような大幅な変更を加えるには、前述の司法書士特別研修制度検討会による再検討が必要となることが予想され、簡単ではない。特別研修に入る前にある程度の準備期間が確保できれば、それらを補うこともできるが、合格した年度に司法書士試験合格者が新人研修と特別研修を受講しようとすれば、12月に始まって1月下旬に終わる新人研修を受講し、1～2日間の期間を空けてすぐに特別研修を受講することになるため、予習のための時間的なゆとりがない。それ ばかりか、特別研修の受講の準備として、どの程度の予習が必要かについて具体的には示されていないため、予習を前提とした特別研修が効果的な研修になっているか疑問もある。しかし、特別研修の時期の変更も教材の変更と同様の理由で簡単にはいかないのが現状である。

カリキュラムや教材に関する問題点の二つ目は、特別研修の教材が大幅な改訂がないまま、10年間その使用が継続されていることから、特別研修対策の書籍、教材に関する解説書とおぼしき書籍が多数出版されていて、受講者が教材に自ら取り組むことなくこれらの対策本や解説書に頼っているのではないかということである。もちろん、解説書を利用することを一概に否定するものではなく、それらを用いて自らが考えながら予習を行えばよいことである。しかし、対策本や解説書をみれば、特別研修教材の事例の各設問についてその解答がわかるようになっているため、単に覚えるという作業になりがちで、要件事実の考え方を身に付けることができているのか疑問が残る。

三つ目は、昨今の考査問題には特別研修教材で事件類型として直接取り上げていない事件類型も出題され、難易度も上がっており、現行教材の事例検討の事件類型だけでは不足なのではないかという点である。

現行教材は、司法書士特別研修制度検討会で、要件事実の確認をすべきものとして示された事件類型のすべてについては作成されていない。また、必読図書となっている司法研修所発行の『改訂 紛争類型別の要件事実』によって紛争類型のすべてが扱われているわけではないので、これらを参考にしながら、事例研修として扱えるような形式の教材をもっと増やす必要があるのではないかと考える。

これら三つの問題点を検討していくと、民事訴訟代理人となる後継者を養成するために必要かつ十分な特別研修の内容、カリキュラムと教材の全貌がみえてくるように思う。

(B) チューターをめぐる問題点

最後に、チューターをめぐる問題点がある。

先に述べたように、現行の特別研修においてチューターの役割はその重要度を増している。しかし、日司連の示すチューターの選定要件には、過去5年間における本案についての裁判実務経験が10件を超えていることとされておりこの要件を満たす人材を確保することが困難である一方、この要件を満たす会員が必ずしもチューターの適任者とは限らない場合もある。

また、選定の際にチューターの力量を判定する術がないこと、チューターとなる会員においてチューターの役割が正しく理解されていないため自ら研鑽する会員とそうでない会員がいることからチューターの力量に差があり、チューターの均質化が図られていない。日司連は、チューターの均質化をめざして、過去に、計54時間かけてチューターの養成研修を実施したが、受講する会員の要件事実に関する基礎知識が同等でないと効果的な研修が実施できないこと、土日を利用して集合形式で行う研修は会員にとって負担が大きく、加えてかかる費用も少なくないことから、効果的、かつ、実現可能性の高いチューター養成研修の構築が必要となっている。

4 研修制度からみた司法書士の展望

(1) 今後の後継者養成研修としての新人研修

今の新人研修は1年以内の登録・入会予定者が対象となっているが、実際には1年内に登録・入会する者は少ない。日司連の調査では、おおむね3年以内には合格者のほとんどが登録・入会しているようであるが、合格時に司法書士実務の経験がない者が85%を超えていることからすれば、合格後1年内の登録・開業には躊躇する者が多いのかもしれない。結局、新人研修や特別研修を受講しただけでは登録・開業するには十分とはいえず、実践的な研修で一番効果的なのは、裁判修習、弁護修習等の司法修習における実務修習にもみられるようなOJTによる研修である。しかし、すべての合格者が先輩司法書士の事務所においてOJTができるかというと、配属研修制度があるにしても前述のとおりの問題点を抱えており、現時点では実効力のあるものとなっていない。

多くの受講者は、新人研修受講後、3年以内には登録・開業していることからも、研修受講後、司法書士事務所に勤務し、2、3年と実務経験を積むにつれて、新人研修で学んだことが理解できるようになり、実務へと活かされていくものと思われ、新人研修受講後なるべく早く、均質的なOJTの機会をもつことが重要であると考える。

また、これまで新人研修の歴史は、登録後の新入会者から登録前の試験合格者へとその受講対象者を変えて進化してきたが、ここでさらなる進化が求められているのではないか。現在行われている500名規模の受講形式の研修では実務研修を行うにあたって限界があり、配属研修もうまく機能していない現状を打開するには、たとえば、新人研修受講後の新入会者を対象として、eラーニングやオンラインによる研修を取り入れた実務研修を行いつつ、それを踏まえて実践的な集合研修を実施するといった方法が考えられる。この集合研修には先輩司法書士も関与することとし、担当制によって新入会者の実務相談に応じる等、OJTに近いしくみをつくることもできるであろう。そうすることによって、より効果的で実践的な実務研修が実施でき、また、先輩司法書士から新入会者たる後輩へ執務姿勢や司法書士の職責に関する意識を承継することや、事務所経営などの情報を提供することも可能になると思われる。このような研修の実施により質の高い後継者を育てることが、専門職団体としての責務であると同時に、司法書士制度の発展に寄与するものと考える。

(2) 民事訴訟に関する体系的研修カリキュラムの構築と特別研修チューターの養成

民事訴訟代理人となる後継者を養成するには、まず、民事訴訟代理人として高い能力を有する特別研修チューターの養成が必要であり、それを実現するための養成制度を確立することが重要である。また、現行の特別研修の実施時間を大幅に増やし、民事訴訟代理人として必要かつ十分な知識や技術を修得することができるようなカリキュラムを実施する必要もある。

認定司法書士になるための特別研修と特別研修チューター養成のための研修は、民事訴訟のプロ

フェッショナルを育てる点で同じであるが、その制度上、現時点では別々に行わざるを得ない状況である。しかし、相互は密接に関連しており、民事訴訟の専門家になるという到達点は同じであるから、民事訴訟代理人となるために必要なカリキュラムを体系的に構築し、必要に応じて履修することができるような環境を整備することが効率的かつ効果的である。その際には、司法試験科目が民事訴訟法と刑事訴訟法の選択であった時代の司法修習の前期修習（民事弁護修習・民事裁判修習）が参考になると思われる。

また、特別研修チューター養成のための研修では、起案やグループ討議を中心に実践的な方法によることとし、考える力と自らの考えを論理的に主張する力を身に付け、それらを適切に文書化する能力を取得することをめざすべきであると考える。このような高い能力が担保されたチューターの養成ができれば、特別研修における模擬裁判では司法書士が裁判官役を担うことができるようになるであろうし、その先には、司法書士がゼミナールや模擬裁判の講師を担当するという可能性も出てくるであろう。そうすれば、われわれが自らの手でのその後継者を養成することができるようになり、そこに司法書士としての独自性を映し出すことができるものと考える。

(3) 司法書士の一つの将来像——簡裁判事任官——

現在、簡易裁判所の判事（以下、「簡裁判事」という）に任官するには、司法試験に合格するほか、裁判所法44条（簡易裁判所判事の任命資格）による任官、同法45条（簡易裁判所判事の選考任命）による任官がある。この同法44条による任命資格は、高等裁判所長官もしくは判事の職にあった者、または判事補、検察官、弁護士、裁判所調査官、裁判所事務官、司法研修所教官、裁判所職員総合研修所教官、法務事務官、法務教官、大学の法律学の教授または准教授のうち、一つまたは二つ以上に在職し、通算して3年以上になる者とされているため、司法書士に任官の道はない。だが、同法45条では「多年司法事務にたずさわり、その他簡易裁判所判事の職務に必要な学識経験のある者は、前条1項に掲げる者に該当しないときでも、簡易裁判所判事選考委員会の選考を経て、簡易裁判所判事に任命されることができる」とされており、司法書士にも任官の道があるといえる。

簡裁判事選考の際に行われる筆記試験は、憲法、民法、刑法、民事訴訟法、刑事訴訟法に関して論文形式で行われ、筆記試験合格者に対して、同じ科目についての口述試験が行われるが、司法書士試験を合格した者であれば、決して合格できない試験ではないと思われる。

ただ、簡裁判事は、民事訴訟だけを担当するわけではないので、前述のような民事訴訟代理人となる後継者の養成が実現できたからといって、それがすぐに、司法書士の簡裁判事任官という道につながるとはいえない。しかし、簡裁判事任官という意識をもつことにより、日司連や各ブロック会、単位会における会員研修でもそれを意識した研修が実施されるようになるであろうし、現実に任官する者が現れれば、自己研鑽の意欲が向上することはいうまでもないであろう。過去には刑事訴訟に関する会員研修が実施されていたこともあるが、簡裁判事任官という側面から、今一度、司法書士の刑事裁判へ取組みについて、真剣な検討が求められているのではないだろうか。

もし、司法書士が簡裁判事に任官すれば、今まで簡裁訴訟代理人として簡易裁判所を利用していた立場からみた、より市民に利用しやすい裁判制度を実現するために、簡易裁判所の内部から働きかけることができるものと考える。また、司法書士会と簡易裁判所とが定期的に会議の場をもつなどして、継続的に連携体制をとることができるようになれば、司法書士会が簡易裁判所に、より市民に利用しやすい裁判所であるためのさまざまな提言を効果的に行っていくこともできるであろう。司法書士による簡裁判事の任官が現実のものとなった場合には、司法書士会と簡易裁判所との関係にも大きな変化が生じるであろうことは想像にかたくないが、そこには常に代理人や裁判所にとって使い勝手のよい裁判所ではなく、市民にとって利用しやすい裁判所という視点が存在しなければならないと考える。

Ⅴ 司法書士制度をめぐる現代的課題と展望

❸ 他士業との対比にみる「依頼に応ずる義務」の問題点

司法書士　野中英樹

1　はじめに

司法書士は、他人の依頼を受けて、登記・供託手続の代理、法務局・裁判所に提出する書類の作成、簡易裁判所における民事訴訟手続の代理等の事務を行うことを業とする（司法書士法3条）。司法書士となるためには、国家試験である司法書士試験に合格したうえで、日本司法書士会連合会（以下、「日司連」という）に備える司法書士名簿に登録を受け、事務所を設けようとする地の司法書士会に入会しなければならない（同法4条・6条・8条・57条）。司法書士は、事務所を設けなければならず（同法20条）、簡裁訴訟代理等関係業務に関するものを除いて正当な事由がある場合でなければ依頼を拒むことができない（同法21条）。司法書士が引き続き2年以上業務を行わないときは、日司連は、その登録を取り消すことができる（同法16条1項1号）。

以上のように、司法書士は、登録・開業したうえで、他人の依頼を受けて業務を行い、その対価として依頼者から得る報酬を収入源とすることが想定されている。一方、司法書士法人（司法書士法26条以下）においては、法人自体が業務の主体となることから、個人である司法書士が司法書士法人の使用人として業務に従事することが当然に想定されている（同法22条2項・3項・30条1項・41条1項2号）。また、明文の規定はないものの、司法書士が、個人である司法書士の使用人として司法書士の業務に従事することも禁止されていない（公認会計士法2条3項、税理士法2条3項、社会保険労務士法14条の2第3項、行政書士法1条の4参照）。これら使用人である司法書士は、使用者から得る賃金等の報酬が収入源となる。

さらに、上記のような司法書士（法人）の事務所に所属せず、企業その他の組織に使用人または役員として従事する司法書士も存在し、このような「組織内司法書士」の社会的有用性が認知され始めている。日司連も、企業法務業務の推進を目的として、近年において、企業内司法書士の実態調査・検討等を行った。しかし、上記のとおり、司法書士には、事務所の設置義務、依頼に応ずる義務、業務を行わなかった場合における登録の任意的取消し可能性、といった制約があることから、組織内司法書士が活躍する場は、限られているのが現状である。

本稿では、組織内司法書士が活躍する可能性を狭める最大の制約要因といえる「依頼に応ずる義務」の問題点を取り上げる。まず、司法書士の現状について述べたうえで、組織内士業の状況、依頼に応ずる義務の問題点について、それぞれ他士業と比較しながら検討し、最後に、現在検討中である司法書士法改正に向けての問題提起を行いたい。

2　司法書士における専門分野の分化傾向

(1)　司法書士会員数の動向

司法書士（日司連の備える司法書士名簿に登録

3 他士業との対比にみる「依頼に応ずる義務」の問題点

された司法書士会員（法人会員を除く））の総数は、2013（平成25）年11月1日現在、2万1241人であり、25年前である1988（昭和63）年当時の総数1万5705人と比較すると、約1.3倍となっている。司法書士試験の合格者数は、1986（昭和62）年度は404名であったが、1994（平成6年）度以降急速に増加し続けた後、2010（平成22）年度の948名をピークに減少に転じているものの、2012（平成24年）度は838名であり、過去25年間で2倍以上となっている。

司法書士数の推移を地域別にみると、東京都・愛知県・大阪府といった大都市およびその周辺地域においては増加傾向にあり、一方で東北・山陰・四国の各地方等での減少傾向が目立っている。

(2) 司法書士の業務範囲の拡大と内容の推移

司法書士が取り扱う業務の中心は、不動産の登記であり、2012（平成24）年度における取扱事件総数に占めるその件数の割合は8割を超えるが(注1)、その件数・割合ともに減少傾向にある。

一方、2002（平成14）年の司法書士法改正により、法務大臣の認定を受けた司法書士は、簡易裁判所における訴額140万円以下の訴訟、民事調停、仲裁事件、裁判外和解等の代理等の業務を行うことができることとなった。また、2000（平成12）年に導入された成年後見制度において、判断能力が十分でない高齢者・障がい者等の成年後見人等（成年後見人、保佐人および補助人並びにこれらの監督人等）に多くの司法書士が選任されており、親族以外の第三者としての選任件数につき、最高裁判所事務総局家庭局「成年後見関係事件の概況（平成24年1月～12月）」によれば、弁護士や社会福祉士等を抜いて職業別選任件数のトップとなっている。

(3) 小 括

司法書士の主要取扱業務は、依然として不動産登記であることに変わりはないが、上記のように司法書士の業務分野は多様化しており、たとえば、債務整理を中心業務とする者、商業登記・企業法務を専門とする者、成年後見業務を主に取り扱う者など、都市部を中心に専門分野に特化した司法書士が増加しているように見受けられる。さらに、冒頭でも紹介した「組織内司法書士」も増加している。組織内司法書士については、以下で詳しく触れたい。

（注1） 日司連の第76回定時総会（2013（平成25）年）取扱事件集計による。

3 各士業の対比にみる組織内士業の状況

(1) 総 論

弁護士、司法書士、公認会計士等のいわゆる「士業」者は、独立開業し、依頼者からの報酬により生計を立てるのが一般的である。一方、官公署または公私の団体において職員もしくは使用人となり、または取締役、理事その他の役員となっている士業者(注2)が相当数存在しており、組織において士業者の専門的能力を発揮している。

(A) 弁護士

組織内弁護士およびその経験者による任意団体として、2001（平成13）年8月に「インハウスローヤーズネットワーク」が設立された。この団体は2006（平成18）年1月に名称を「日本組織内弁護士協会（JILA）」に変更し、2013（平成25）年8月には会員数が700名に到達している(注3)。同協会は、組織内弁護士の現状について調査研究を行うとともに、組織内弁護士の普及促進のためのさまざまな活動を行うことにより、社会正義の実現と社会全体の利益の増進に寄与すること、および会員相互の親睦を図ることを目的としている。

日本組織内弁護士協会の統計・資料(注4)によれば、わが国における企業内弁護士(注5)の総数は、2002（平成14）年5月には80名であったが、2012（平成24）年6月には771名を数え、10年間でほぼ10倍となっている。その背景には、司法制度改革の影響がある。司法制度改革審議会「司法制度改革審議会意見書――21世紀の日本を支える司法制度――」（平成13年6月12日）では、「III 司法制度を支える法曹の在り方」「第3 弁護士制度の改革」「2．弁護士の活動領域の拡大」において、「弁護士が、個人や法人の代理人、弁護人としての活動にとどまらず、社会のニーズに積極的に対応し、公的機関、国際機関、非営利団体（NPO）、民

Ⅴ 司法書士制度をめぐる現代的課題と展望

間企業、労働組合など社会の隅々に進出して多様な機能を発揮し、法の支配の理念の下、その健全な運営に貢献することが期待される」としていた。その後、同報告書に基づき、弁護士法30条の改正（2004（平成16）年4月1日施行）により、公務就任の制限および営業等の許可制については、届出制に移行することにより自由化された。

(B) 公認会計士

2012（平成24）年8月に「組織内会計士協議会」（注6）が設置された。組織内会計士協議会は、組織内会計士の業務に関する研究調査、資料または情報の提供等を行うことによりその資質の維持および向上を図るともに、組織内会計士の組織化を推進することにより会員および準会員の活動領域の拡充および人材の流動化を促進することを目的としている。同協議会は、日本公認会計士協会が、同年7月の定期総会における会則変更の承認によって関係規定を整備することにより、日本公認会計士協会に設置されたものである。

組織内会計士協議会では、組織内会計士の組織化を目的として、組織内会計士である会員・準会員を正会員、組織内会計士に関心のある会員・準会員を賛助会員として「組織内会計士ネットワーク」が構成され、2013（平成25）年8月現在、850名を超える正会員が同ネットワークに参加している。

(C) 司法書士

経営法友会（注7）は、会員会社および上場会社等に対して、5年ごとに「法務部門実態調査」と称するアンケート調査を行っている。2010（平成22）年に行われた直近の調査によれば、法務担当者として司法書士資格保有者を有する企業は938社中51社（5.4％）であり、計54人の資格保有者（司法書士登録をしていない有資格者を多数含むと考えられる）が法務担当者として勤務している（注8）。この調査結果によれば、上場会社等の大手企業において相当数の有資格者が法務担当者として活躍していることになる。

2013（平成25）年8月、組織内司法書士および有資格者を正会員とする任意団体として「日本組織内司法書士協会」が設立された。日本組織内司法書士協会は、組織に属する司法書士またはその有資格者の実態に関する調査・研究を行うとともに、「組織内司法書士」の認知活動および提言・意見表明を行うことにより「組織内司法書士」を制度として確立することを目的としている（注9）。

(2) 組織内司法書士の可能性

法律専門職が、法の支配の理念を共有しながら、国家社会のさまざまな分野で幅広く活躍することは、司法制度改革の理念として求められている。司法書士は、登記、供託および訴訟等に関する手続の専門職であり、その資格試験は、憲法、民法、商法および刑法の実体法と、登記、供託および訴訟に関する手続法について行われている。司法書士に求められる能力は、企業法務業務において必須である商業登記・不動産登記・供託・裁判手続等を含んでおり、司法書士は企業法務担当者として適任であるとされる（注10）。ところが、次に述べるとおり、司法書士法の規定による「依頼に応ずる義務」の存在が、組織内司法書士が活躍する可能性を狭めることになっている。

（注2） 弁護士の倫理的基盤を確立強化し、職務上の行為規範の整備を図るため、日本弁護士連合会が会規として定める弁護士職務基本規程（平成16年11月10日会規第70号）は、50条において、「官公署又は公私の団体（弁護士法人を除く。これらを合わせて『組織』という）において職員若しくは使用人となり、又は取締役、理事その他の役員となっている弁護士を『組織内弁護士』」と定義し、組織内弁護士は「弁護士の使命及び弁護士の本質である自由と独立を自覚し、良心に従って職務を行うように努める」と規定している。

（注3） 日本組織内弁護士協会ホームページ。

（注4） 前掲（注3）中の「統計・資料」「統計」参照。

（注5） 統計資料においては、「企業内弁護士」を、日本法に基づく会社、外国会社の日本支社、特殊法人、公益法人、事業組合、学校法人、国立大学法人等、国と地方自治体以外のあらゆる法人に役員または従業員として勤務する弁護士のうち、当該法人の所在地を自身の法律事務所所在地として弁護士登録している者としている。

（注6） 組織内会計士ホームページ（日本公認会計士協会ホームページ内）。

3　他士業との対比にみる「依頼に応ずる義務」の問題点

（注7）　経営法友会は、主として上場企業やそのグループ企業を会員とする任意団体で、会員の法務担当者によって組織されている。（公社）商事法務研究会内に事務局がおかれ、企業法務に関連する法令その他の諸問題を調査・研究し、企業法務の立場から、わが国の法制度の充実・発展に資する活動を行い、法務担当者の能力の向上と法務部門の整備・充実を図り、もって企業経営の健全な発展に資することを目的としている（経営法友会規約2条）。

（注8）　経営法友会法務部門実態調査検討委員会『会社法務部：〈第10次〉実態調査の分析報告（別冊NBL135号）』15頁以下。同書6頁によれば、この調査票は6110社（会員1037社、その他上場会社等5073社）に発送され、1035社からの回答が回収された（回収率16.9％）。

（注9）　日本組織内司法書士協会ホームページ。

（注10）　堀江泰夫『法務部門の実用知識』154頁。堀江氏は、司法書士試験合格後、直ちに企業法務に携わり、15年を経て司法書士登録、今なお企業の法務担当者として勤務されている。

4　「依頼に応ずる義務」の問題点

(1)　総論

司法書士は、正当な事由がある場合でなければ、依頼（簡裁訴訟代理等関係業務に関するものを除く）を拒むことができない（司法書士法21条）。この「依頼に応ずる義務」に違反した場合は、100万円以下の罰金に処せられる（同法75条1項）ほか、法務局または地方法務局の長による懲戒処分の対象となる（同法47条）。

公共的役割を担っている業務独占資格者は、たとえば、資格者の趣味嗜好により、依頼を拒むことは相当でない。また、登記・供託・裁判書類作成等の業務については、新たな利害関係や法律関係を創造するものではなく、当事者の依頼の趣旨を法律的に構成することが業務の中心となるので、依頼に応ずる義務を課しても依頼の趣旨が損なわれるおそれはほとんどないとされている（注11）。

しかし、後述のとおり、依頼に応ずる義務は他士業者等の業務独占資格者一般に課されているわけではなく、また、司法書士に課されている依頼に応ずる義務については、「正当な事由」というあいまいな概念に基づく事実の有無により資格者を刑事罰の対象とするものであり、上記の立法趣旨には疑問がある。

(2)　司法書士登録に際しての規制

日司連は、被雇用者を含む兼業者からの登録申請について、原則として登録を認めるものの、司法書士法・司法書士法施行規則に違反するおそれがある場合ないし日司連会則、司法書士会会則および司法書士倫理上の各義務に違反するおそれがある場合であって、登録を認めることにより司法書士の信用あるいは品位を著しく害するおそれがあることが明らかな場合等には、個別具体的な事例により登録を拒否する場合があるものとして取り扱っているようである。個別判断の基準として、雇用先の就業規則等において司法書士業務を行うことが禁じられていないほか、就業時間内であっても、本人の意思で司法書士業務を自由に、かつ独立して行うことができる執務環境にあること等を要求している。

(3)　規制改革会議における要望事項と法務省の回答

内閣府におかれた規制改革会議（2007（平成19）年1月～2012（平成22）年3月）が、2007（平成19）年6月に「特区、地域再生、規制改革、公共サービス改革集中受付月間」の一環として、全国規模の規制改革要望を募集したところ、日司連が行う司法書士登録の審査基準を緩和し、登録希望者が司法書士と会社員とを兼業することを希望する場合にも、登録が認められるようにしてほしい旨の要望が寄せられた。この要望を受け、内閣府規制改革推進室から法務省に対し検討要請がなされ、法務省からは同年8月に最終的な回答がされた。法務省の回答は、日司連の審査は法務省の解釈に拘束されるものではないものの、司法書士と会社員の兼業を認めた場合、当該司法書士は会社での勤務中は依頼に応ずることができず、司法書士業務で知り得た依頼人の情報が会社での業務に利用にされかねないなど、依頼に応ずる義務（司法書士法21条）、秘密保持の義務（同法24条）等の司法書士法上、司法書士に課せられている義務が遵守されなくなるおそれがあるなどの事情があるようなケースでは、司法書士と会社員の兼業を認

めることが適切ではないものと考える、とするものであった（注12）。同様の見解は、司法書士業務に関する専門誌にも、法務省の担当官が執筆したものと思われる無記名の記事として掲載された（注13）。この記事によれば、企業の従業員として雇用された以上、雇用主である企業側の指揮命令に服する状態におかれるので、司法書士としての独立性はない。また、就業時間中は、常に雇用主である企業のために働くことを求められるから、依頼に応ずる義務を果たすことは、おおよそ困難であると考えられる、とのことである（注14）。

これらの見解を前提とする限り、現行司法書士法の下においては、たとえば、企業の法務担当者としてフルタイムで法務部門に勤務する者等にとっては、依頼に応ずる義務を果たすことができないことを理由に、司法書士登録が認められないことが通常となる。このように、依頼に応ずる義務が最も大きな障害となって、組織内司法書士の活躍の場は、極めて限られることになる。

(4) 「正当な事由」とは

依頼に応ずる義務は、「正当な事由がある場合」には負うことがない（司法書士法21条）。この場合における正当な事由とは、業務を行うことができない事件（司法書士法22条）、病気・事故・事務輻輳など、形式的な事由をいい、依頼者の態度が極端に横暴であるとか、事件の「スジ」がよくない等の実質的な事由は考慮すべきでないとするのが伝統的な理解であった（注15）。これに対し、近時では、事件の実質に着目し、たとえば、不動産登記の依頼に際して人・物・意思の確認ができない場合等も、正当な事由にあたると考える見解もみられる（注16）。

この「正当な事由」につき、最高裁判所は、以下のとおり判示している。その事件は、売買による土地の所有権移転登記手続の代理の依頼を受けた司法書士が、売買契約の決済日の当日（依頼日の13日後）になって、突然、司法書士であれば特段、不自然なものではないことを容易に理解し、認識することができた事実（「払下げ」を原因とする所有権移転登記後に「真正な登記名義の回復」を原因として売主への所有権移転登記がされている等）について、土地の実体的所有関係を確定することができず、売買契約によって所有権が買主に移転するとは限らない旨を述べ、これを理由に依頼を拒んだことには正当な事由があるとはいえない、とするものである（最判平16・6・8裁判集〔民事〕214号363頁）。

本判決は、依頼を拒んだ司法書士の判断に合理性・相当性を欠く旨を判示しており、司法書士の執務の実際を踏まえ、正当な事由を実質的に判断する方向に傾く可能性を示唆するものと考えられる（注17）。本判決に先立って定められた司法書士倫理（日司連第64回定時総会決議（2003（平成15）年6月19日・20日））においても、職務の公正を保ち得ない事由の発生するおそれがある事件（司法書士倫理24条）、依頼の趣旨がその目的または手段もしくは方法において不正の疑いがある事件（同25条）について受任を禁止し、正当な事由を実質的に判断することを司法書士に求めている。

- （注11）　小林昭彦＝河合芳光『注釈司法書士法〔第3版〕』222頁。
- （注12）　内閣府規制改革会議「全国規模の規制改革・要望に対する各省庁からの再回答について（平成19年8月15日）」同会議ホームページ。
- （注13）　「質疑応答【7911】司法書士が、一般企業の常勤の従業員として雇用され、兼業を行うことについて」登記研究748号155頁、「カウンター相談（214）司法書士が、一般企業の常勤の従業員として雇用され、兼業を行うことについて」登記研究749号151頁以下。
- （注14）　前掲（注13）カウンター相談（214）参照。
- （注15）　加藤新太郎「司法書士の登記嘱託拒否と不法行為責任――最判16・6・8をめぐって――」市民と法30号63頁。
- （注16）　加藤・前掲63頁。
- （注17）　加藤・前掲64頁。

5　各士業との対比からみた「依頼に応ずる義務」の趣旨・展望

(1) 各士業における「依頼に応ずる義務」の状況

筆者は、かねてより依頼に応ずる義務の問題は「正当な事由」を柔軟に解釈すれば解決できると考えていたが、他士業の関係法律を比較すると、司

3 他士業との対比にみる「依頼に応ずる義務」の問題点

法書士と土地家屋調査士だけが、特に厳格な内容になっていることが判明した。具体的には、（表）のとおりである。

このうち「紛争処理関係業務の扱い」は、司法制度改革に伴い、弁護士以外の各士業者に一定の範囲で認められた紛争解決にかかわる業務、司法書士における簡裁訴訟代理等関係業務を指し、これらはいずれも義務の対象から除外されている（行政書士には相当する業務がない）。ほかには、勤務形態の士業、すなわち司法書士でいうところの、司法書士個人または法人の使用人、さらに法人の社員について、また、いわゆる企業内資格者について、それぞれ対象から除外しているか否か、といったことを整理した。

各士業者を比較すると、司法書士と土地家屋調査士は実質、同じ内容で、最も厳格である。これに対して、弁護士、弁理士、公認会計士、税理士には、いずれもこの義務自体がない。社会保険労務士と行政書士には、依頼に応ずる義務自体はあるが、どちらも事務所に勤務する者を明文で除外しており、さらに、社会保険労務士にあっては、一般企業等の従業員である「勤務社会保険労務士」についても明文で対象から除外している。

ここに掲げた士業者以外の専門家について、同様にみてみると、公証人法3条は、公証人が正当な理由なく嘱託を拒むことを禁じており、司法書士と同様の規律がおかれているが、罰則の定めはない。医師についても類似の義務があるが、医師法19条1項は「・診・療・に・従・事・す・る・医師は、診察治療の求があつた場合には、正当な事由がなければ、これを拒んではならない」と規定しており、診療を行わない、たとえば、官公署の事務職員である医師などは除外されているとともに、違反について罰則がない。

罰則を伴う依頼応諾義務は、ほかには、電気・ガス・水道等の公共インフラの供給義務にその例をみることができる。たとえば、電力会社等の電気事業者は、正当な理由がなければ、電気の供給を拒んではならず、これに違反して電気の供給を拒んだ者は、2年以下の懲役もしくは300万円以下の罰金に処し、またはこれを併科することとされている（電気事業法18条・117条2号。ほかにガス事業法16条・56条2号、水道法15条・53条3号、道路運送法13条・98条6号等）。

（表）　各士業別「依頼に応ずる義務」比較表

	依頼に応ずる義務の有無	紛争処理関係業務の扱い	使用人・法人社員の扱い	一般企業等勤務者の扱い	罰則	各業法の関係規定
司法書士	有	適用除外	規定なし	規定なし	100万円以下の罰金	司法書士法21条・46条1項・70条・75条
土地家屋調査士	有	適用除外	規定なし	規定なし	100万円以下の罰金	土地家屋調査士法22条・41条1項・65条・70条
弁護士	無	—	—	—	—	
弁理士	無	—	—	—	—	
公認会計士	無	—	—	—	—	
税理士	無	—	—	—	—	
社会保険労務士	有	適用除外	適用除外	適用除外	100万円以下の罰金	社会保険労務士法20条・25条の20・33条・18条1項・14条の2第3項
行政書士	有	—	適用除外	規定なし	100万円以下の罰金	行政書士法11条・13条の17・23条・8条1項

Ⅴ 司法書士制度をめぐる現代的課題と展望

また、これらの公共インフラについては、たとえば、電気事業者は電気の供給に係る料金について経済産業大臣の認可を必要とする等、その料金について法律上の規制がある（電気事業法19条。ほかにガス事業法17条、水道法14条、道路運送法9条以下等）。この点につき、司法書士については、かつては、その報酬に関する規定が法務大臣の認可を要する司法書士会の会則事項とされていた。これは、司法書士の報酬額は「公共料金」ともいいうるものであり、司法書士は正当な理由がなければ依頼を拒むことができないとともに、報酬額についても依頼者との自由契約により定めることは許されない、との考えに基づく(注19)。その後、わが国が直面する経済のグローバル化等の構造的な環境変化に対応するための、政府の規制改革推進3か年計画（平成13年3月30日閣議決定）に基づき、各種業務分野における競争の活性化を通じたサービス内容の向上、価格の低廉化、国民生活の利便向上等を図るための取組みの一環として、2002（平成14）年の司法書士法改正により、報酬に関する規定が会則事項から削られ、報酬規制が撤廃された。上記のように、公共インフラ事業については供給義務と料金規制がセットで定められている一方、司法書士については報酬規制のみが撤廃されている。資格者間の公正有効な競争の活性化を図るため、報酬が自由化されているにもかかわらず、業務独占資格者の公共性のみを理由に、罰則を伴う規制として依頼に応ずる義務を存続する必要性があるのか、大いに疑問である。

(2) 司法書士における「依頼に応ずる義務」の制定の経緯・趣旨・今後の展望

司法書士に課される「依頼に応ずる義務」は、明治30年代頃に定められた各地の代書人（代書業者）取締規則にその起源をみることができ、司法書士法の前身である司法代書人法（大正8年法律48号）7条に「司法代書人ハ正当ノ事由アルニ非サレハ嘱託ヲ拒ムコトヲ得ス」と規定された。この規定は司法書士法（昭和25年法律197号）6条に引き継がれ、同法20条において罰則（2万円以下の罰金）が定められた。罰金額は数次の改正において引き上げられ、平成14年改正により100万円以下と定められた（現行司法書士法75条）。行政書士法・社会保険労務士法に定める罰金額は、司法書士法のそれに比して低額であったが、平成14年の司法書士法改正後の各法改正により、それぞれ司法書士法と同額にあらためられている。

このような罰則を伴う義務が課された背景には、法務当局側の視点として、登記業務の独占を司法書士に認めることと引き換えに、当局の強力な監督下において、その報酬額を「公共料金」的に規制し、罰則を伴う受任義務を課したうえで、当局側の需要に即した業務を行わせる、という考え方を垣間見ることができる。法務省の所管する司法書士試験においては、筆記試験の満点280点中、登記に関する知識・能力を直接に問う問題の得点数が142点とその過半を占めるとともに、実務上極めて専門性の高い出題がされており、資格試験の水準からも、登記業務における高度な専門性が確保されている。登記事務の特徴を考えると、不動産登記については、不動産物権変動の対抗要件として、商業・法人登記については、会社その他の法人の成立要件等として、迅速かつ正確な登記の実行に対する国民の需要が認められる。こういった需要に応えるという公益的な要請から、依頼に応ずる義務が一定の役割を果たしているともいえる。

このように、登記実務に関する一定の能力が担保され、かつ受任義務が課されている司法書士に、登記に関する依頼が集中している実情があり、「登記は司法書士」というステータスが確保されている面を否定することはできない。そのような観点からみると、依頼に応ずる義務は、登記業務における司法書士の独占的地位を守るための盾としての側面があり、これを撤廃することは、司法書士制度の本質に触れるとの指摘も考えられる。

一方で、依頼に応ずる義務の存在が、前述のとおり、組織内司法書士が活躍する途を実質的に閉ざしていることは大きな問題である。これを解決する一つの方法として、社会保険労務士のように「勤務司法書士」を司法書士法上に定め、依頼に応ずる義務の対象外とすることも検討の余地はある。しかし、私法上の権利義務に密接にかかわる

3 他士業との対比にみる「依頼に応ずる義務」の問題点

専門家である司法書士は、たとえ組織に勤務する形態であっても、本質的に、使用者から自由かつ独立の立場を保持することが求められることから（司法書士倫理5条）、開業司法書士と勤務司法書士を異なる規律の下におくことは、その利点よりも弊害のほうが大きいように思われる。

6 司法書士法改正に向けての問題点

日司連は、司法書士を取り巻く環境の変化に対応し、市民が司法書士をより利用しやすくする等のため、2011（平成23）年2月23日開催の第73回臨時総会において、司法書士法改正大綱を決定した。その後、日司連は、法務省民事局との協議等を経て、2013（平成25）年11月30日(土)まで、司法書士法改正要綱案策定に向けて、司法書士会・会員等に対する意見募集を行った。

司法書士法改正大綱には、依頼に応ずる義務規定の改正も掲げられているが、その内容は、現行法上依頼に応ずる義務から除外されている「簡裁訴訟代理等関係業務」に加えて、「裁判書類作成関係業務」（裁判所に提出する書類の作成およびその相談業務）に関してもその除外を求めているにすぎない（「司法書士法改正大綱10(2)」日司連ホームページ）。現行法が簡裁訴訟代理等関係業務を除外している理由は、業務の性質上、独立性の高い職務として、依頼者との間で、継続的で強い信頼関係が必要になることから、罰則の制裁を伴う義務を課すことは相当ではないからであると説明されている（注19）。司法書士法改正大綱が裁判書類作成関係業務の除外を求める理由は、この業務は依頼者に対し、訴訟進行にあたって本人訴訟の弱点とその対策等を教示しながら二人三脚的に進めるものであり、依頼者との信頼関係の構築は、簡裁訴訟代理等関係業務と同等もしくはそれ以上に必要となるからだとしている（「同大綱補足説明」）。

しかし、社会の多様化に伴い、司法書士業務もまた多様化しており、裁判業務に限らず、現在においては登記業務においても、登記の対象となる実体的法律関係の形成に司法書士が深く関与することが求められる傾向にある。登記業務につき、「新たな利害関係や法律関係を創造するものではない」といいきることはできず、依頼内容によっては、依頼者との間に継続的で強い信頼関係が必要となる場合も存在する。平成14年司法書士法改正において、簡裁訴訟代理等関係業務が新たに司法書士の業務とされたことに伴い、同業務が依頼に応ずる義務から除外されたわけであるが、実質的には、弁護士法には依頼に応ずる義務が定められていないこととの平仄を合わせたにすぎないものである。他の士業においても、罰則を伴う義務としては、司法書士法とその起源を共通とする土地家屋調査士法、社会保険労務士法および行政書士法以外に、同様の例をみることはできない。

前述のとおり、他士業にみられる罰則付きの依頼応諾義務は、公共インフラの供給義務の例があるにすぎず、その料金についても法律上の規制が及んでいる。公益的な事業については、供給義務と対価規制をセットで定めるのが一般的であるにもかかわらず、司法書士については、報酬について規制がない一方で、義務の公共性のみを理由に罰則付きの受任義務を存続させている点において、論理的に無理があるのではないだろうか。

依頼に応ずる義務は、司法書士の登記業務独占を保障している一面を否定することはできないものの、究極的には、公共的な役割を担う業務独占資格者が、依頼者・依頼内容を趣味嗜好により選択することを防ぐ以上の意味はないと考えることができる。そうであるならば、刑事罰を伴う義務として業法に定めるのは相当ではなく、司法書士倫理や司法書士会会則に定めるなど、業界における倫理綱領の規律に委ね、その違反については業法の定める懲戒処分の対象とすることにより、業務の公益性は十分に保障できると考える。司法書士法21条は、廃止すべき時期にきているのではないだろうか。

従来、依頼に応ずる義務の問題は十分に議論されてこなかった。司法書士法改正が検討されている今、本稿を機に、依頼に応ずる義務のあり方をより多くの方々に考えていただければ幸いである。

(注18) 前掲・小林＝河合223頁。
(注19) 德永秀雄＝髙見忠義『司法書士法解説〔新版〕』135頁。

④ 日本の民事法律扶助の課題・展望と社会資源としての法テラスの可能性

――生活困窮者支援における生活保護申請同行支援を通して――

司法書士　稲　村　　厚

1　はじめに

本稿では、神奈川県における法テラス（日本司法支援センター）と司法書士会の生活保護申請同行に関する連携事例から、私の法テラス神奈川での副所長の経験も踏まえて市民と司法をつなげる「法律相談」とは何かを考察するとともに、現代社会において、社会資源としての法テラスがよりよく機能するために何が必要か考えてみた。

2　同行支援における民事法律扶助の取扱い

法テラス神奈川では、市民から情報提供窓口に問合せのあった電話相談案件を、相談内容の種類・性質等から各資格者に合うように振り分けたうえで横浜弁護士会と神奈川県司法書士会の事務局へ直接転送するシステムを、2012（平成24）年度途中から、全国の法テラス地方事務所に先駆けて実施している。2013（平成25）年6月の実績は、司法書士会14件：弁護士会1件であり、7月の実績は、司法書士会15件：弁護士会2件であった。司法書士会への転送事件は、ほとんどが「生活保護申請」に関する案件であり、行政窓口への同行を依頼するものである。

近年、生活保護受給者の急増に伴い、行政が受給希望者を窓口において容易に受け付けないことにより、組織的に受給者を増やさない手法をとっており、このような行為は「水際作戦」とよばれている。たとえば、初めて窓口へ行った者に対して、初期相談として制度の概要を説明し、必要書類の一覧表と申込用紙のみを渡してその日は受け付けず、後日、何とか書類を揃えて窓口へ行っても、親族の援助が受けられそうだとか、細かな書類の不備などを理由に受け付けないといったものである。この結果、日々の食事にも困っている市民とのいざこざは絶えない。また、生活保護を受給せざるを得ない方の中には、知的な理解力に劣っている方も相当程度おり、窓口側が難解な用語で説明した結果、理解するのが困難な場合も多くあり、利用者側が泣き寝入りすることが増加してきた。

このような現象に対して、憲法上の権利でもある人間としての最低限の生活の保護を求めて、一部の弁護士・司法書士らが立ち上がり、法律家が生活保護受給希望者と行政窓口に同行することにより、適切な受付をしてもらう活動（以下、これらの活動を「同行支援」ともいう）が全国的にさかんになってきたのである（注1）。

これらの方々は、生活保護受給を求める市民であるからして、同行支援にかかる法律家への費用を自ら支払うのは困難である。したがって、当然、これらの案件は法テラスの民事法律扶助案件となる。しかし、行政窓口への同行に関しては、弁護士には代理援助として法テラスの民事法律扶助により、費用が立て替えられる（その後、申込人が生活保護受給になれば、結果的に償還免除になる）が、現状のところ司法書士には民事法律扶助の適用が認められておらず、法テラスからの援助はな

4 日本の民事法律扶助の課題・展望と社会資源としての法テラスの可能性

い。そのため、日本司法書士会連合会(以下、「日司連」という)が生活困窮者支援のための助成金事業を開始し、独自に会員への費用弁償を図り、生活保護申請同行支援活動を維持している(注2)。

このような状況の中で、法テラス神奈川では、生活保護申請同行に関する案件を、法テラスが民事法律扶助で代理援助できる弁護士ではなく、司法書士に振り分けられているのである。

(注1) 嶋田貴子「経済的困窮者に対する支援活動——自律的生存権の保障にむけて」月報司法書士483号20頁以下。
(注2) 安東朋美「生活保護申請にかかる同行支援の取り組み」月報司法書士448号98頁以下。

3 同行支援の背景事情をひもとく

(1) 司法書士の同行支援の取組み

(A) 同行支援における司法書士の使命・意義

生活保護申請同行支援を、一般的な自らの業務であると認識している司法書士は、まだ少数であろう。

嶋田貴子司法書士は、生活保護申請は行政手続であり、司法書士の本来的業務に入っていないため、行政手続という点だけに着目すると行政書士の領域であるようにも思えるが、生活保護受給希望者は、そもそも困窮状態であるからこそ生活保護を申請するのであって、そこに報酬を前提とした専門職の領分の議論は全くナンセンスであり、不毛であるとしている。

さらに、嶋田は、生活保護の申請自体は申請意思の表明であると同時に、行政側と対峙して受給要件を弁明していく過程でもある。生活困窮者が、市区町村等の生活保護課に自ら単身赴いて、申請・受理にこぎつける場合も稀にはあるが、多くの場合、生活困窮者は窓口で相談扱いとされ、受理には至らないのが実情である。

生活困窮の原因は事情によりさまざまだが、それまで学業の機会がなかったため自己のおかれている現状の説明がままならず、あるいは行政への失望も手伝い、申請を諦めてしまうような状態にある生活困窮者本人の能力を補い、主体的に意思表明できるようサポートする人間が必要である。その際に、司法書士が自らを「法律家」であると標榜するのであれば、法の支配を理念とする憲法25条で保障されている生存権の実現を図ることが要求されている、としている(注3)。

(B) 同行支援に対する司法書士の取組み

安東朋美司法書士は、当初、生活保護申請同行支援は、各会員が手弁当で行っており、司法書士の業務なのか否かも定かではなかったし、そもそも、相談者の中には、依頼料を支払えるような人はいなかったが、それでも同行支援は必要とされる活動であったとしている。さらに、安東は、実際、本人が一人で相談に行けば、「保護は受けられない」と説明され、取り付く島もなく追い返されていた。また、同行支援を始めたばかりの頃は、支援者が付き添っても、なかなか申請させてもらえないことも多かった。行政の面接相談員に「司法書士」だと名乗っても、何の資格かわからないという雰囲気があった。その後の支援活動の末、野宿者の間に「司法書士」という名称が少しずつ広まり、その結果、行政にも知られるようになったとしている(注4)。

(C) 同行支援の費用援助をめぐる動向

安東によると、かつて、財団法人法律扶助協会(当時)の一部の支部で、弁護士・司法書士がホームレス等の生活保護申請に同行した場合に援助費用を支給する制度が始まったが、この制度は、同協会が法テラスへ移行するのに伴い、2007(平成19)年3月末をもって終了し、その後は、前述のとおり法テラスでは現在も司法書士に対して援助をしていない、という。このような事情を背景に、同年6月、日司連第69回定時総会において「高齢者、障がい者、ホームレスを対象とした法律援助事業の実施を求める決議」が採択され、これを受けて、日司連では、自主事業検討委員会を立ち上げ、「民事法律扶助の本来事業の対象とならない高齢者、障がい者、ホームレスを対象とした出張法律相談、生活保護受給などの行政処分の申立についての援助を目的とする法律援助事業」を実施すべく、検討を始めた。一方、日本弁護士連合会(以下、「日弁連」という)では、自主事業として、高

Ⅴ 司法書士制度をめぐる現代的課題と展望

齢者・障害者・ホームレス等に対する法律援助事業を立ち上げ、法テラスへ一括委託をしている。弁護士が生活保護申請に同行した場合で援助要件を満たす場合は、法テラスへ援助の申込みをすると、援助費用が支給されているのはこのシステムのためである。この費用は、日弁連から法テラスへ支払われる委託費によって賄われている。日司連の自主事業検討委員会内でも、同様のシステムが検討されたが、委託費用など諸般の事情から、実施困難であることが判明し、日司連独自の助成制度を構築することとなった。結果、日司連は経済的困窮者の救済を第一義ととらえ、司法書士会および会員の積極的な取組みをフォローすべく、司法書士会が主催する経済的困窮者を対象とした法律支援事業（行政窓口における相談を含む、出張法律相談事業の実施および法律相談会の開催等）実施にかかる費用を助成するという制度を立ち上げたと説明している。

　(D) 小　括

司法書士は、多重債務相談をはじめ、さまざまな日常業務から生活困窮者の存在を目の当たりにし、直接的な事件解決だけでなくその半歩先にある最低限度の生活確保の活動の必要性を感じてきた。そして、いつの時代でも、そのような活動に躊躇なく参加できる少数のリーダーが、新たな時代を築き上げてきた。その際に、自分の周りから少しずつ仲間を増やすにあたって、旗印になったのが法律家としての「憲法25条」の実現を中心とした人権擁護活動であった。そして現在、その活動を支える経済的な報酬については、法テラスではなく、司法書士会全体が手弁当で支えている。

(2) 民事法律扶助の新参者としての司法書士

　(A) 法律扶助制度のあけぼの

先進諸外国に比べ大幅に遅れていた日本の民事法律扶助は、弁護士たち有志の自己犠牲的な活動により、1952（昭和27）年に財団法人法律扶助協会が設立され、その後も弁護士たちが手弁当で育て上げ、2000（平成12）年に民事法律扶助法として成立、ようやく国家予算からの繰入れが正式に認められた。そして、同協会は、前述のとおり、2007（平成19）年に法テラスへ引き継がれた。

わが国の法律扶助制度のあけぼのの頃、下光軍二弁護士は、法律扶助とは、①訴訟が起こせない人すべてが受けることができる無料法律相談と、その後受けることができる②訴訟上の救済の二つであるとし、ことに無料法律相談は社会運動であるとしていた。法律扶助制度は社会的インフラであるという認識から、弁護士有志が可能な限り手弁当で法律相談活動を行っていたことが紹介されている（注5）。

　(B) 法律扶助制度への司法書士の参加

このような、弁護士が自らつくり上げた制度に、2000（平成12）年、民事法律扶助法の成立とともに司法書士が初めて参入した。この時点では、司法書士による裁判所への提出書類作成の援助が法律扶助で認められ、法律相談もしくは書類作成のための相談に関しては法律扶助の対象にはならなかった。その後、2002（平成14）年の司法書士法改正で、司法書士に簡易裁判所における民事訴訟等代理権が認められたことにより、法律扶助における司法書士の法律相談が一部認められるに至った。すなわち司法書士は、民事140万円以下の法律相談に関して、法律扶助が利用できることになったのである。そして、2007年には、法テラスの誕生により、司法アクセスの拡充が図られることにより、司法書士にも弁護士とともに司法アクセス拡充に向けた活躍が期待されることになった（注6）。

　(C) 「法律相談」の線引きによる活躍の場の制約

法テラスでは、法律相談を弁護士と司法書士にどのように振り分けるかが問題となり、前述のとおり、司法書士の法律相談が民事140万円以下に限定されることによって、「法律相談」とは何か、が市民的な議論がなされることなく、弁護士会と司法書士会という職能団体間の議論のみで一定の決着がみられることになった。前述のとおり、民事法律扶助制度は、弁護士が長年手弁当で築き上げてきた制度であり、新参者としての司法書士が、正論を論じ主張し続けることは雰囲気的にできなかったという背景もあったと思われる。この現象は、法テラスの中央本部でも全国の地方事務所においても同様であった。

4 日本の民事法律扶助の課題・展望と社会資源としての法テラスの可能性

(3) 法律家へのアクセス障害としての「心理的な敷居の高さ」

(A) 「心理的な敷居の高さ」と法テラスの関係

法テラスは、2001（平成13）年にまとめられた「司法制度改革審議会意見書——21世紀の日本を支える司法制度——」に基づいて、司法アクセスの改善をその使命として誕生した。

つまり、それまでの司法の課題として、市民が司法へアクセスしにくいことが認識されていたことになる。そもそも、司法アクセスとは、①裁判所へのアクセス、②弁護士へのアクセスの2種類があったが、この司法制度改革審議会での議論は、市民と裁判所をつなぐ役割として、弁護士へのアクセス障害の問題として集約されていた。このアクセス障害は、さらに「弁護士が身近にいない」という弁護士の数の問題、「弁護士費用が高い」という経済的な問題と「弁護士は敷居が高い」という市民の心理的な問題の三つに整理されていた。

これら弁護士をめぐる三つの問題に対し、司法制度改革審議会では、弁護士の数をめぐる問題については、法科大学院を中心とした法曹養成制度の改革により一気に増加させることになり、費用の問題は、規制改革によって報酬・広告の自由化を図ることによって、少なくとも市民が調べやすくされた。一方で、心理的な敷居の高さは、法テラスに市民からのアクセスを集中し、法テラスから事件を法律家へ振り分けることで解消を図った。ただ、そこで問題となるのが、そもそも法テラスがどの程度市民に知られているかであるが、2010年3月10日の法テラスプレスリリース（注7）では、国民への認知度は37.3％であると発表されており、この数字は徐々に上昇している。

しかし、法テラスに連絡すれば直ちに法律家が対応するかといえばそうではなく、基本的には情報提供窓口職員が対応し、それから相談内容にふさわしい連携先へつなげる役割を法テラスは果たしている。つまり、司法制度改革審議会で課題とされた心理的な敷居の高さの問題については、弁護士につなげる身近な機関ができたにすぎないともいえるのである。

(B) 「心理的な敷居の高さ」の背景にある資格者文化

弁護士は、明治期の制度発足当時から政府に司法制度の担い手として位置づけられてきたこともあり、100年以上もの間、社会的に高いステイタスをもち続けてきた。そのため、弁護士をめざすにあたって一定の者は、その高いステイタスに夢を抱き、資格を得てからは、それまで培われた資格者文化の中で生きていくことになる。長年社会全体に浸透した文化である以上、そう簡単には変えられるものではない。

そうした中で、法テラスの担い手として、弁護士以外の法律専門家である「司法書士」が登場した。司法書士は、明治期の制度発足以来、政府から司法の担い手として位置づけられることはなく、自らの制度につき法改正運動を重ねることによって制度を存続してきた。そのため高いステイタスの文化は育たなかった。弁護士と同様、長い間で浸透した文化は、そう簡単に変化することはない。この文化の違いが、弁護士と司法書士を選択するときの市民からの敷居の高さに影響していると考えられる。

なお、冒頭で紹介した法テラス神奈川から神奈川県司法書士会に転送されてきた電話法律相談の内容をみると、生活保護申請同行のほかには、ヤミ金融問題やギャンブル等への依存問題など、より慎重な対応が求められる案件が多い。

(注3) 嶋田・前掲同頁。
(注4) 嶋田・前掲同頁。
(注5) 下光軍二「法律相談白書(上)」ジュリスト103号42頁以下。
(注6) 総合法律支援法1条。
(注7) 法テラスホームページ。

4 同行支援を通してみえた問題点

(1) 「法律相談」独占による弊害

「法律相談」をめぐっては前述のとおり、司法書士の簡裁代理権付与と法テラスによる線引きが、研究や議論を深めるきっかけとなった。

しかし、それはともすれば「法律相談とは何か」という命題から、「弁護士法72条は何を禁止しているか」という議論にすり替えられてきたようにも

Ⅴ 司法書士制度をめぐる現代的課題と展望

感じている。そこで、まず、「法律相談」はどのように考えられてきたか、を探ってみたい。

(A) 法律相談をめぐる議論の推移――「社会運動」から「独自業務」へ――

小島武司中央大学教授（当時）は、「法律相談は弁護士と依頼者とを結ぶ導管ともいうべきものであって、弁護士業務を開放し市民との結びつきを強化するのに役立つ」とし、その重要性を述べているが、現状は、法律相談が通常弁護士業務の中で成熟の段階に達していないとしている。その理由は、法律相談が、「弁護士にとって魅力的でない」ことをあげており、法律相談は、専門的知識のない市民から話を聞き、かつ、市民に対して説明しなければならず、「法律三分、総合力七分」と比喩している（注8）。

また、高橋悦夫弁護士は、これまで法律相談は利用者にとって無料と受けとめられてきたが、その業務性からも有償であるべきで、無資力者に対する配慮は別途考慮すべきものとしている。この記述からは、弁護士全般はこの頃まで、法律相談を独自の業務として考えていなかったことがうかがわれる。さらに高橋は、法律相談に特有の職業倫理の一つとして、事件受託の禁止・氏名表示の禁止・鑑定の禁止をあげている（注9）。

ここで問題となるのは、法律相談において「鑑定」が含まれるのかどうかである。この命題は、相談の無料・有料に限らない問題であり、高橋は、鑑定の禁止は、狭義には相談担当弁護士は相談者がすでに他の弁護士に依頼している事件について、法律相談に応じてはならないことを指し、具体的には定かではないが、通常の程度を越える指導・助言は鑑定に属し、相談担当弁護士はその提供を拒むべきことを意味する、としている。鑑定が法律相談の要素ではないとすると、司法書士の書類作成のための相談と「法律相談」の違いが明らかではないと思われる。

萩原金美弁護士は、法律相談担当者の資格について、法的責任を明確化すると同時に、非弁護士の相談担当者については可能な相談範囲を厳格に限定すべきであり、そのために弁護士会のイニシアティヴが要求されるとしている（注10）。

この主張の背景には、当時、「サラ金」が社会問題化し始めたことがあげられる。弁護士会への相談も増加していったが、一方で全国の若手司法書士の任意団体である全国青年司法書士協議会（以下、「全青司」という）が積極的に「サラ金問題」の相談活動を展開し始めていた。全青司が行った活動は、サラ金問題が拡大し、「クレジット・サラ金問題」とよばれるようになると、1997年頃から司法書士会自体も相談窓口を設けるようになっていった。この動きこそ、下光が1950年代に記述していた社会運動としての法律相談の展開であった。しかし、この活動は弁護士会と司法書士会の軋轢を表面化させることにもなった。

以上のように、司法書士が法律家として目覚め、社会運動としての法律相談を活発に展開し始めたことを契機に、法律相談の議論は弁護士の法律事務独占の議論へと中身が変化していった。そして司法書士に簡裁代理権が認められた後は、司法書士の簡裁代理権の範囲の問題へと矮小化され、社会運動としての法律相談の議論は忘れ去られていったのである。

(B) 「法律相談」が抱える今後の課題

小島が指摘するように、法律相談は、日常生活を送る市民と司法を結ぶ導管である。その導管が太ければ太いほど、より多くの市民が司法を利用できるようになり、弁護士の仕事も増えるだろう。2013（平成25）年4月9日、政府の法曹養成制度検討会議は、その第12回会議において、司法制度改革で決められた司法試験合格者数年間3000人の当初目標の撤回を決めた。こうして、司法の担い手の数を制限するとともに、法律相談への他隣接職種の参画を制限し、法律相談という司法への導管も細くする形で弁護士が自らの制度を守ろうと考えているとすれば、本末転倒ではないだろうか。

また、前述のように、法律事務独占の観点から「法律相談」を論じると、法律相談そのものが著しく高度なものと定義せざるを得なくなり、法律相談そのものの敷居が高くなる。相談段階において屋上屋を重ねることによって、司法が市民からより遠ざかっていくとも考えられる。

これらの問題点を踏まえ、今一度、社会運動と

しての法律相談を考えるべきである。

(2) 生活困窮者支援全体からみた同行支援
　　——同行支援は「法律事務」か——

(A) 生活困窮者の生活再建支援とは——生活困窮の背景事情——

　生活保護申請同行支援は、そもそも「法律事務」なのであろうか。

　2008年のリーマンショック以来、わが国でも失業者・ホームレス・引きこもりなど、社会参加が困難で収入を得ることができず、生活が困窮する人が増加し、その結果として生活保護受給者も増加していった。

　横浜市で2013年3月まで3年間内閣府のモデル事業としての生活困窮者のパーソナル・サポート・サービスに中心的に携わっていた有吉晶子臨床心理士は、次のような指摘をしている。生活保護受給者は、生活保護受給に至るまでの間にさまざまな問題を抱えており、それが足かせになる場合がある。たとえば、職場での傷つき体験、前職での労働問題、多重債務、虐待・DV等の家族の問題、メンタルヘルスの問題等、働くにあたり、まずは整理やアフターケア等をしなければならない問題を抱えていることは少なくないという。

　有吉の現場には、就労指導の対象となっているが、ハローワークで求人検索をし、通常の就職活動をして就職するという方法ではうまくいかないために、より丁寧なサポートを求めて本人もしくは担当ケースワーカーが来所しているとのことである。来所時の相談の中で、本人によく聴取りをしてみると、就職よりも先に劣悪な家庭環境を改善し、心身の健康を回復しなければ、仮に就職できたとしても、就労を継続できない状態が明らかになることはよくあるそうだ。また、職業能力検査や就労体験等を通じて本人の能力面をアセスメントしてみると、背景として軽度の知的障害や発達障害があり、それらが今日まで見過ごされてきていたケースもしばしばあるという（注11）。

　生活保護になる稼働年齢層にはそれなりの理由があって生活保護受給に至っているのだということを日々実感する。

　ここで踏まえておかねばならない点として、生活保護は、受給決定それ自体が最終目標ではなく、緊急避難的な意味をもち、本来、受給者のその後の生活支援を見据えた支援の過程である。

(B) 支援活動に課された使命と「法律事務」性

　さて、有吉らが生活困窮者にかかわり、その人をサポートするうえで、必要があれば生活保護受給のために役所へ同行申請支援をするのは、有吉らにとって日常的な仕事である。はたしてこの行為は、法律事務に該当し、弁護士法違反になるのであろうか。また、各自治体に所在する精神障害者生活支援センターの相談員も、当然のように生活保護受給申請同行支援をしている。

（注8）　小島武司「法律相談と弁護士の使命」自由と正義34巻12号4頁以下。
（注9）　高橋悦夫「法律相談における弁護士の倫理と心得」自由と正義34巻12号9頁以下。
（注10）　萩原金美「新しい法律相談のあり方」自由と正義34巻12号26頁以下。
（注11）　有吉晶子「自立支援への道」月報司法書士483号15頁以下。

5　展　望

　これまで、司法書士を中心として、司法アクセスとしての法律相談を考えてきたが、以下はさらに、歩みを進めて、法テラスの将来的展望を考察する。

(1) 法テラスにおける「情報提供」・「法律相談」の差異

　法テラスの発足にあたり、司法支援の一つの独立したメニューとなった「情報提供」と「法律相談」の違いは何かが議論された。

　法テラスは、情報提供は法律専門家ではない窓口対応専門職員が行うものであり、法律相談とは区別されている。しかし、早野貴文弁護士は、「情報提供」とは、「法による紛争の解決」に役立ててもらうための情報であり、情報を得た者が、理解や意味づけを適切に行いうるものでなければならないため、情報に文脈性や解読性をもたせることだとしている。さらに、提供する「情報」とは、特定の案件とその解決の戦略および戦術などの個別具体的な文脈と関連づけられる限りにおいて、有益・有用であるかを判断するための、文脈に関

するいわばメタ情報もあわせて提供する必要がある。情報の解読性とは、情報が言語として容易に解読できることをいうとしている（注12）。

1999年に制作された映画「日独裁判官物語」（監督：片桐直樹）によると、ドイツの法律扶助で事前相談を受けているのは、法律専門家ではない。他の先進諸外国でも、弁護士以外の者が法律相談を行うことを禁止している国はないと聞く。前述したように、1950年代にわが国の法律扶助制度をつくり上げようとしていた頃の議論では、社会的インフラとして法律相談は位置づけられていたと思われる。

私見ではあるが、少なくとも法テラスの情報提供は、法律相談と位置づけるべきで、トレーニングを重ねた職員が、弁護士の監督の下で対応すれば問題はないだろうと考える。

(2) 地域福祉と連携する法テラス

2006年10月から2010年2月まで、法テラス佐渡法律事務所の主任弁護士を務めた冨田さとこ弁護士は、福祉分野との具体的な連携の報告をしており（注14）、地域の民生委員や保健師が、本人に付き添って面談の場や必要書類の準備や親族との調整などでフォローしている具体例が紹介されている。その中で冨田は、地域で問題を抱える人がみつかると、地域から情報を収集し、問題を分類、解決に向けて役割を分担して対応したとしている。そして、問題が解決した後は、被支援者は再び地域の見守り体制の中に帰ることになるが、高齢者や障がい者、貧困にあえぐ人は、再び問題に陥る可能性が高く、地域に戻った後も見守りが必要であるという。その際に、解決の際の情報を地域と共有することで、新たな問題の発生を防ぐとともに、問題が発生した場合の迅速な対応が可能になる。そこで関係機関と連携する際には、解決方法や結果について積極的に情報を伝えることが大切だと学んだという。

(3) 社会資源としての法テラスの可能性
――貧困者へのセーフティネット――

生活保護申請同行の相談が増加している背景は、リーマンショック以来、社会がコミュニケーションやその他、何か多少苦手な分野をもつ方々にとって、生きづらい世の中になってしまったことが原因であるのは間違いない。企業を支配する株主は、金融という名を借りたファンドになり、企業は出資者であるファンドの評価のみを気にするようになり、そこで働く人間を道具としてしかみなくなったようだ。そのため、道具としての性能のみが評価の対象となり、人間的な扱いを受けなくなってしまった。そうやって切り捨てられた人たちが世の中に溢れている。前述した冨田の報告でもそれがうかがわれる。本稿で触れた生活保護同行支援をめぐる法テラスの事例も、その現象の一端である。

法テラスは、もとより収入の少ない人へ法律支援を行うことを目的としており、相談者も前述の有吉が指摘する事情をもった人も多い。そのような複数の課題をもった相談者に対して、生活保護受給をゴールにするのではなく、むしろ最低限の生活が保障されてから、社会参加へ向けてのスタートとするような支援を行うべきである。

これまで説明してきたように、すでに何らかのパーソナル・サポートにつながった方は、生活保護受給のためにそのサポーターが同行するため、法テラスへの相談にはならない。つまり、法テラスに相談してくる方は、福祉等へつながっていないと想像される。法テラスは今一歩進んで、相談者のために他機関につなげる、そのためにも生活保護申請同行など窓口職員が、相談者に同行できるような制度設計をすべきではないだろうか。

そして、市民と司法をつなげるために、「情報提供」も「法律相談」と位置づけるような議論も重ねていくべきである。

（注12）　早野貴文「情報提供と協働する連携」ジュリスト1415号22頁以下。
（注13）　冨田さとこ「法テラス法律事務所の実践――司法と福祉の連携可能性」法社会学76号141頁以下。

VI 司法書士に求められる役割と展望
―― 高齢消費者被害の救済を通じて ――

大阪大学教授　仁木恒夫

1　はじめに

わが国が直面する重要な課題の一つは高齢化社会の問題である。高齢者が、必要な支援を受けながら、できる範囲で自立した生活をする社会が到来している。その支援の中には、法制度による支援も当然含まれてくる。この点で、司法書士は専門職として優位に立っているといえよう。

司法書士は、一般に登記を主要業務としてきたが、後発の業務領域として成年後見業務にも積極的に関与している。その実績は高く評価されてきたし、高齢者の財産管理において、司法書士の活動は今後もますます重要になってくるだろう。また、他方で、司法書士は、制度設立時からの裁判関係書類作成業務で果たしてきた紛争処理機能を、近年、大きく拡張する制度改正を経験した。周知のとおり、一定の要件の下で法務大臣の認定を受けた司法書士は簡易裁判所における訴訟代理等業務（以下、「簡裁代理」という）が可能になったのである（注1）。このことは、高齢者に対する法的サービスを提供する司法書士にも、強力な道具を与えることになった。

高齢者の社会生活は、しばしば厳しい利害対立の中に立場の弱い当該高齢者を巻き込むことがある。近親者による経済的・身体的・精神的虐待、種々の能力の衰えに伴う引きこもり、業者主導の不必要な取引による被害など、高齢者の生活においてさまざまな法的支援の可能性を考えておかなければならない（注2）。さらにいうならば、高齢者の不利益が深刻にならない段階で、早期の支援が必要なのである。司法書士には、近年確立した技術能力により、この問題に効果的に対応することが期待されるのである。

しかしまた、高齢者の経験する問題は、強力な道具を獲得したとはいえ、必ずしも司法書士単独で対応できるものばかりではない。高齢者は、法的問題とともに、しばしば福祉、医療、社会関係といった他の専門性を必要とする問題も複合的に抱えている場合がある（注3）。法的な問題であっても、深刻さの度合いによって、司法書士だけでなく他の専門職や機関の助力を必要とすることもあるだろう。

それでは、こうした高齢化社会における司法書士に期待される役割は、現状ではどの程度機能しているのであろうか。司法書士が獲得・強化してきた高齢者支援の能力と紛争処理の能力は、高齢者問題への司法書士の関与に効果を発揮できているのであろうか。また、司法書士だけでは対応が難しい事件の場合、どのような機関が事件処理にかかわっているのだろうか。このような問題関心から、本稿は、消費被害事件に対象を限定して、高齢者が巻き込まれる紛争事例に司法書士がどの程度かかわっているのか、その司法書士の関与のあり方はどのような特徴をもっているのかについて検討する。検討の方法は、筆者も参加する共同研究で実施した実態調査の結果の一部に依拠して行う。まず調査の概要について紹介し（後記2）、全国の司法書士統計データとの比較から本稿で検

Ⅵ 司法書士に求められる役割と展望

討対象となる司法書士の定量的な特徴を確認したうえで(後記3)、高齢者の消費被害事件を扱っている司法書士の定量的な特徴をみる(後記4)。最後に、こうした定量的な傾向をふまえて、若干の事例により定性的な検討を行う(後記5)。

(注1) たとえば最近の大阪簡易裁判所での制度の運用状況について、市民と法81号の特集「大阪簡易裁判所の実務運用と認定司法書士にのぞむ訴訟活動等」(同誌14頁～71頁)の諸論文を参照。

(注2) たとえば月報司法書士472号の特集「超高齢化社会と司法書士業務」(同誌2頁～42頁)の諸論文を参照。

(注3) 長崎における消費生活センターと司法書士の連携について里聡子「司法書士との連携——消費生活相談の現場から」月報司法書士454号17～21頁、また民生委員と司法書士の連携につき吉岡宗輝「高齢社会で地域を支える——民生委員の活動」月報司法書士488号23～28頁、また福祉関係機関との連携については月報司法書士497号の特集「成年後見と社会保障制度」(同誌4～35頁)の諸論文を参照。

2 調査の概要

本稿は、平成24(2012)年に高齢消費者被害救済ネットワーク研究会(注4)によって計画実施された、司法書士を対象とする調査票調査および聴き取り調査から得られたデータに基づく。この調査の目的は、高齢者の消費者問題に対する司法書士の関与の実態を把握することであった。

まず全国の各都道府県の司法書士会所属会員数に応じて案分して、各単位会ホームページ上の名簿を基に調査対象者800名を無作為抽出した。この調査対象者に、東京司法書士所属会員を9名加えて、調査票を郵送した。東京司法書士会会員を若干多めに対象者として確保したのは、都市部における郵送調査の回収率が他地域に比べて極端に低くなると予想されたからである。

調査票は「調査対象者の業務と高齢消費者問題への関与」(11問)、「成年後見業務および高齢者の権利擁護活動」(6問)、「フェース・シート」(7問)の三つの質問群から構成されている。調査票は2012年8月1日に発送され、返送期限は同年8月20日に設定された。調査票は6通が配達不能で戻ってきて、276通が回収された(回収率34.37%)。そのうち、面接への協力許可が得られた回答者は31名であった。研究会において、データ・クリーニングと再コーディング作業をおこない2012年12月データが確定した。2013年から随時、聴き取り調査を進めている。

本稿では、調査票の三つの質問群のうち、「調査対象者の業務と高齢消費者問題への関与」、「フェース・シート」の回答結果の一部をもとに定量的な検討を行う。また、現在実施中の聴き取り調査の一部に依拠して定性的な検討を試みる。

(注4) 研究会構成メンバーは、守屋明関西学院大学教授、草地未紀駿河台大学准教授、一藁幸琉球大学講師、仁木恒夫大阪大学教授である。

3 調査対象の司法書士

本稿で分析の対象となる司法書士の全般的な特徴を、わが国の司法書士全体のそれと比較して(注5)明らかにしておく。本調査で調査票が回収された司法書士は2013年の司法書士人口2万956名の約1.3%にあたる274名であるが、どの程度の相違がみられるのだろうか。ここでは、性別と年齢と都道府県の割合についてみる。

まず男女の割合は次のとおりである。司法書士総人口における男性が84.5%(1万7716人)、女性が15.5%(3240人)であるのに対して、本調査の回答者は男性が77.7%(213人)、女性が22.3%(61人)となっている。本調査の回答者は女性の割合が7%多いことがわかる。

(表1) 性別

	回収標本		司法書士総数	
	人	%	人	%
男性	213	77.7	17,716	84.5
女性	61	22.3	3,240	15.5
合計	274	100.0	20,956	100.0

次に年齢構成の割合は次のとおりである。60代が最も多く、90代以上を除けば20代が最も少ない点は共通している。顕著な違いは、司法書士全体では40代の層が2番目に多いのに対して、本調査

3 調査対象の司法書士

の回答者においては3番目ではあるものの大幅に割合が減少しているということである。すなわち、40代は司法書士人口の21%（4373人）であるのに対して、本調査では回答者総数の16%（43人）であった。

（図1） 全国の年齢別人数

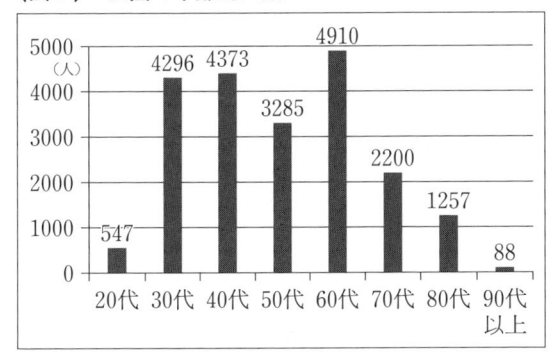

年代	人数
20代	547
30代	4296
40代	4373
50代	3285
60代	4910
70代	2200
80代	1257
90代以上	88

（図2） 回答者の年齢別人数

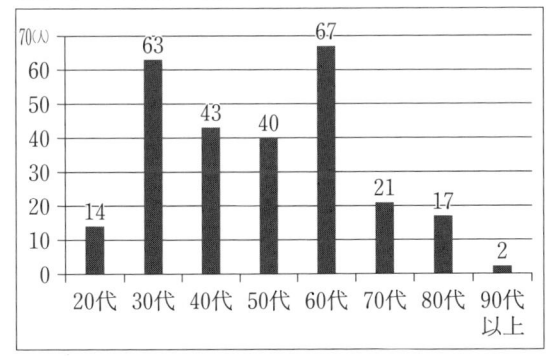

年代	人数
20代	14
30代	63
40代	43
50代	40
60代	67
70代	21
80代	17
90代以上	2

もう一つ、事務所の所在する都道府県別の割合については、調査の結果は司法書士の分布状況を正確に反映しているとはいえないが、概して各都道府県の司法書士人口に対応した調査票の回収があった。ただし、大規模都市部（東京、大阪）の回答者の割合は顕著に低い。特に司法書士の集中が進んでいる東京では、全国の司法書士人口の16.8%（3526名）を占めるのに対して、本調査での回答者は回答総数の9.7%（26名）であった。

以上をまとめると、本調査の回答者の特徴は、実態よりも女性がやや多くて、世代では40代が少なく、また大都市部が顕著に少なくなっているということになる。こうした相違を考えると、本調査から得られる知見については、慎重に解釈する必要があるだろう**（注6）**。そうではあるが、両者は全くかけ離れているわけではなく、ある程度は調査結果から司法書士総体の実情を推測することができると考えてよいのではないだろうか。

（注5） 本稿では、『司法書士白書〔2013年版〕』に依拠して全国の司法書士の概要をみる。

（注6） たとえば、高齢者の消費被害問題を経験した司法書士の男女差をみると、男性が74%に対して女性が26%と、さらに女性の割合が増えるが、この点は回答者総数における女性の割合が実際の司法書士人口でのそれよりも大きいことを反映している可能性も考えられる。年齢についても、司法書士の場合は多様なキャリアを経て資格を取得し実務につくため、年齢と業務経験は正確には一致しないであろうが、常識的に考えると一定の経験を積んだうえでさまざまな業務に活発に取り組んでいると推測される40代回答者の割合が少ないことは、司法書士の高齢者の消費被害問題への関与を少なめに表しているのかもしれない。特に注意しなければならないのは都道府県別の回答状況で、回答者のうち当該問題に関与経験のある司法書士は、北海道、東京都、大阪府、兵庫県、福岡県が同数で最も多かった。顕著な司法書士人口の集中

（図3） 全国の都道府県別人数

(図4) 回答者の都道府県別人数

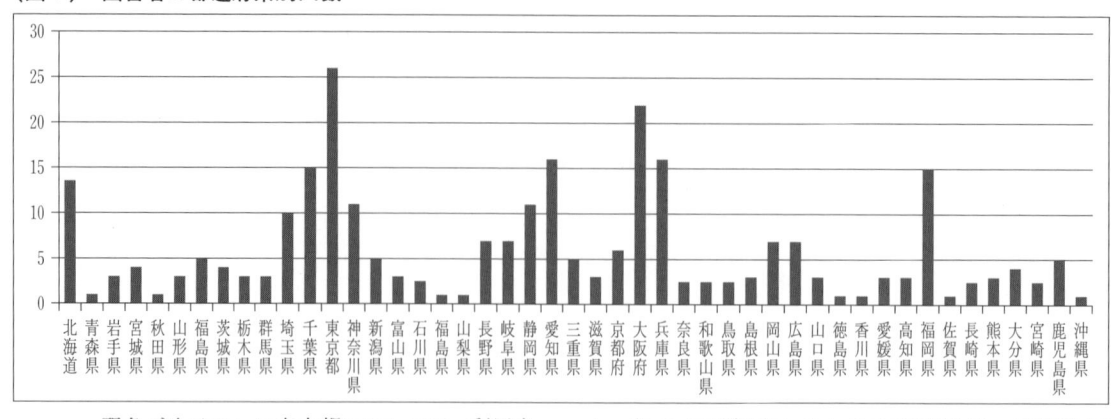

現象が生じている東京都においては、利用者からのアクセスの機会も多く、その数にある程度見合った経験者がいるのではないかと推測されるが、今回の調査結果には現れていないのである。

4 関与経験のある司法書士

(1) 関与経験の有無での相違

今回の調査では、高齢者の消費被害案件に関与したことのある司法書士はどのくらいいたのだろうか。本調査の有効回答数273件のうち74件、すなわち有効回答数のうちの27％が関与経験をもつとしている。高齢者の消費被害事件という特化された案件への関与ということを考えると、これは決して少ない割合ではないだろう。

(図5) 経験の有無

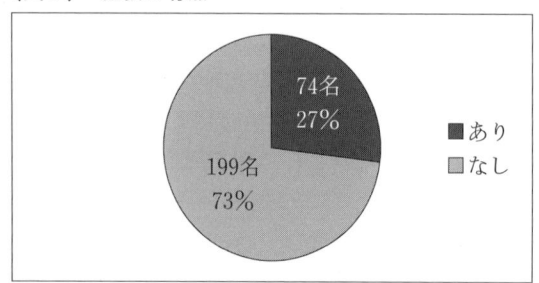

74名 27％ あり
199名 73％ なし

では、高齢者の消費被害事件への関与経験がある司法書士（以下、「経験司法書士」という）とそうでない司法書士（以下、「未経験司法書士」という）とではどのような相違がみられるであろうか。ここでは取扱業務とその中で負担を感じる業務についてみてみる。

まず、取扱業務の特徴からみてみよう。司法書士一般の主要業務とされる不動産登記、商業登記はいずれのグループの司法書士もほとんどが手がけている。特徴があらわれているのは、それ以外の業務についてである。紛争処理業務のうち簡裁代理、裁判外交渉と成年後見業務とは、とくに高齢者消費被害事件の経験司法書士に多いことがわかる。未経験司法書士では、簡裁代理が42％（84件）、裁判外交渉が37.6％（76件）、成年後見が41.2％（82件）であるのに対して、経験司法書士では、簡裁代理が75.6％（56件）、裁判外交渉が72.9％（54

(図6) 経験者の取扱業務

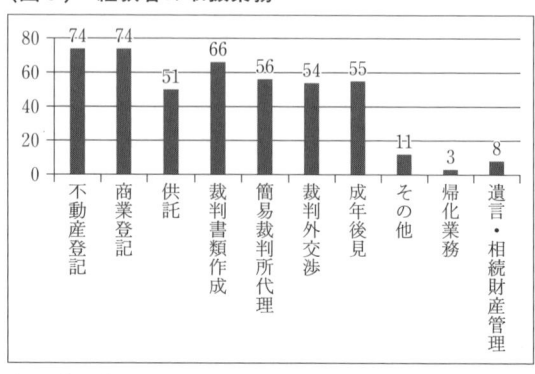

業務	件数
不動産登記	74
商業登記	74
供託	51
裁判書類作成	66
簡易裁判所代理	56
裁判外交渉	54
成年後見	55
その他	11
帰化業務	3
遺言・相続財産管理	8

(図7) 未経験者の取扱業務

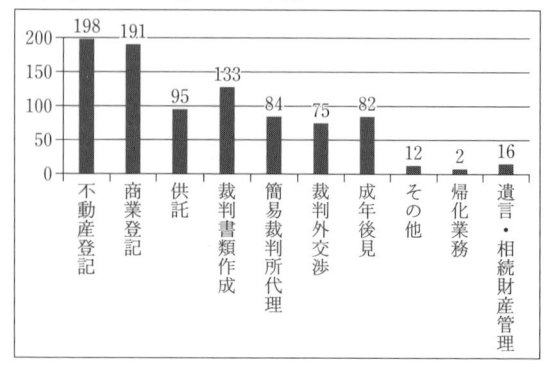

業務	件数
不動産登記	198
商業登記	191
供託	95
裁判書類作成	133
簡易裁判所代理	84
裁判外交渉	75
成年後見	82
その他	12
帰化業務	2
遺言・相続財産管理	16

4　関与経験のある司法書士

件)、成年後見が74.3％(55件)なのである。なお、簡裁代理権を有している者についても、未経験司法書士が65％であるのに対して経験司法書士は89％であった。そのことが、この取扱業務の特徴にも反映されていると思われる(注7)。

次に、負担を感じている業務についてみてみよう。経験司法書士は、供託を除き全般的に負担を感じているようであり、業務間の負担感の差は比較的小さい。しかし、その中では不動産登記業務(40件)と並んで裁判関係書類業務(40件)に負担を感じており、成年後見業務(32件)がそれに続くことが特徴的である(注8)。他方、未経験司法書士は、不動産登記業務に対する負担が顕著で(137件)、裁判関係書類業務も3番目に負担が大きい業務になってはいるが(67件)、不動産登記業務の半分程度である。

(図8)　経験者の業務負担

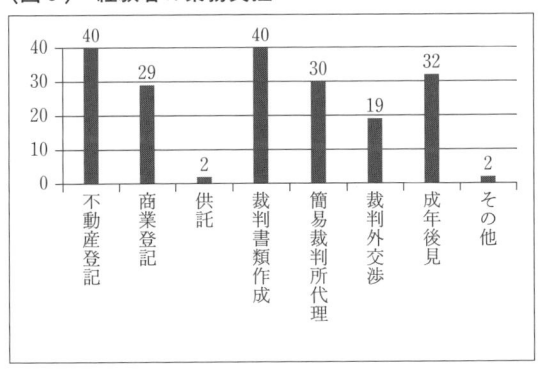

(図9)　未経験者の業務負担

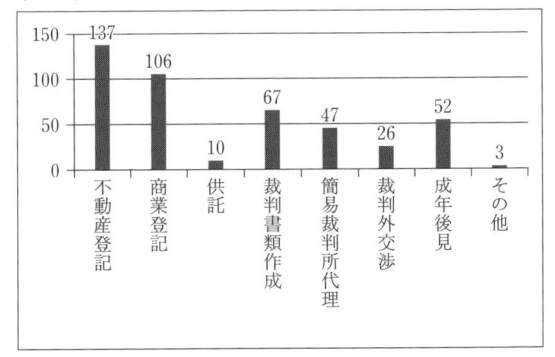

以上から、標準的な経験司法書士を次のように特徴づけることができるかもしれない。不動産登記業務、商業登記業務は一般の司法書士と同水準で行っているが、それに加えて紛争処理業務を手がける者が多く、特に簡裁代理権をもっているこ

とからか簡裁代理業務と裁判外交渉業務に携わっている。また紛争処理業務と同程度に成年後見業務にも携わっている。このグループの司法書士が感じている負担としては、突出しているものはなく、不動産登記業務とともに裁判関係書類業務に同程度の負担を感じている。

(2)　司法書士関与の特徴

経験司法書士による高齢者消費被害事件への関与の特徴についてみてみよう。まず扱った事件類型は次のとおりである。訪問販売をめぐる被害が非常に多く、55％(41件)と半分以上を占めている。その他では、金融商品をめぐる被害の23％(17件)が続くが、それ以外はいずれも10％未満である。

(図10)　事件類型

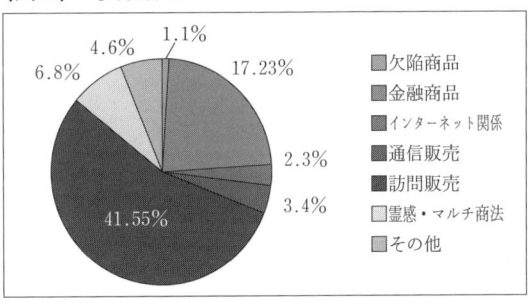

それでは依頼者はどのような経路で司法書士の元にたどり着いたのだろうか。データからは接触経路は広く分散していることがわかる。ただし、選択肢をより実質的にみていくと、依頼者から事務所で直接相談を受けたものが23％(17件)で最も多い。それ以外では、以前の依頼者の紹介が19％(14件)、家族・親族・知人からの紹介が14％(10件)、成年後見業務からの発覚の12％(9件)と続く。この合計が44.5％(33件)であり、司法書士の身近な関係からたどり着く事案が多いことが推測される。最も回答が多かった、依頼者の直接の相談も、以前利用経験があるなど、司法書士を知っていた場合も含まれるであろう。したがって、高齢者の消費被害については、第三者機関よりも、人的なつながりを経由して司法書士のもとへたどり着くことが多いものと推測される。

VI 司法書士に求められる役割と展望

(図11) 接触経路

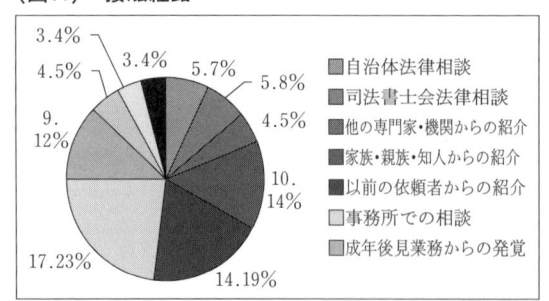

[円グラフ：自治体法律相談 5.7%、司法書士会法律相談 5.8%、他の専門家・機関からの紹介 4.5%、家族・親族・知人からの紹介 10.14%、以前の依頼者からの紹介 14.19%、事務所での相談 17.23%、成年後見業務からの発覚 9.12%、4.5%、3.4%、3.4%]

さて、司法書士の元にたどり着いた事件は、司法書士からどのような対応を受けているのだろうか。最も多いのが「本人の話をじっくりきいた」の63.5%（47件）で、その次に「法律的な助言をした」の60.8%（45件）が多い。また少なくともこの二つで対応した司法書士が全体の50%（37件）である。しかし、「本人の話をじっくりきいた」を選択していない司法書士も一定数おり（27件）、その司法書士がとった対応として最も多かったのが、全体の中でも3番目に多い「相手方と交渉した」の14.8%（11件）であった。

(図12) 提供した役務

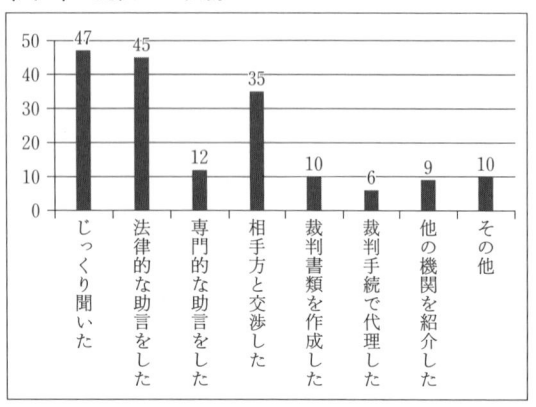

[棒グラフ：じっくり聞いた 47、法律的な助言をした 45、専門的な助言をした 12、相手方と交渉した 35、裁判書類を作成した 10、裁判手続で代理した 6、他の機関を紹介した 9、その他 10]

最後に、事件処理の中で、司法書士のほかにどのような機関がかかわったかをみてみよう。突出しているのは、本人と家族である。高齢者の消費被害問題を、本人や家族のみがかかわった場合も含めて、司法書士が単独で対応したのは44.6%（33件）であった。したがって、経験司法書士の半数以上の55.4%（41件）は何らかの第三者ないし機関とともに問題に対応している。

実数自体は多くはないが、連携協力機関の中でも特に顕著であったのは、弁護士、その他の司法書士、警察の関与であった。弁護士は12.1%（9件）、その他の司法書士と警察はともに10.8%（8件）である。こうした連携の実態は、司法書士が関与する高齢者を標的とした消費者事件には、深刻な事案も存在し、より高度な法的対応を必要とする場合があることを推測させる。なお、事件処理に当事者本人または家族・親族との事件処理における協力がなかったと回答された事案は21.6%（16件）あった。高齢者の事件は、本人の判断能力が十分ではなく、独居の場合などは本人や家族・親族の自立的な活動が望めないこともあるのかもしれない。

(図13) 関与機関

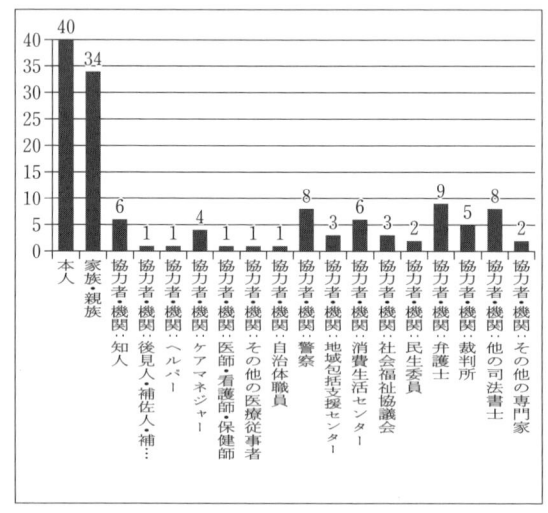

[棒グラフ：本人 40、家族・親族 34、協力者・機関：知人 6、後見人・補佐人・補… 1、ヘルパー 1、ケアマネジャー 4、医師・看護師・保健師 1、その他の医療従事者 1、自治体職員 1、警察 8、地域包括支援センター 3、消費生活センター 6、社会福祉協議会 3、民生委員 2、弁護士 9、裁判所 5、他の司法書士 8、その他の専門家 2]

以上から、経験司法書士の一般的な特徴をまとめよう。高齢者の消費被害事件を手がける司法書士は、訪問販売事件と金融商品事件を扱うことが多い。事件は、通常、司法書士の人的なつながりを経て司法書士の元にやってくる。そして、司法書士は、依頼者の話をよく聞き、法的助言を与え、場合によって相手方との交渉を担うことで事件に対応することが多いのである。また、高齢者の消費被害事件では、司法書士単独で事件処理にあたる場合と第三者機関の対応もある場合が約半分ずつくらいある。連携する第三者機関としては、弁護士、警察、その他の司法書士が多く、事件の性質として深刻な問題が含まれることが推測される。

（注7） 本調査では、公益社団法人成年後見センタ

5　地域における司法書士の高齢消費者事件処理

ー・リーガルサポート（以下、「リーガルサポート」という）の会員であるかどうかも尋ねている。回答結果は、経験司法書士のうちリーガルサポートの会員であると答えた回答者の割合は56％で、未経験司法書士の39％よりも大きい。このことも、経験司法書士の多くが成年後見業務を手がけていることと符合する。高齢者の消費被害問題についても、リーガルサポートという司法書士の組織的活動が直接的にも間接的にも重要な役割を果たしているものと推測されるが、しかし慎重に解釈しなければならない。司法書士の中には、リーガルサポートに所属せずに成年後見業務を行っている者や、かつて所属していたが現在は退会してこの業務を続けている者もあるだろう。また、成年後見業務というとき、本調査の問題類型との関係では後見人業務の中での被害の発見が予想される一方で、この選択肢の選択が後見申立書類作成を指している場合もあるのではないかと思われるのである。

（注8）　この回答結果は、いくつかの解釈の余地を含んでいるように思われるが、特に目をひくのは、経験司法書士にとって裁判関係書類業務の負担が大きいということである。未経験司法書士では、不動産登記を取り扱っている者のうち69％がこれを負担に感じているのに対して、裁判関係書類を取り扱っている者のうち50％がこれを負担に感じている。他方、経験司法書士では、不動産登記を取り扱っている者のうち54％がこれを負担に感じているのに対して、裁判関係書類を取り扱っている者のうち60％がこれを負担に感じているのである。概して経験司法書士は紛争処理業務に携わっているといえそうであるが、さらにその業務の質が負担の大きいものが多いのではないかと推測される。

5　地域における司法書士の高齢消費者事件処理

定量的なデータに基づいて、高齢者の消費被害に関与する司法書士のあり方の一般的な特徴をみてきた。本節では、そこで得られた知見もふまえつつ、二つの事例を手がかりに、司法書士による事件対応を具体的にみてみよう（注9）。

まずここで取り上げる事例は、調査票の回答によれば、次のような特徴をもっている。事件類型は、一つは最も多い訪問販売の事例であり、もう一つは二番目に多い金融商品の事例である。到達経路は、いずれも以前の依頼者からの紹介である。関与の内容は、いずれも本人の話をじっくり聞いたことと法律的な助言をしたことを含むが、一方はそれに加えて相手方と交渉とし、もう一方は他の機関・団体・専門家を紹介したとする。最後に事件処理にかかわった他の機関であるが、一方は本人と家族のほかはなく、もう一方は本人と家族のほかに警察と弁護士がかかわっている。したがって、この二つの事例は、それぞれが典型的な事件処理に合致するといってよいであろう。より詳細な事例の概要は以下のとおりである。

事例①

高齢者Xは、訪問販売でZから50万円分のたくさんの布団を購入し、クレジット会社Yとクレジットでの支払契約をした。後日、そのYからXに対して代金請求があった。農業協同組合の職員を通じて、この事件が司法書士の元に紹介された。

司法書士はXの元に出向いて相談を受けた。相談では、Xとその息子が同席した。（X自身に？）騙されたという意識があるため、Xは、息子が同席するところではなかなか話しづらそうにしていた。そこで、息子には席を外してもらって、面談を再開した。司法書士とは初対面でもあり、まだ話しにくそうにしていたが、司法書士は、時間をかけて、契約書やパンフレットなどの資料を見ながら話を聞き、事実を確認していった。

Xとの面談後、数日して、司法書士からYに対して、契約内容の不備と契約無効を電話で伝えたのち、内容証明で契約解除の通知を送付して事件処理は終わった。

事例②

高齢者Xは、Yから新興国通貨での投資の勧誘を受けて出資した。その後、YからXの元に次期の「配当」のため「投資情報確認票」に口座番号などを記入して返送するようにという連絡が来た。そのことに気付いたXの娘が、Xに

VI 司法書士に求められる役割と展望

対して取引を信用してもらうためにY担当者のZが送ってきた自動車運転免許証のコピーを警察にもっていって確認したところ、偽造であることが判明した。

そこで、娘は以前別の件で依頼したことのある司法書士の元にXを連れて相談にきた。Xは、すでにその時点で1200万円の支払いをしていた。司法書士は、当該文書が「法律用語」のような言葉を並べていながら意味不明であること、取り寄せた会社の登記簿謄本では設立して年数しか経っていないのに役員が大幅に解任されていることなどから同社の信用力を疑い、その旨をXらに説明した。そして、よく知る弁護士の元でそのことを確認し、Xは詐欺にあっている可能性が高いことを理解するようになる。

Xは、その後も別会社から同じような投資の勧誘や、返還されない出資被害の救済の勧誘がくることから、司法書士が補助人になるように後見の申立てをおこなった。後見開始の審判は1カ月で出て、その後、Xに連絡をしてくるYらへの対応は司法書士が行うことになった。

それぞれの事例の背景や詳細をみながら、司法書士の関与について検討していこう。

まず、事例①は、弁護士はおらず、ほかに特別認可の司法書士がもう一人いるだけの司法過疎地で起きた事例である。事例②は、地方都市の地方裁判所本庁近辺に事務所を開設する司法書士が受けた事例である。

二つの事例は法的支援へのアクセス状況には違いがみられるが、実際に利用者が司法書士に到達している経路は、いずれも司法書士の人的つながりを介してである。すなわち、事例①では司法書士が付き合いのある農業協同組合の職員を媒介しており、事例②では以前相談した依頼者から親族を紹介されている。

司法書士による紛争処理機能についてみると、事例①は、比較的容易な事件で、簡裁代理権範囲での裁判外交渉が効果的に行われた。事例②は、今後の訴訟代理権の行使も視野に入れつつ、成年後見制度が効果的に活用されている。司法書士の依頼者への対応態様としては、事例①も事例②もともに、じっくりと時間をかけて依頼者の話を聞き、依頼者が納得できる解決を助言している。そこにはそれぞれ工夫がみられる。事例①では、司法書士が、依頼者と同席した息子に席を外してもらい話しやすい状況の下で、資料を参照しながら事件の詳細を整理している。事例②では、依頼者が自分の置かれている状況を理解してもらうために弁護士から第三者的な専門意見を求めている。

双方の事例について興味深い相違は、事例①では司法書士単独で処理を終えているのに対して、事例②ではまず本人が警察に接触した後、司法書士に依頼し、司法書士から弁護士の関与を求めているという点である。事例②は、司法書士が他の機関とともに関与しながら、事件の解決にあたっているのである。事例①が司法過疎地で発生した事件であり、こうした連携体制を形成することが困難であるという一面もあるだろうが、むしろ事案の特性によるものと考えたほうがよいと思われる。事例②では、被害金額が1200万円にも及んでおり、また組織的で周到かつ巧妙なやり口であったこともあり、被害者が騙取されていることを受け入れることは容易ではない。こうした依頼者が事態を客観的にみることができるようになるには、複数の専門職からの助言が必要になったのではないだろうか。その意味で、警察が自動車運転免許証を確認し、弁護士がXの状況について意見を述べたことは有効であったと考えられる。他方で、今回は単独で処理にあたった事例①の司法書士も、必ずしもつねに単独で事件処理にあたるわけではなく、本庁所在地に親しい弁護士がおり、弁護士の代理が必要な事案については紹介をしているし、登記案件については弁護士から紹介を受けているという。

以上を踏まえると、さしあたり高齢者の消費被害問題に関与する司法書士の特徴は次のようにまとめることができるであろう。比較的最近確立した高齢者問題への関与と紛争処理機能の拡充の二つの側面を有効に活用してこの問題に対応している司法書士が、一定の割合存在することが推測される。利用者から司法書士への接触は人的なつながりを介してなされるが、ほとんどの司法書士が

6 おわりに

登記業務を手がけているということが、利用者からみて紛争性の弱い接触点となっており、日常の延長上で相談を持ち込む経路をつくっているのではないかと思われる。また、司法書士が高齢消費者問題を処理するにあたり、他の機関の支援を必要とする場合もあるが、法的支援へのアクセス環境の違いにかかわらず、そのことは司法書士自身が認識しており必要機関へつなぐネットワークをもっているのではないかと思われる。

(注9) ここで取り上げる事例については関係者の匿名性を確保するために事案の分析に支障のない限りで加工を行っている。

6 おわりに

高齢者の消費被害問題への司法書士の取組み状況について、定量的データと定性的データに基づいて、検討してきた。詳述してきたように、このような特化した問題に対して、司法書士の一定の関与がみられることが明らかになった。そして、そこでは、成年後見業務および簡裁代理業務という、事実的にまた制度的に比較的新しく確立された司法書士の業務分野が効果的に活かされていることが推測された。また、この類型の約半分の事件において、司法書士は他の機関と連携してかかわっているものと思われる。最後に、本稿では立ち入って十分に検討することのできなかった問題について、確認しておきたい。

第1に、本稿が基礎とする定量的データでは、特に東京の司法書士の回収率が低く、その実態との乖離があることが推測される。高齢者問題は地方に顕著ではあるが、全国的な問題でもあり、人口の多い東京でもかなりの事件が発生し、一定の相談は司法書士の下にたどり着いているのではないだろうか。その際、都市部での司法書士の取組みや連携には何か固有の特徴がみられるかもしれない。残念ながら、本稿ではこうした疑問に対して答えることはできない。

第2に、高齢者消費者被害問題への司法書士の関与を、この問題への弁護士の関与と十分に関連づけて検討することができていない。高齢者の消費被害事件は、弁護士も取り組んでいる事件類型である。他の紛争類型でもいえることであるが、特に司法書士が新たに確立した特化されたこの分野では、弁護士による対応の仕方とどのような違いがあるのだろうか。また、事件の規模や複雑さが増せば、司法書士が扱うには負担が大きいということもあるだろう。そうした場合、どのように弁護士へと事件をつないでいくのだろうか。逆に弁護士から司法書士へという連携の流れはどのようになされるのだろうか。このような問題についても、本稿は答えることができない。

第3に、高齢消費者被害は複合的な問題を含んでいる可能性があるが、それに対する諸機関の連携についても十分な検討を行うことができていない。高齢者が被害者となる事件では、福祉機関や医療機関、場合によっては近隣住民がかかわる可能性がある。本調査でもこうした機関との連携事例の若干の出現がみられたが、絶対数が少なく、十分な検討を行うことはできていない。特に定性的分析ではこうした多様な機関の関与をほとんど取り上げることができなかった。

第4に、本稿で分析の基礎としたのは、調査データの一部である。先述のとおり、制約のある資料ではあるが、「成年後見業務および高齢者の権利擁護活動」の質問群をはじめ、ここでは取り上げることのできなかった定量的データがある。また、許可を得ている対象者への聴取り調査もまだ遂行途中である。定性的データの一定の蓄積のうえで、事例の詳細に立ち入った分析を行うことで、この問題に対する司法書士の活動について多角的な検討がなされることが期待される(注10)。

(注10) 本稿は文部科学省科学研究費補助金基盤研究B「高齢被害者救済のための公私協働型リーガル・ネットワークの研究」(代表:守屋明関西学院大学教授)の成果の一部である。

参考資料

〔参考資料〕　司法書士制度史対比年表

年　　代	司法制度	登記制度
明治維新以前（江戸時代）	公事・公事宿・公事師	
明治維新		
1871（明治4）年	司法省「明法寮」設置	
1872（明治5）年	司法職務定制	地券制度
1873（明治6）年	訴答文例	地所質入書入に関する規則
1874（明治7）年	代書人用方改定 裁判所取締規則	
1875（明治8）年	差添強制廃止（本人訴訟承認） 勧解（調停）制度 民事訴訟裁判の傍聴許される 三百代言の問題が発生	
1876（明治9）年	刑事訴訟に代言人参与	
1877（明治10）年		
1878（明治11）年		
1879（明治12）年		
1880（明治13）年	治罪法	
1881（明治14）年		
1882（明治15）年		
1886（明治19）年	公証人規則	登記法
1887（明治20）年		登記法改正（登記強制）
1888（明治21）年		
1889（明治22）年	大日本帝国憲法発布	地券制度廃止
1890（明治23）年	民事訴訟法	
1893（明治26）年		商業登記の公告開始
1894（明治27）年		
1896（明治29）年	旧民法制定	
1899（明治32）年		不動産登記法制定
1900（明治33）年	法律新聞発刊	
1903（明治36）年		

参考資料

司法書士制度	弁護士制度	社会的な出来事
代書人	代言人	
代書人強制主義	代人規則	
代書人用方改定（強制主義廃止）	法律研究所開設	佐賀の乱・東京警視庁創設
		広沢参議暗殺事件の裁判が開かれる
	免許代言人規則	神風連の乱・秋月の乱・萩の乱
	司法省附属代言人	西南戦争
		大久保利通暗殺
	東京大学法学部卒の法学士代言人誕生 東京政法館(代言人事務所)法学教育 改正代言人規則	自由民権運動の高揚 国会開設の詔
	刑事被告人に弁護士を附する	
登記事務処理を開始		
	このころ試験問題漏洩・替玉流行	
本人訴訟原則の下、書類作成を行う	代言人が民事事件代理人を始める 弁護士法案	
このころ構内代書人の存在	弁護士法 弁護士会設立	
	日本弁護士協会創立（私設）	日清戦争
代書人取締規則		

参考資料

年　　代	司法制度	登記制度
1904（明治37）年		
1908（明治41）年	公証人法	
1911（明治45）年		
1919（大正8）年		
1920（大正9）年		
1923（大正12）年	陪審法	
1927（昭和2）年		
1932（昭和7）年		
1933（昭和8）年	法律事務取扱取締法	
1935（昭和10）年		
1936（昭和11）年		
1941（昭和16）年		
1945（昭和20）年		
1946（昭和21）年	日本国憲法公布	
1949（昭和24）年		
1950（昭和25）年		
1951（昭和26）年	行政書士法	
1952（昭和27）年		
1956（昭和31）年		
1964（昭和39）年		
1967（昭和42）年		
1972（昭和47）年		
1973（昭和48）年		
1976（昭和51）年		
1977（昭和52）年		
1978（昭和53）年		
1979（昭和54）年		
1982（昭和57）年		
1985（昭和60）年		
1989（平成元）年		
1994（平成6）年		
1995（平成7）年		

参考資料

司法書士制度	弁護士制度	社会的な出来事
		日露戦争
司法代書人法制定の国会請願運動 司法代書人法制定 司法代書人会設立 代書人規則制定（行政代書人）	国際弁護士協会設立	
		関東大震災
日本司法代書人連合会設立		5・15事件
	新弁護士法	
司法書士法名称変更		2・26事件 太平洋戦争 終　戦
	現弁護士法	
現司法書士法（会設立・業務独占資格） 法改正（報酬制定権）大量認可		
	㈶民事法律扶助協会設立	
法改正（強制会化） 第1次臨調（司法書士不要論） 全青司・政治連盟発足へ 補正通達・真崎答申 法改正（単位会・日司連法人化）		東京オリンピック
		日本列島改造論 第一次オイルショック ロッキード事件
松山地裁西条支部判決 法改正（国家試験・目的職責・注意勧告） 高松高裁判決		第二次オイルショック
第二次臨調への意見書（特認問題） 補正通達による適法闘争 法改正（公嘱事業法人化・登録事務）		バブル崩壊
埼玉訴訟浦和地裁判決		阪神・淡路大震災

参考資料

年　代	司法制度	登記制度
1998（平成10）年	サービサー法	
2000（平成12）年	民事法律扶助法	
	成年後見制度発足	
2001（平成13）年	司法制度改革審議会最終意見書	
2002（平成14）年		
2004（平成16）年	ADR促進法	不動産登記法全面改正
2005（平成17）年	新会社法	
2006（平成18）年	法テラス設立	
	自殺対策基本法	
2007（平成19）年	多重債務問題改善プログラム	
2008（平成20）年		
2009（平成21）年	裁判員制度	
2011（平成23）年		

参考資料

司法書士制度	弁護士制度	社会的な出来事
法改正（簡裁代理・紛議調停）	法科大学院 新司法試験	地下鉄サリン事件 リーマンショック
法改正大綱		東日本大震災

あとがき

司法書士の前身である代書人は、1872（明治5）年、弁護士（代言人）・公証人（証書人）とともに明治初期司法制度の担い手としてわが国に誕生した。以来130年が経過した2002（平成14）年、司法書士は簡易裁判所における代理権が認められ、制度的にも明確に司法の一員となったといえよう。この間の歴史をみると、市民の需要に支えられ、それに応えながら制度改革を進めてきた先達の司法書士たちのたゆまない努力の上に、現在の私たちが存在していることに気づかされる。将来この制度をますます発展させるためには、現在司法書士として生計を立てている私たちが、先達たち同様努力精進を続けなければならないだろう。職能制度におけるこのような伝統は、四半世紀前あたりには、さかんに議論され研究されていたように思える。そして、その研究成果が司法書士の日常的な活動に活かされ、次の法改正に確実につながっていったように感じている。

しかし、簡裁代理権獲得以降、司法書士が自分たち職能の歴史を研究し、その学びを日常に活かすという地道な活動を怠っているように思えてならなかった。本来、日司連のめざす司法書士法改正は、現場の司法書士一人ひとりの努力の結晶であるはずだ。そうでなければ、市民不在の単なる独りよがりの職域拡大運動にすぎなくなってしまう。このような危機感から、「法律家制度研究会」を立ち上げた。本書は、その成果として司法書士はじめ法律家制度に関心のある方々へ問題提起をさせていただいたものである。

司法制度において書面作成という法廷での黒子ともいえる役割を職能としてきた司法書士は、あまりその活動の記録が残らない宿命をもつ。そのため、司法書士の日常的な職務を書籍として出版することは将来の研究材料としての意味をもつ。本書においてもこのままでは埋もれてしまいがちな事例をあえて取り上げ、その現場対応につき実際の事例から司法制度の問題点や課題を描き出す形式をとっている。紹介した事例は、本文中に注意書きがないケースにおいても、プライバシーに配慮し本人が特定できないように問題点の抽出に影響ない限りにおいて変更している。

当研究会発足後、研究会の中心的なメンバーの多くが司法書士組織の重要な役員ポストに就任し、制度の発展のため、多忙な日々を送っている。そのような中にあって、原稿執筆や座談会への参加など積極的にかかわっていただいた。大出良知教授には、ともすれば本筋から外れてしまいそうな議論を常に引き戻していただいた。仁木恒夫教授には、東京での研究会に大阪から駆け付けていただき貴重なご意見をいただいた。そして、民事法研究会社長の田口信義氏をはじめ編集部の皆さんには、本来の編集以外でも一方ならぬお力添えをいただいた。この場をお借りしてお礼申し上げたい。

〔司法書士　稲村　厚〕

〔別冊市民と法 No.2〕　**未来を拓く司法書士実務の新展開**

平成26年3月10日　第1刷発行

定価　本体2,500円＋税

編　　集　法律家制度研究会
執筆者代表　大出　良知
　　　　　　稲村　厚

発　　行　株式会社　民事法研究会
　　　　　〒150-0013　東京都渋谷区恵比寿3-7-16
　　　　　　　TEL 03(5798)7257（営業）　FAX 03(5798)7258
　　　　　　　TEL 03(5798)7277（編集）　FAX 03(5798)7278
　　　　　　　http://www.minjiho.com/　info@minjiho.com

落丁・乱丁はおとりかえします。　　　　　ISBN978-4-89628-925-1 C2032 Y2500E